U0630874

国家社会科学基金教育学重大（点）课题
"我国基础教育未来发展新特征研究"成果

"十三五"国家重点图书出版规划项目

"我国基础教育未来发展新特征研究"系列
之一"基础教育区域性主体功能区发展战略研究"系列论丛

裴娣娜　主编

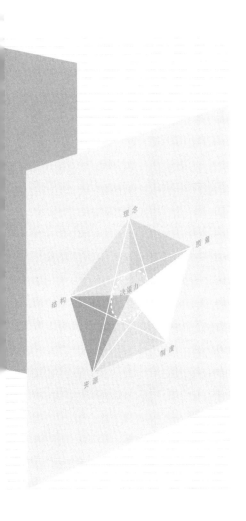

绍兴市基础教育区域性战略策划及实践探索

贺晓敏　等◎著

教育科学出版社
·北　京·

出 版 人　所广一
责任编辑　张　璞　孙袁华
版式设计　宗沅雅轩　杨玲玲
责任校对　刘　婧
责任印制　叶小峰

图书在版编目（CIP）数据

绍兴市基础教育区域性战略策划及实践探索/贺晓
敏等著．—北京：教育科学出版社，2015.12（2016.12 重印）
（"基础教育区域性主体功能区发展战略研究"系列
论丛／裴娣娜主编）
ISBN 978-7-5191-0327-9

Ⅰ．①绍…　Ⅱ．①贺…　Ⅲ．①基础教育—教育研究—
绍兴市　Ⅳ．①G639.2

中国版本图书馆 CIP 数据核字（2015）第 322555 号

绍兴市基础教育区域性战略策划及实践探索

SHAOXINGSHI JICHU JIAOYU QUYUXING ZHANLÜE CEHUA JI SHIJIAN TANSUO

出版发行	教育科学出版社			
社　　址	北京·朝阳区安慧北里安园甲 9 号	市场部电话	010-64989009
邮　　编	100101	编辑部电话	010-64981232
传　　真	010-64891796	网　　址	http://www.esph.com.cn
经　　销	各地新华书店			
制　　作	北京博祥图文设计中心			
印　　刷	保定市中画美凯印刷有限公司			
开　　本	169 毫米×239 毫米　16 开	版　　次	2015 年 12 月第 1 版
印　　张	18.75	印　　次	2016 年 12 月第 2 次印刷
字　　数	283 千	定　　价	50.00 元

如有印装质量问题，请到所购图书销售部门联系调换。

论 丛 总 序

战略转型期的思考

——基础教育区域性发展的实践探索及模式构建

一个具有强大生命力的思想和理论的孕育形成和发展，关键在于它对所处时代改革中重大的理论和实践问题的回答。始于 20 世纪末中国的社会转型，使现代化、市场化、社会主义改革三重重大的社会变革涌现在同一时空中，构成了一场既特殊复杂又波澜壮阔的社会变迁。中国基础教育改革需要与时俱进，适应社会变革并回答由此带来的教育问题，建构有中国气派的基础教育未来发展的实践形态，实现理论创新和方法创新。

"基础教育区域性主体功能区发展战略研究"系列论丛是国家社会科学基金教育学重大（点）课题"我国基础教育未来发展新特征研究"系列的成果之一。该课题研究成果共包括三个系列的研究论著，其他两个系列分别是："追梦者的探索：读懂学校的变革性实践"系列论丛和"学习力与学科课程建设研究"系列论丛。在课题研究过程中，15 所高等师范院校、16 个区域性教育行政部门、100 所中小学（见附件），组成了跨学科、跨学校、理论工作者与实践工作者相结合、优势互补的科研群体。为揭示我国基础教育改革与发展的内在机制及其当代形态，经过近五年的艰苦探索，我们构建了中国基础教育发展的"三力模型"。这三个系列正是依据"三力模型"中的决策力、领导力和学习力分专题开展研究的成果集结，是教育工作者对基础教育未来发展所做的理性思考。

决策力在"三力模型"中处于首要地位。本论丛作为课题研究的第一个系列成果，以决策力与基础教育区域性推进实施状态及模式构建为中心议题，以专题研究的问题为主线构建论丛的内核。从历史、现实和未来三个视角把握总体，本论丛的专题研究报告内容框架由以下几个要点组成。

（1）地域特点分析及基础教育发展历史的审视及反思。这一点涉及转型时期基础教育发展面临的问题与挑战，对区域性基础教育发展的历史与现实的把握，这是区域性教育主体功能区构建的背景及基础分析。

（2）城市未来发展战略定位及对教育发展的要求。对城市化发展呈现出的基本趋势的把握是构建基础教育主体功能区的基础和前提，所以应在更大的城市群中对该地域的城市空间结构、经济转型、文化发展及其对教育的需求进行分析，对区域教育需求现状进行描述，并对该地区的教育竞争力水平进行估计。

（3）基础教育区域性发展模型的构建。这是研究报告的核心部分，是对本地区教育主体功能区的顶层设计，对其形成的整体结构体系进行描述说明。基础教育区域性发展作为一个复杂的有机系统，其生成发展受到内外两方面因素的制约。外在因素是我国基础教育发展与地区政治、经济、文化发展的关系，内在因素则是教育系统基本要素的优化与构建。正是内外两方面因素的交织促成了不同地域基础教育未来发展新特征的孕育形成。

（4）基础教育区域推进多样化存在形态的实践探索。这一点涉及各地区根据城市功能区定位的不同，构建不同的基础教育区域性推进实施模式及特色路径，诸如首都的四大功能区，绍兴市区域性推进的四种不同模式，展现基础教育区域推进多样化的存在形态，以适应现代社会不同地域发展需求和人民群众多元、多样的要求。

（5）区域性基础教育未来发展的风险规避与政策保障机制。这里要特别注意基础教育区域性功能区的构建不聚焦的问题。应坚持差别对待、分类调控的原则，按照教育资源环境承载能力引导资源、要素流动和重组，研究中国基础教育在现代化进程中的基本问题。

我们的研究目标是在中国基础教育改革发展重要战略机遇期内，构建"内涵发展、均衡发展、特色发展、生态发展"的基础教育当代形态及不同区域基础教育特色发展的模式系统，建立具有中国气派、中国特色且达到世界一流水平的现代教育体系。

五年来，在理论探讨和分地区、分类型进行实践探索的基础上，研究取得了诸多新的认识，其创新点集中表现在以下几方面。

第一，对决策力这一核心概念进行了界定。决策力是指区域性战略规划与推进的能力。区域性战略决策制定与实施的实践探索，是对我国社会转型时期政治、经济、文化变革所引发教育诉求的回应。决策力概念的提出将教育主体功能区的构建、基础教育区域性推进战略决策的制定纳入基础教育未来发展的研究视野，作为研究的重要议题。通过整体的辩证思考，有利于实现基础教育不同层次、不同要素之间的关联、协调与互动，有利于解决不同社会人群之间的利益冲突以及体制创新涉及的诸多问题，实现我国基础教育的个性化、多样化发展。

第二，提出了进行基础教育区域性策划的基本依据。我们从结构与功能两个维度剖析了制约和影响基础教育区域性策划推进的基本因素。（1）城市空间布局、经济转型结构；（2）城市人口结构的变化、社会分层导致的不同人群的教育发展需求，这是教育承载力要素。统筹两个因素，探讨区域性基础教育未来发展的主体、发展方向、发展方式（模式、途径）及发展动力。

第三，构建了三类地区各有特色的教育主体功能区的实践模型。基于在经济、文化及社会发展上处于不同水平的三类地区，基于教育系统的六要素结构，构建各有特色的教育主体功能区的实践模型。教育系统的六个核心要素是：教育环境、教育目标、教育结构、教育资源、教育质量和教育管理。

第四，形成了基础教育区域性推进的战略举措。打造高品质教育是战略性谋划的核心。目前，我国区域间的不平衡或空间的不平衡主要是城乡的不平衡，教育谋划需要在非均衡差异发展中达到均衡发展。当前教育已由"机会需求型"向"质量需求型"转变，为适应社会和民众对优质教育的需求，各地区从实际出发采取了多种措施，加快改进教育治理方式。这些举措的共同点是：在社会大系统中将教育放在优先发展的地位，加大教育投入总量；提升教育资源的丰富性和优质化程度，进行学校课程整体谋划和路径设计，形成办学特色；关注系统的生态集成机制，关注主体功能区战略的实施和管理，改革人才培养模式和考试评价制度，关注学校教师队伍专业发展，形成办学活力，提升教育影响力和竞争力。

总之，极为丰富的改革经验，不仅为我们提供了战略规划的思想资源，同时也提供了一种观察未来基础教育的视角和思考的方向。

第五，研究方法上的理论创新、实践创新和服务创新。由于基础教育区域性推进研究定位于教育主体功能区的构建，定位于宏观决策层面，因此有独特的研究对象。经与项目单位协商，我们在 2011 年初正式启动了这一难度极大的合作研究。这几个项目单位是：北京市、浙江省绍兴市、四川省成都市锦江区、河南省郑州市二七区、四川省阿坝藏族羌族自治州理县。这几个地区具有研究的典型意义，既有经济、社会、文化高度发展的大城市，也有二元化经济结构突出的地级市、县级市，以及城镇和农村地区；既有发达的都市地区，也有欠发达的少数民族地区。经过近十五年的发展，这些教育主体功能区从本地区实际出发，研究中国问题，用中国的话语建构中国的教育形态，不拘泥于基础教育理论体系的构建，而是在面对一系列重大挑战时把握机遇，通过实践探索孕育形成了独特的基础教育区域性推进模式，积累了可圈可点的丰富经验，从中总结梳理了若干规律性认识，对深化研究起到了重要的引领作用。

是他们，适应国际、国内区域性竞争由经济竞争向城市综合品质竞争转变这一重要趋势，调动各方资源，着力解决基础教育改革与创新发展的内在机制问题，在教育与人口分布、经济发展、资源环境的协调中，在满足人们物质需要的同时满足人们对环境、生态、健康的需要，进而充分体现教育"以人为本"这一本质内涵。

是他们，主动作为而不是被动应付，主动调整改革思路及策略重点，着力解决本地区城乡、区域、校际的发展差距问题，主动引导本地区基础教育，在几十年的发展长河中，经历不同发展阶段，形成不同的发展主题，从而构建了基于城市功能定位转型的市级统筹、一体多元的基础教育区域性推进模式，走过了从普及义务教育到基础教育均衡优质发展的创新之路。

我们深知，教育区域性主体功能区的探索具有开拓性和前瞻性，目前还处于实践探索阶段，许多问题还有待深入研究，任重而道远！

在艰难的项目进程中，顾明远先生领衔的专家团队陪伴我们走过了五年的风雨，倾全力给予我们关心、指导和帮助，对此我们将永远铭记。同时，本论丛作为国家社会科学基金教育学重大（点）课题研究成果推出，在此，我们也对全国教育科学规划领导小组批准立项和给予的指导表示衷心感谢。

系列论丛的出版还得到了教育科学出版社李东总编辑的真切关注和大力支持，孙袁华、刘灿、刘明堂三位主任付出了巨大的辛劳，各册责任编辑尽心尽力，谨在此致以诚挚的敬意和谢意！

项目首席　裴娣娜

2015 年 10 月 10 日于求是书屋

加快推进绍兴基础教育的现代化

绍兴是一座有着 2500 多年历史的古城，素有"山清水秀之乡、历史文物之邦、名人荟萃之地"的盛誉。绍兴教育也是源远流长，素以重教为共识，以尊师为时尚，以兴学为义举，一直是名师云集、英才辈出、事业兴盛。

到"十二五"末，绍兴基础教育发展的各项核心指标均已超过《国家中长期教育改革和发展规划纲要（2010—2020 年）》（下文简称《教育规划纲要》）确定的 2020 年目标值，如教育普及率实现高比例、优质教育资源覆盖率实现高标准、教育质量及竞争力走在前列、教师队伍整体素质显著提升、教育发展环境得到优化、人民群众对教育的满意度持续提升等。

对未来基础教育的发展，绍兴教育人的共识是要加快推进教育现代化，努力建设现代教育强市，这也是绍兴教育"十三五"改革发展规划的主线，是今后一个时期全市教育工作的主题。这一目标的确立既缘于绍兴经济社会发展"建设生态城市、共享品质生活"的需要，也缘于人民群众对优质教育更高的期盼。教育是民生之基，在教育供给不足的时候，教育发展的重心是提供尽可能多的受教育机会，解决人民群众"有书读"的问题。随着基础教育实现由普及九年义务教育到普及十五年教育的跨越，"读好书"已上升为人民群众的主要教育需求，而这种需求往往以发达国家现代化教育的标准为比较对象。

当前，绍兴基础教育发展的外部环境已得到显著改善，教育发展的内部问题正逐步凸显，数量、规模的增长开始让位于内涵的发展。绍兴基础教育发展正进入"让每一所学校都成为好学校,让每一个孩子都能接受完整良好的教育"的现代化发展阶段。这一新阶段,基础教育也呈现出新的阶段性特征。 转变发展方式,基础教育必须在"四个根本性转变"中实现可持续发展,即从较多关注学校硬件建设向更加关注教师的专业成长和规范管理的转变;从较多关注物态改造向更加关注人文建设的转变;从较多关注规模普及向更加关注质量提升的转变;从较多关注外延扩张向更加关注内涵提升的转变。

本研究是国家社会科学教育学重大(点)课题"我国基础教育未来发展新特征研究"第一系列"基础教育区域性主体功能区发展战略研究"系列论丛之一。研究旨在从历史、现实和未来三个视角,在地区政治、经济、文化发展的关系中,厘清绍兴市基础教育发展的基本思路,也为绍兴市"十三五"教育改革和发展规划的制订提供依据,构建基于地区特色的教育主体功能区的实践模型。

本研究介绍了绍兴市基础教育实践的地域特点,回顾了近三十年来绍兴着力打造优质教育之城、加快建设现代教育强市、促进教育健康和谐发展的各种举措,分析了绍兴市基础教育发展所面临的问题与挑战。研究认为,处于长三角一体化、产业互联网重构产业发展、行政区划调整、"互联网+"背景下的绍兴,应围绕"加快实施市直教育'龙头战略',全力推进绍兴教育现代化"这一主题,构建"一主多元优质均衡发展"的未来发展模式,服务城市新区的集聚发展,服务绍兴大城市的融合发展,服务地方经济的转型发展,进一步推进考试招生制度、办学体制、管理体制的改革,促进各级各类教育的统筹发展,促进教师发展和人才培养,提高学校育人水平。在此基础上,本研究还详细描述了越城区、柯桥区、诸暨市和新昌县四个区、县(市)的教育发展模式,总结了各区域基础教育面临的问题和挑战,构建了基础教育主体功能区的思路,分别是越城区的"学在越城,追求品质"模式,柯桥区的"城乡统筹,优质均衡"模式,诸暨市的"政府主导,多元协同"模式和新昌县的"以新达昌,生态涵养"模式。

本研究的创新之处在于:一是强调系统论,把教育放到整个区域经济、社会、文化发展中,不是就教育论教育,而是把教育定位在如何服务地方社会、经济、文化发展上来;二是强调强功能论,重视教育的功能,肯定了教育对社会、经济、文化发展的重要作用;三是强调独立性,在梳理各区、县（市）的教育发展特色和模式的基础上，说明教育发展可以因地制宜、办出特色。

教育是一项合目的性的事业，基础教育改革旨在面向未来处理当下的教育问题与矛盾，使基础教育达到人们追求的一种理想状态。未来基础教育改革发展会凸显以下五方面特征。一是优质化。质量是教育的生命，没有质量的教育是名不副实的教育。提高基础教育的优质化程度就是实施适合学生的教育，使我们的基础教育对学生的一生发展负责。二是均衡化。基础教育均衡发展是世界各国教育发展的趋势，也是社会公共产品公平分配和共享的重要体现。基础教育的均衡不是教育的"平均主义"，也绝不是"削峰填谷"，而是做大蛋糕，填平低谷，不断扩大优质基础教育资源的比例。三是信息化。提升师生的信息素养，深化信息技术对提升教育质量的促进作用。四是效能化。遵循教学规律和学生成长规律，切实提高单位时间内教与学的效率，鼓励学生特色发展、创新发展。五是国际化。教育国际化是教育现代化的主要特征。要充分利用国际资源和市场，在更大范围、更广领域、更高层次上扩大对外开放和合作水平。

对未来绍兴市基础教育的发展，绍兴教育人要坚持"五个发展"，不断推进绍兴教育的现代化。我们要始终坚持基础教育的优先发展，把基础教育放在经济社会发展和财政资金保障的优先位置上来，满足基础教育发展对社会公共资源的旺盛需求。要始终坚持绍兴教育的优质发展，以质量和效益为重点，把教育质量放在最重要的位置，提升教育内涵发展和可持续发展的能力，实现学前教育的突破性发展、义务教育的均衡化发展和高中段教育的提升性发展。要始终坚持绍兴教育的协调发展。统筹教育区域之间、学段之间的发展，提升教育均衡度。缩小农村与城市、薄弱学校与优势学校、村级完小与乡镇中心校之间的差距，缩小各学段之间发展水平的差距。要始终坚持绍兴教育的规范发展。通过规范办学、规范管理，实现依法治教、规范从教、公正施教，切实解决社会关注的热点、难点问题，努力促进高质量的教育公平。要始终坚持绍兴教育的开放发展。紧跟深化改革开放的步伐，在教育国际化进程中，加强国际交流，积极探索中外合作办学之路，在开放的社会环境和世界环境中致力于每个学生和教师的成长发展，致力于社会的发展和进步。

贺晓敏

2015 年 12 月于绍兴市教育局

目　录

Contents

第一章

绍兴市基础教育发展
面临的问题与挑战

绍兴市基础教育在绍兴市现代化建设中发挥着基础性、先导性、全局性的作用，始终服务于绍兴市经济社会的持续、协调和创新发展。如何从历史发展的审视中及当前面临的问题和挑战中进一步反思总结绍兴市基础教育发展战略的演进，把握绍兴市基础教育战略策划的阶段性特征、功能定位及其战略选择，进而通过确立教育现代化发展战略目标，强化市级政府对教育改革与发展重大战略问题的统筹谋划和决策，以促进绍兴市教育现代化这一宏伟目标的实现，是教育主体功能区建设必须思考和解决的首要问题。

一、绍兴市基础教育发展的世纪跨越

绍兴市辖越城区、柯桥区、上虞区、诸暨市、嵊州市和新昌县，总面积 8279 平方公里，户籍总人口约 440 万人。绍兴历史悠久，是著名的水乡、桥乡、酒乡、戏剧之乡和书法之乡。改革开放以来，依托独特的多元文化优势，凭借着良好的历史机遇和政策，以及绍兴人民顽强拼搏的创业精神，绍兴内强素质、外拓市场，经济总量不断扩张，并保持了持续快速发展的基本趋势。经过多年的发展，现在的绍兴市已经从一个资源小市发展成为颇具综合实力的经济强市，从一个江南小城发展成为独具水乡风情的魅力城市，再加上下辖各区、县（市）综合实力相对均衡，均为全国经济百强县，这使得绍兴市已然成为全省乃至全国经济增长最快、最活跃的地区之一。

与之相适应，绍兴市的教育也取得了突破性进展。这不仅表现为优质教育资源覆盖率全省领先，人才培养质量全省领先，教育竞争力和满意度全省领先，而且表现在政府主动作为，陆续出台了系列教育政策与制度，诸如率先实现基本普及九年义务教育和基本扫除青壮年文盲，率先高标准普及九年义务教育，率先推行民工子女"入学绿卡"制度，率先推行学前教育民办公助发展模式，率先发展民办教育并创新多样化形态，率先推行"阳光招生"教育和"零择校"政策等。总体分析，改革开放以来，绍兴市教育发展战略立足于浙江省对绍兴市战略定位的明确要求，以率先在全国实现教育现代化为导向，以深化教育改革、扩大教育开放为主线，以加强市级政府的教育统筹管理为重点，经历了以下三个阶段。

（一）第一阶段——教育现代化战略的孕育形成阶段（1977—1990 年）

这个阶段分两步推进。第一步，从 1977 年到 1984 年，主要任务是恢复教育秩序，普及初等教育，规范办学行为，提高教育质量。

早在民国初年，教育部门就计划实施初级小学四年义务教育，规定儿童年满 6 ~ 13 足岁为学龄，"学龄儿童之父母或其监护人，自儿童就学之始至于期终，有使之就学之义务"。此后，浙江省曾几度筹备实施义务教育，但由于政局不稳、财政空虚、战事频繁，此项工作并无实质性进展。其间，绍兴地区各县相继成立义务教育委员会，制订计划推行国民义务教育，促进小学教育事业发展。1933 年，绍兴、诸暨两县小学校数分别居全省各县第三位、第二位，在校小学生数分别居全省第二位、第四位，战后绍兴地区小学教育发展规模超过战前水平，但与普及初等教育目标仍相去甚远。

1977 年秋，恢复高校招生考试制度以后，绍兴市基础教育在政府的统筹下，将普及小学教育作为教育工作的重点，同时伴随着办学行为的规范、办学质量的提升和教育结构的调整。具体的措施如下：一是撤销学校革命委员会，恢复校长制，恢复学校规章制度；二是恢复城镇学区和农村学区、公社中心小学，进一步调整中小学布局，撤并初中点和附设初中班，使各县大体保持一区一所高（完）中，一乡一所初中；三是通过"确定重点小学，注重办好重点中学"提升教育质量，并分期整顿教师队伍；四是在普及农村五年制小学教育基础上，针对教育发展速度较慢、教育经费不足等问题，由县长或县委书记分管教育并将其列入重要议事日程，增拨教育经费，分类指导抓学龄儿童入学率、在校学生巩固率和毕业生毕业合格率，并从 1983 学年一年级新生起，恢复小学六年制；五是根据浙江省教育厅要求，绍兴市政府召开全市普及初等教育工作会议，结合本市实际部署加快普及初等教育进程；六是调整高中阶段学校设置，1980年，绍兴地区高中学校由 1977 年的 304 所压缩到 99 所，同时，将部分普通中学改为职业中学或增设职高班，部分完全中学实行初中、高中分离，改制为高级中学；七是为解决人才短缺问题，1979 年起，绍兴地区开始实行中等教育结构改革，各级政府积极发展普通中等专业学校、普通师范、职业高中、技工学校等职业技术教育，鼓励社会力量举办城镇职业中学，在部分普通中学附设职业高中班，将部分中学改办为与当地经济发展密切联系的农业、职业技术学校或职业高中，同时，通过宏观调控，逐年减少普通高中招生数，增加职业技术学校招生数，改变绍兴地区中等教育结构单一化的局面，逐步形成适应绍兴市经济建设和社会发展需要的中等职业技术教育体系。

1980 年 4 月，浙江省普及农村小学教育经验交流现场会在绍兴地区诸暨县召开，总结推广诸暨经验。各县加快普及初等教育步伐，此项工作由县委书记或县长负责并被列入地方党委和政府的重要议事日程。当年，绍兴地区学龄儿童入学率为 99.18%，小学生流失率降至 0.72%，为全省流失生源最少的地区。1982 年，绍兴地区学龄儿童入学率为 99.21%，学生读满 5 年巩固率为 93.23%。

是年，绍兴市政府召开全市普及初等教育工作会议，结合本市实际部署加快普及初等教育进程。1984 年 1 月，经省教育厅的检查验收，诸暨县、绍兴县成为浙江省首批基本普及初等教育县之代表，后被国家教委命名为全国基础教育先进县（市）。至 1985 年 4 月，全市五县一区全部实现基本普及初等教育，绍兴市成为全省最早实现基本普及初等教育的地级市。绍兴市区及诸暨、嵊县等县城关镇已基本普及初中教育。

第二步，始于 1985 年邓小平同志"教育要面向现代化、面向世界、面向未来"的重要指示，绍兴教育的高位发展起航。

为贯彻《中共中央关于教育体制改革的决定》，绍兴市开始改革基础教育管理体制，明确义务教育"地方负责，分级管理"原则，县下设区教育办公室，五县一区一般保留一所完全中学，将原县属初中分为县办县管和县属区办两类；将农村初中归乡（镇）办、乡（镇）管，同时设乡（镇）教育管理委员会和教育经费管理委员会；将区校改为乡（镇）中心小学，全部小学下放给乡（镇）、村管理（完小由乡或村办乡管，初小由村办村管）。这一政策激发了已有一定经济实力的乡（镇）和村办学的积极性，有效保障了绍兴市基础教育的快速高位发展。具体落实的情况如下。

（1）试点先行，分批推进。1986 年，各县分别选择至少一个乡（镇、街道）先行试点实施，这一举措为后续政策制定的有效性和在全市全面实施提供了经验；随后几年，采取"完成一乡，验收一乡；完成一县，验收一县"的措施，有序推进。

（2）系统规划，措施落实。1986 年 12 月，绍兴市制订了《绍兴市实施九年制义务教育规划》，并在 1988 年经市人民代表大会通过，保证了规划的合法性和执行力。同时，为保障规划有效实施，1988 年，绍兴市制订了《绍兴市教育综合改革实验方案》并报国家教委批准，开始实行义务教育"地方负责，分级管理"体制落实实施责任，实行"初中招生不再进行招生考试，小学毕业生一律就近划片直接升入初中学习"，降低初中入学门槛。

（3）深化改革，加强职业教育。1985 年以后的几年间，全市各县先后有 23 所普通中学改办与当地经济发展关系密切的职业中学，各行业部门和一些企业也自办或联合举办职业教育。

（4）改革课程，保质推进。为防止义务教育"重量轻质"现象，各县先后建立实验小学进行教学改革和试验。1986 年开始，初中与高中逐步分离办学，初中课程从原有的中学课程体系中分离，开始单列试行九年制义务教育初级中学课程，并在 1988 年以后，执行国家教委颁发的《义务教育全日制小学、初级中学试行教学计划》和《九年义务教育全日制小学、初级中学课程计划》；1987 年，省教委直接领导的柯桥"基础教育与人的社会化——大面积提高农村基础教育质量的实验研究"这一教育实验课题开始实施，旨在探索区域性提高农村基础教育质量的基本问题。

这一时期，在实施九年义务教育后，中小学教育教学研究开始转向综合性和整体化改革。绍兴市和绍兴县分别被国家教委定为中等城市教育综合改革试点和全国农村教育综合改革实验县。教育科研机构和组织的建立为教育教学研究注入了具有前瞻和创新意义的科学研究成分，出现了一批教育教学研究优秀成果。其中，区域性农村教育改革试验项目"柯桥实验"在全国范围内产生了重大影响。

"柯桥实验"始于 1987 年，浙江省教委选定绍兴县柯桥区为浙江省农村教育综合改革试验区，开展国家教育科学"七五""八五"规划课题、国家教委重点课题"基础教育与人的社会化——大面积提高农村基础教育质量的实验研究"，至 1995 年进行了两轮教学改革实验。该项研究由浙江省教育科学研究所组织实施，历时 8 年。内容包括：贯彻落实"课时"等价原则，改革考试制度；根据教育法规，恢复正常教育秩序；严格控制学生在校时间与作业量，减轻学生的学业负担；开展丰富多彩的课外活动，改善校园气氛；进行义务教育教材实验，在教学问题上开展改革研究；建立中小学素质目标体系，改革评价制度；坚持德育为先，探索柯桥德育教育工作模式；研究办学特色，建立文明学校群；对初中毕业生开展跟踪调查，探索检验学校教育质量办法；加强师资队伍建设，提高已有人力的效益；建立社会与学校"双向参与"模式，使学校教育贴近社会、贴近实际，等等。"柯桥实验"探索了一条以现代教育思想和教育价值观为指导，依靠广大教师的积极性和创造性，使农村教育走上促进地域经济、社会发展的教育改革之路，其成果荣获教育部首届优秀教育科研成果一等奖，被誉为"一项具有深远意义的教育改革实验"，并于2008年入选浙江省"30年教育历程，30件教育大事"。

此外，这一时期经过调整改革，1990年，绍兴市全市有普通高中48所，独立设置的职业中学42所，另有19所普通中学附设职业高中班，从而也实现了高中教育规模的合理布局。

（二）第二阶段——教育现代化战略的形成阶段（1991—2000年）

这一时期发展的中心议题是在全省率先实现基本普及九年义务教育。自1986年启动九年义务教育实施至1996年，上虞市、嵊州市和新昌县先后通过了省政府的"两基"验收，绍兴市也在全省率先实现了"基本普及九年义务教育，基本扫除青壮年文盲"的目标。

这个阶段绍兴市政府的战略举措主要表现在以下五个方面。

1. 调整教育空间结构和规模，优化教育环境

中小学布局调整在这十年间共进行了两次。第一次是在1991年，为实现让所有孩子有学上的目标，绍兴市开始有计划撤并学生少、规模小、复式多、质量低的偏远山村小学。1992年，根据省教委《进一步推进全省中小学布局调整工作的意见》，全市各县（市）进行撤区、扩镇、并乡体制改革，全市乡（镇）由原来的324个减少到136个，市教委下发《关于加强农村教育管理的几点意见》一文，要求各乡（镇）确定一所初中为乡（镇）中学，对全乡（镇）初中教育统筹领导；确定一所乡（镇）中心小学作为全乡（镇）小学教育的核心，原乡（镇）中心小学作为这一片的中心完小，对该片的小学教育起辅导作用。在全市推进高标准普及九年义务教育，创建教育强县（市）和教育强乡镇过程中，各县（市）加大初中、小学网点调整力度，逐步形成了"初中向城镇集聚，一镇保留

一所；小学向中心村集聚，兼顾方便入学"的基本格局，提高了办学的规模效益，提升了教育质量。

第二次是在 1998 年，目标是让更多的孩子接受优质教育。随着高标准普及九年义务教育工作的深入，中小学网点布局调整再次作为一项重要任务被纳入议事日程。各县（市）纷纷出台《校点调整规划方案》，全面推进中小学撤并工作，加大中小学网点调整力度。当年，共撤并学校 397 所（小学 379 所，初中 18 所），其中诸暨、嵊州、新昌分别撤并 164、64、61 所，绍兴市区六乡（镇）单班村校全部撤并。校均规模分别达到 294 人和 697 人，比上一年增加 44 人和 105 人。市教委发出《关于开展市属小学结对扶教活动的通知》，采用定期与不定期相结合的方法，利用城区小学的优势，对市区各乡（镇）小学进行结对扶教。

2000 年，绍兴市有小学 1027 所、初中 207 所，校均规模分别达到339 人和 831 人。

2. 推进"两基"目标提前实现，高标准普及九年义务教育

在 1996 年浙江省率先实现"两基"目标的基础上，绍兴市政府于1997 年 9 月召开了全市高标准普及九年义务教育工作会议，制订全市高标准普及九年义务教育规划。会议决定，全市以普及程度高、师资合格率高、经费投入高、教育质量高，学校布局合理化、办学条件标准化（"四高二化"）为目标，以创建省教育强县（市）和省、市教育强乡镇为抓手，全面推进高标准普及九年义务教育。翌年，绍兴市高标准普及九年义务教育暨争创教育强乡镇现场会在诸暨召开，公布首批绍兴市高标准普及九年义务教育乡镇 26 个，有 41 个乡镇创建成为省教育强镇（乡）。1999 年，全市高标准普及九年义务教育乡镇达到 66 个，占全市乡镇总数的 48.5%；义务教育学龄人口入学率达到 99.87%，小学、初中在校生巩固率分别达到 100% 和 99.69%，小学毕业生升初中比例达到 100%。

至 2000 年，绍兴市 97% 的乡镇先后实现高标准普及九年义务教育，省教育强镇（乡）达到 52 个，占全省总数的 17%。绍兴县、诸暨市被命名为浙江省首批教育强县（市）。在世纪之交，绍兴市基础教育成功实现基本普及初等教育、基本普及九年义务教育、高标准普及九年义务教育的历史性跨越，同时还基本普及了高中段教育和学前三年教育，高等教育也开始兴办，绍兴市的教育综合水平跃上新台阶。

3. 发展职业教育，探索职教办学模式多样化

20 世纪 90 年代中后期，基于社会经济形态和产业结构转型调整的需要，为培养更多的中高级技能人才，职业教育开始谋求更大发展。各县（市）对原有职业学校进行调整整合，扩建改建了一批职业学校，建立了职业教育中心，职业高中数量减少，办学总体水平提高。

1996 年，随着《中华人民共和国职业教育法》的颁布实施，针对各类职业学校点多面散、小而全、专业设置重复等情况，绍兴市较早开展了职业学校网点和专业布局调整，大幅压缩学校数量，适当扩大学校办学规模，同时致力于内涵发展，对原有专业进行整合优化，合并一些重复设置的专业，撤销一些适应面过窄的专业，新设一些社会急需和短缺的专业，加强职业学校基础建设和专业建设，加强学生职业技能训练，职校办学规模和效益得到新发展。在普通高中招生持续升温的背景下，市、县教育部门审时度势，改革职校招生制度，拓展招生渠道，努力促进普通教育与职业教育协调发展。同时积极探索校企合作新模式，职业教育办学模式呈现多样化，绍兴县职教中心"车间设在学校"模式受到各方关注。训练有素的职校生在全国职校学生技能大赛中大显身手，成为绍兴职业教育的品牌。

2002 年，绍兴市结合职业学校专业评估，采取行政调控和市场调节相结合的方式，促使职校专业设置更加紧密地与经济社会发展相适应，由粗放型逐步向集约化转变。2010 年，全市有职业高中 22 所（其中 4 所分别与普通中等专业学校或技工学校实行一体化办学）。

4. 发展民办教育，探索多种办学模式

20 世纪 90 年代，为拓宽教育发展路径，调动社会团体和公民个人办学的积极性，加速教育事业的发展，同时缓解持续升温的普通高中热，绍兴市政府要求各地进行办学体制改革，探索多种办学模式，鼓励和支持社会力量投资兴办普通高中。诸暨海亮外国语学校、诸暨荣怀学校、绍兴县轻纺城高级中学、上虞华维外国语学校、嵊州爱德外国语学校、绍兴市高级中学等颇具规模的民办或公办民助学校陆续开办，全市普通高中的教育版图扩大，进一步满足民众的教育发展需求。

5. 推进区域性特色教育项目，形成办学特色

为促进个性化办学特色的形成，市政府要求各校通过积极培育和实践探索，形成一批区域性特色教育项目。1999 年，绍兴市教委在市区召开

市属中小学办学特色研讨会，总结推介培新小学的国际象棋教学、少儿艺术学校的书画教学、元培小学的法制教学、北海小学的校园文化建设、亭山乡中心校的少先队工作和元培中学的蔡元培教育思想实践等办学特色，并汇编出版《古城基础教育的亮色——市属中小学办学特色巡礼》一书。2003年12月，全省特色学校建设研讨会在上虞举行，嵊州市和上虞市的特色实践基地，如嵊州的围棋、越剧和艺术教育，上虞的六大园区实验以及新昌县的科技创新教育、越城区的社区教育、绍兴县的校园文化建设、诸暨市的法制教育等经验分别得到总结推广。至2010年，全市共有103所学校创建为市级特色学校，33所学校创建为省艺术特色学校，50所学校创建为省体育特色学校。

（三）第三阶段——教育现代化战略的推进阶段（2001—2015年）

进入21世纪，面对不断出现的新挑战，绍兴市作为全国中等城市教育综合改革试点城市，也必须要有新思路和新举措。这一阶段，市委、市政府贯彻《中共中央关于教育体制改革的决定》和《中国教育改革和发展纲要》，实施"科教兴市"战略，推进办学体制改革，不仅基本普及高中段教育和学前三年教育，而且高等教育也从无到有，并且逐步做大做强，实现了绍兴教育发展的历史性转型。

这个阶段绍兴市基础教育的跨越式发展有两个关键点。一是2003年以快速推进教育现代化和基础教育优质均衡进程为目标，市委、市政府制定实施《绍兴市教育现代化建设纲要（2003—2010）》，以创建教育基本现代化乡镇为抓手，全面推进教育现代化建设，促进城乡教育均衡发展。二是2011年3月，全市教育工作会议召开，颁布了《绍兴市"十二五"教育改革发展规划》和《关于优先发展教育事业推进教育现代化的若干政策意见》，绍兴教育开始朝着"率先实现教育现代化，建设现代教育强市，打造优质教育之城"的总体目标前行。

这一时期的主要战略举措表现在以下四个方面。

1. 按照城市总体规划调整教育空间结构，实现从义务教育发展向基础教育全面发展的跨越

2008年，随着城市化进程的推进，针对学校布局不合理的现实，在城市总体规划修订、土地利用规划调整之际，绍兴市历时一年出台《绍兴市区学校布局专项规划》，且第一批通过绍兴市规划管理委员会审查，并在此基础上完成编制《绍兴中心城市学校布局专项规划》，市区列入市政府重点建设项目 13 个，资金投入总额达 6.6 亿元，旨在使绍兴市教育发展与地域经济、社会和城市空间格局相适应，这是一项具有战略意义的举措。

其实，早在 2000 年，市教育局就根据市区和绍兴县区域性调整，依据"做好减法，谋求大发展"的思路对学校网点布局进行了调整。从 7 月 1 日起，原绍兴县的鉴湖镇、东浦镇、皋埠镇、马山镇、东门镇等 5 个乡镇范围内的初中、小学、幼儿园及马山中学、皋埠中学划归市教委直接管理。是年，原绍兴市北海中学、府山中学合并组建绍兴市第一中学初中部。至 2004 年，全市基本形成了"初中向城镇集聚，一镇保留一所；小学向中心村集聚，兼顾方便入学"的与城市功能相适应的学校网点格局。2004 年，全市有小学 686 所、初中 167 所，分别比 1996 年减少 1370 所和 107 所，校均学生数小学达 492 人，初中达 1088 人。

办学体制改革方面，绍兴市一是针对学前教育发展滞后的情况，着眼高标准、高质量地普及学前教育。绍兴市在 2011 年和 2014 年分别印发了《绍兴市学前教育三年行动计划（2011—2013 年)》和《绍兴市学前教育三年行动计划（2014—2016 年)》，在经费、校舍、师资等方面给予支持，加快提升绍兴市学前教育的发展水平。二是针对特殊教育相对滞后的情况，在 2010—2014 年期间，新建特殊教育学校 3 所，改建 4 所，初步形成以特殊教育学校为骨干、随班就读为主体、送教上门为辅助的特教体系。三是针对职业教育发展疲软、定位不够清晰的问题，绍兴市人民政府出台了《关于加快发展现代职业教育的实施意见》，确定中职教育的任务为：到 2020 年，形成与市场经济社会发展格局和水平相适应、产教深度融合、中高职有机衔接、普职教相互融通、体现终身教育理念的现代职业教育体系。四是高等教育扩容发展。加快高校集聚扩容步伐，镜湖科教园规划用地 1828 亩，完成投资 18.1 亿元，入园高校 3 所（浙江越秀外国语学院镜湖校区、绍兴文理学院元培学院、浙江工业职业技术学院新校区），在园学生达 2 万余人。此外，浙江树人大学杨汛桥校区和浙江理工大学科技与艺术学院将于 2016 年和 2017 年分别落户柯桥区和上虞区，届时绍兴市高校将达 11 所，在校生将达到 10 万人左右。这也使得绍兴市基本形成了涵盖学前教育、小学教育、初中教育、普通高中教育、中等职业教育、高等教育、成人教育等各级各类教育较为完备并协调发展的现代教育体系。

在对教育体系改革进行谋篇布局的过程中，绍兴市政府目标具体明晰。如针对职业教育改革，明确提出的目标为：职业教育体系的构建必须体现政府统筹指导、社会共同参与、学校自主发展、学生多元成长的新机制；优化规模格局，职业院校布局更加合理，专业设置更加科学，全体劳动者接受继续教育有更加充分的选择；学生基础能力全面增强，所有中职学校达到省级职业学校标准，优质教育资源覆盖率达100%，专业教师中"双师型"教师比例达85%以上；办学质量稳步提高，职业院校毕业生获得中级及以上职业资格证书比例达90%以上，毕业生初次就业率稳定在95%以上，学生综合素质全面提高。通过整体的高位设计，2005年全市有国家级重点职校13所，省一级重点职校3所；有省级示范专业48个，省级实训基地22个，省级综合公共实训基地3个，中央财政支持实训基地6个。

2. 通过课程改革，促进学校办学特色的形成

2000—2015年期间，绍兴市课程改革阶段特征明显。一是2003年将学校课程改革作为教育现代化工程的重要内容，通过课程改革，全市共创建省级示范性中小学18所，命名市级示范性中小学29所。二是以分别始于浙江省2006年和2012年的两轮普通高中课程改革为龙头带动全局。2006年，实施《浙江省普通高中新课程实验第一阶段工作方案》，全面实行学分制，全面开设选修课。学生修习课程包括必修模块（含获得必修学分的选修模块）、选修模块（包括指定选修模块和学生自选模块）、综合实践活动三部分。其中选修课分为Ⅰ、Ⅱ两类，选修Ⅰ又分为A、B、C三类，选修ⅠA列入高考命题范围，选修Ⅱ又分为地方课程和校本课程。2012年开始全面深化普通高中课程改革工作，普通高中正经历质的转型。那么，绍兴市政府的主动作为以及课程改革的亮点特色是什么？

第一，确立现代课程理念。在十余年改革实践的基础上，绍兴市的现代课程理念逐步确立，形成并坚守以下基本的课程观：超越分数的桎梏，关注"特色""体验"与"创新"；超越单纯的说教，关注课程的丰富性；拓宽选择的视野，关注"互补性"和"多元性"；整合零星的碎片，关注"整体性"和"系统性"；甘于寂寞，追寻"独行"中的"创新"；决战

高效课堂，关注对教材解读和课堂效率的研究；挑战自我，发展教师的综合执教能力。

第二，指导学校进行课程顶层设计。通过全员研训以及对 64 个学校课程方案进行评比，以示范推动全市课程方案制订的规范化。

2013 年 9 月至 2015 年 6 月，绍兴市高中教育段共开发省级精品课程 36 门、网络推荐课程 105 门；市级精品课程 353 门。义务教育段开发省级精品课程（首届为德育精品课程）24 门，市级精品课程 91 门。此外，积极做好课程开发中的质量课程后续跟踪指导工作，形成了一批可供全市学校借鉴、选用的高质量精品课程。

第三，进行"学科课程规划的编制与课程的开发与实施"的专题研究。要求各学段、各学科都应以"人本""创新""高效"为主要特质，开展学科"品质课堂"的研究与推广；着力控制"过重学业负担"；构建"高中生学军、初中生学农、小学生学工"的学生实践模式，活动情境的创设、活动方式的选择与评价反馈方式的设计成为重要的关注点；研讨普通高中学校新高考分层走班教学。

第四，以调研和科研促课改。要求各地区从本地区实际出发确定研究主题，如越城区着力推进"五区"建设；上虞区注重教研载体的创设，营造"研究课堂教学，提高课堂效率"的教学氛围；柯桥区则基于不同学段特点提出了不同的教研主题；嵊州市通过完善教研活动"前展示、中强化、后反思"三环节来提高教研活动的有效性；诸暨市着力推动教师的专业成长，并指导配合特色示范学校的创建，做好新高考方案的实施；新昌县以"六题三课"系列活动为载体，加快教研品牌的创设。

第五，确立政府的课改作为。市政府出台《绍兴市课程改革工作方案》，成立课改工作领导小组和课程专业指导委员会，建立局领导联系学校、联席办公会议、选修课程年度审核、教师课程能力专业研修、课程建设评价等制度。同时，政府部门也通过一些活动推动课改进程，如赴县（市）学校进行课改调研或参与市级特色示范学校考察，举办普通高中"学校管理与课程建设"研讨会，举办课程开发高级研修班，选送和评比精品课程与网络选修课，进行市级"校本课程开发与实施研究"的论文评比，选送和报道选修课建设的相关资讯等。

3. 解决外来务工人员随迁子女入学问题，实现教育公平

21 世纪初，绍兴市外来务工人员大量增加，随迁子女入学难问题日益凸显。2001 年，绍兴市教育局与相关部门联合开展调研，着手研究对策。2002 年，绍兴市出台了《关于市区流动人口中义务教育对象就学问题的实施办法》，指定绍兴市区 15 所全日制公办中小学为外来务工人员随迁子女借读学校。2003 年，绍兴市教育局建立"教育绿卡"制度，主要为外商和引进人才的子女在绍兴接受义务教育开启"绿色通道"。2005 年，"入学绿卡"制度全面推行，外来务工人员随迁子女可凭"入学绿卡"到指定的学校就学，并对外来务工人员随迁子女入学的市直属公办初中和小学给予一定经费补助。2006 年，专门为外来务工人员子女新建的全日制公办学校——绍兴市群贤小学建成，当年招收 12 个班、500 余名学生入学。至此，绍兴市已形成以公办学校为主、民办公助学校为辅、民办学校为补充的多渠道就学模式。2010 年，在绍兴就学的外来务工人员随迁子女总数达到 84489 人，占全市义务教育段学生总数的 17.9%。此时，绍兴市区的外来务工人员随迁子女全部在公办学校就读。

针对义务教育阶段择校问题，绍兴市教育局出台"阳光招生"政策。从 2012 年秋季起，全市所属 6 个区县义务教育阶段学校招生全部实行"零择校、零收费"政策，公办学校一律按户籍和施教区招生，实行"住户一致""免试入学"的入学办法，全面取消跨施教区择校。具体做法包括：实施公正透明的招生认定办法，建立招生信息公开机制，有关招生计划、施教区划分、入学资格、招生办法、咨询电话等信息，及时通过媒体向社会公布；建立招生结果监督机制，学生入学学校确定后，发布招生结果公告，学生名单及有关信息及时通过校园网络、公告栏等渠道公布；建立学生升学信息部门联合核查机制，凡学生的户籍、家庭住房信息，须在学校核查的基础上，由公安部门核查户籍信息，由建设部门核查住房信息，确认无误后才可以入学。诸多举措旨在保障公民及其子女平等的受教育权。

4. 提质农村教育，推进教育现代化建设

推进教育现代化建设进程，实现城乡教育一体化发展，瓶颈在农村。基于这一认识，2003 年 8 月，绍兴市政府召开全市教育现代化建设工作会议，同年 12 月，市委、市政府印发《绍兴市教育现代化建设纲要（2003—2010）》（下文简称《纲要》）。《纲要》提出了绍兴市基础教育的发展目标和发展举措，明确指出教育现代化建设的主力在县级，基础在乡镇，以创建教育基本现代化乡镇和各级各类示范学校为依托，努力提升中

小学办学水平。依据《纲要》要求，市教育部门着手制订"绍兴市教育现代化乡镇建设标准"。翌年，诸暨市牌头镇等 6 个乡镇（街道）被命名为首批教育基本现代化乡镇。

《纲要》的制定具有重要的战略意义。针对城乡基础教育发展不均衡的现实，全市基础教育工作重心下移，重点转移到农村学校建设，致力于促进城乡教育一体化和区域教育均衡化，在 2003—2010 年期间，教育行政部门针对各阶段问题和实际，一年一主题，整体规划，统筹出台系列政策推进绍兴基础教育。其中包括《关于加强市区农村教育促进城乡教育均衡发展的意见》《2004—2010 年全市教育基本现代化乡镇创建规划》《关于加快实施农村中小学家庭经济困难学生资助扩面工程等四项工程的意见》。2006 年，省基础教育工作会议召开，进一步将区域之间、城乡之间、学校之间、各类教育、弱势群体五个层面的均衡发展作为教育工作重点。继后，绍兴市人民政府出台了《关于加强市区农村教育促进城乡教育均衡发展的意见》，提出经过五年左右的努力，以县域为单位，推进城乡教育管理体制一体化、经费保障水平一体化、办学条件一体化、教师编制水平一体化，着重在优质师资、优惠政策、资金投入上落实向农村学校的"三个倾斜"。

为深层次推进城乡教育一体化发展，绍兴市通过组建教育共同体、城乡学校结对、名优学校与薄弱学校结对帮扶等形式，积极探索城区优质教育资源向农村扩张延伸的新模式。通过名校输出品牌、办学理念、管理方式、优质师资等来促进名校高效益运作，新校高标准起步，弱校新平台发展。全市 100 多个城乡学校开展结对帮扶活动，实施捆绑式考核，在学校教育、教学、管理、科研、团队活动等方面开展交流与合作，"城乡教育共同体"建设推进迅速，呈现"名校＋新校""名校＋薄弱校"的带动效应。

在推进教育现代化建设方面，绍兴市以"短板问题"为导向，通过"一事一策一案"方式抓落实。至 2010 年，全市乡镇全部创建成为省教育强镇（乡），82% 的乡镇创建成为绍兴市教育基本现代化乡镇，86% 的中小学创建成为省标准化学校，各项指标在全省领先，城乡教育均衡度大幅提升。绍兴成为全省基础教育普及程度最高、优质教育资源覆盖率最高的地区之一。中国社会科学院中国城市竞争力课题组研究成果（2009 年）表明，在长三角 16 个城市教育竞争力比较排名中，绍兴列上海、苏州、无锡、杭州、宁波之后，位居第六。

二、绍兴市基础教育发展战略策划的几个基本判断

绍兴市教育发展战略的决策思考主要是基于以下几个判断，从而体现前瞻性、指导性和可操作性。

（一）对时代发展节点的判断

教育发展战略是对教育发展的带有全局性、根本性和长远性问题的谋划和决策。作为社会经济发展战略的重要组成部分，教育发展战略既受社会经济总体发展战略的影响，也对社会经济总体发展战略的形成和实施具有重要的制约作用。绍兴市政府对发展环境进行了理性分析。从国际看，世界多极化、经济全球化、文化多样化、社会信息化程度日益加深，对绍兴开放发展，在更大范围、更高层次、更广领域参与国际竞争提出了新挑战。从国内看，一方面，全面建成小康社会、全面深化改革、全面依法治国、全面从严治党等治国理政总体框架的形成，要求我们必须主动适应经济发展新常态，抓住重点领域和主攻方向，全面深化教育领域综合改革；另一方面，"一带一路"、国家大数据、美丽中国、健康中国等新战略、新目标相继提出并全面实施，对绍兴经济、政治、文化等方面继续走在前列提出了新要求。未来五年是绍兴大城市建设的关键期、产业转型升级的攻坚期、高水平全面建成小康社会的决胜期，既面临难得的历史机遇，也面临诸多风险和挑战，但机遇大于挑战。增强忧患意识、责任意识、大局意识、开放意识，着力在优化结构、增强动力、化解矛盾、补齐短板上取得突破性进展，不断开拓绍兴发展新境界。也就是说，明确新时期绍兴的城市战略定位，建设教育强市，率先实现教育现代化，绍兴教育正站在一个新的历史起点上。

（二）对面临挑战的判断

分析面临的诸多挑战可以更好地把握绍兴教育未来的发展基础与形势。总体分析，未来的绍兴教育将面临以下几个主要挑战：（1）城市功能

新定位与基础教育发展价值观转变的挑战；（2）区域经济发展新模式与基础教育内在结构转变的挑战；（3）区域竞争方式的转变要求整体提高居民综合素质的挑战；（4）多元人口结构和社会分层导致教育需求的差异性和复杂性的挑战。

（三）对教育发展阶段性特征的判断

基于对三十余年来绍兴教育发展历程的反思总结，其阶段性特征表现为：从农村薄弱地区及学校经费与设施条件的达标要求提升为质量内涵发展；从单个学校的水平提升到通过联动的发展共同体实现区域性的群体发展；从他主发展到自主发展，力争打造优质特色教育品牌；教育综合改革从"试点破冰"跨入"深水区重点探索"；基础教育从"点状优质"跨入"高水平均衡发展"；职业教育从"浅层合作"跨入"开放互动"；教育整体发展从"自然融入现代化"跨入"自觉推进现代化"。这意味着绍兴教育现代化建设正开始从以教育普及化为主要标志的"基本实现教育现代化阶段"迈向更加强调教育协调发展的"全面实现教育现代化阶段"。

绍兴市教育目前是以"率先实现教育现代化"为核心目标，以保障各类群体就学、提升教育教学品质、促进教育公平三大工程为深化教育综合改革的基本内容，以不断提升教育的普及化、均衡化、信息化、国际化水平为主要任务，努力使教育发展的主要指标达到发达国家的平均水平。

（四）对存在差距和应解决问题的判断

区划调整为绍兴大城市建设创造了条件，经济结构的调整给经济增长注入了新动力，但是也存在一些问题。主要表现在：绍兴目前的经济发展方式仍较粗放，自主创新能力不强，产业层次总体处于中低端水平，增长动力后劲不足；中心城市集聚能力有待提升，城市融合度不够，空间结构亟待优化，集聚优势远未充分发挥，辐射带动力不够；文化旅游等资源优势还未能高效地开发利用，巨大社会消费潜力还未能得到充分释放；生态环境质量与老百姓的要求和期望相去甚远，环境污染治理任务十分艰巨。而在教育领域，主要问题表现为：一是基础教育育人模式相对单一，尚不能适应时代和学生的多样化发展；二是职业教育服务社会的能力相对较弱，对经济建设发展的支撑能力还不强；三是高等教育整体层次不高，尚缺少国内具有影响力的高水平大学和学科；四是地区间发展水平还不平衡，优质教育资源总量有待进一步增加。

此外，现实中也有诸多困境和矛盾。一是地域民众不断增长的优质教育资源需求与优质资源供给不足之间的矛盾。目前学生与家长的要求已由原来的"有书读"向"读好书"转变。虽然优质教育资源逐年递增，但量不够大、面不够广，仍不能满足百姓"读名校"的旺盛需求，尤其是几个开发区矛盾相对突出。二是事业快速发展与要素保障相对短缺之间的矛盾。特别是受到土地指标、拆迁等影响，一些教育建设项目因土地指标或拆迁不到位而缓建；教育经费绝对量增长主要用于各类学校人头经费支出和填补教育免费政策的空白，而用于提升教育内涵建设的经费增长仍显不足。各类学校的深化课改工作，如创新实验室、学科教室建设、智慧校园建设、校园文化建设等，需要大量的经费作为保证，经济下行趋势将给教育经费的保障带来压力。三是部门诸多改革与现行管理制度局限性的矛盾。市域扩大、三区融合带来的管理体制变革，对三区教育发展带来了不确定性；随着城市化进程的加快，城市人口一定程度集聚、农村人口减少，对城乡教育均衡以及学校网点的设置带来了不确定性；国家生育政策的调整，幼儿教育与小学教育发展规模扩张也带来了不确定性等。四是市直教育应有的地位与目前发展水平不匹配之间的矛盾。市区是全市的政治、经济、文化中心，理应成为全市教育中心和教育高地。但目前市直教育发展水平与各区、县（市）相比，优势不明显、引领性不强、辐射力不够，迫切需要加快提升市直教育发展水平，积极发挥示范引领作用。

总体分析，当前绍兴教育的更深层问题集中在贫富、地域、城乡差距以及教育发展的不均衡问题上。新型城市化发展过程中的教育问题，涉及城市功能区格局的调整、社会各阶层的教育发展要求以及人口分布结构的特点等制约和影响因素，还有历史文化传承以及复杂的文化生态环境等。

对于所有的困难和矛盾，需要政府和学校凭借改革的思维、务实的工作、攻坚克难的决心和敢于担当的勇气，努力加以克服解决。

三、绍兴市基础教育发展的战略思考

进入新的历史发展阶段，绍兴市政府立足现实，面向未来，为实现美好的教育梦，在充分调研的基础上，再次进行区域性发展的高层次战略规划。

（一）绍兴教育对接城市发展的新要求

绍兴市城市发展功能的定位要求绍兴教育必须与未来城市发展规划相适应。根据绍兴市区域发展"国家历史文化名城、江南生态宜居水城、长三角区域中心城市"的战略新定位，市委、市政府提出了"产业结构更具竞争力、城市发展更具吸引力、生态环境更具承载力、人民生活更具幸福感"的四大目标，努力建设经济繁荣、生活富裕、风尚文明的现代化生态城市，共享品质生活，这从根本上决定了绍兴教育发展的方向和格局。

（1）面对全市经济结构加快转型、经济发展方式加快转变、社会治理体系和治理能力加快转换的新形势，绍兴市迫切需要教育更好地提供人才和智力支撑。

（2）随着经济社会的发展和生活水平的提高，为不断增强人民群众的幸福感，满足广大人民群众享受更多更好教育的期盼和需求，迫切需要教育确立更高目标和实现更大跨越。

（3）承担着加快中心城市三区教育深度融合发展、综合竞争力和龙头带动作用明显增强，首位度明显提高，诸暨城镇组群集约发展能力明显增强，嵊新城镇组群协同发展取得明显进展的新任务以及促进各类教育优质发展的新使命，迫切需要教育优先发展、优化发展，需要努力将"率先实现教育现代化，建设现代教育强市"作为绍兴市"十三五"教育发展的第一要务。

（二）绍兴教育的目标定位及承责

绍兴教育的目标是建设教育强市，率先实现教育现代化。教育强市应是教育优质先进市、国家创新试点市、教育信息化示范市、教育国际化发达市。

推进绍兴教育现代化，建设现代教育强市，标志着未来绍兴教育的发展应在以下几方面取得实质性突破。

（1）建成优质公平、多元开放的现代教育体制与机制，形成城乡协调发展的新格局，形成更加广泛的公平教育，培养"务实求真、卧薪尝胆、开放包容、尚文共富"的绍兴人，为绍兴经济社会发展提供人才和智力支撑，充分发挥教育在经济和社会发展中的基础性、先导性、全局性作用，为绍兴经济社会持续、协调、创新发展服务。

（2）提高教育质量，全面提升各级各类教育的发展水平，争取走在全省前列，提升人民群众的教育获得感。加快发展学前教育，推进义务教育优质均衡发展，推进高中教育特色化发展，深入推进职业教育产教融合，推进高等教育内涵式发展，创新发展高等职业教育，有效对接绍兴地方经济，打造绍兴职业教育"高技能、高素质"品牌，办好特色教育，鼓励民办教育。市直教育要为全市实现教育现代化发挥引领和示范作用，在教育改革发展重点领域和关键环节率先取得突破。

（3）全面建设以数字化、网络化、智能化为主要特征的"智慧绍兴"。实施智慧教育，以"互联网＋教育"为重点，构建更加有效的教育技术支撑，推动现代教育技术的深度应用。各中小学应推进智慧校园建设，推进区域教育云平台建设，加强优质网络教育资源开发，实施以现代技术手段支撑的创新实验室建设。

（4）显著改善教育发展人文环境和干部教师发展条件，吸引人才、留住人才、发展人才，进一步促进教育公平和教育惠民，进一步提高创新型人才培养能力，进一步优化国际化教育服务。

（三）绍兴教育的发展理念

为达成绍兴教育目标，绍兴教育必须转变教育发展方式，走科学发展、内涵优质发展的道路。同时，必须坚守以下理念：全面贯彻党和政府的指示与精神，坚持以"四个全面"战略布局为统筹，以"创新、协调、绿色、开放、共享"发展理念为主线，以全面实现教育现代化为根本任务，以提高教育质量、促进教育公平、创建教育现代化区、县（市）和现代化学校为主要抓手，着力推进教育治理体系和治理能力现代化，努力办好人民满意的教育。

面向未来的绍兴教育必须坚守可持续发展观，体现以人为本、科学发展，平衡和谐、结构优化，主动作为、创新驱动，质量为基、开放多元的内涵特征。

（四）绍兴教育的发展策略

坚持"创新、协调、绿色、开放、共享"的发展理念，坚持"改革、统筹、协调、提升"的基本原则，绍兴教育的发展重心着力在以下四个方面。

第一，优先发展，多元开放。

优先发展战略，即以高位战略性的思路，确定教育的优先位置和领先位置，对教育的发展提出更高的要求，确定更高的目标，且要做到规划优先、投入优先、政策优先。对此，市政府决定，"十三五"期间继续增加教育投入，计划投入约70亿元，力争完成100个重点学校建设项目，确保全市省标准化学校比例达到98%以上，继续保持全省领先。对偏远地区的小规模村小和教学点，设立专项改造资金。实现全市中小学塑胶跑道、饮水安装、淋浴设备改造全覆盖。

此外，绍兴教育也应体现多元开放，不仅对新技术开放，对教育体系内部结构相互开放，而且要对全社会开放，对全世界开放，以保持发展的活力。

第二，短板提升，改革创新。

绍兴教育应坚持创新驱动的发展战略，实施教育改革和开放工程。在这当中，首先就是制度创新。要大力实施"创新主体培育""创新能力提升""创新人才支持"三大工程，以"现代+科学"为要义，构建激发改革内驱力的制度体系，以现代教育治理体系创新为主线，创新教育发展模式，同时积极开展以下四项改革。

（1）积极推进教育改革试点工作。试点工作包括全市小班化教学、义务教育教师交流、中高职一体化、中职学生跨地域招生等四项省级改革试点项目，以及诸暨市的浙江省扩大民间资本进入社会领域改革试点项目，越城区、柯桥区创建全国学前教育改革发展实验区项目等。通过这些工作，确定市直教育"龙头战略"的发展目标，全面实施市直学校发展规划工作，分年度组织实施。

（2）推进考试招生制度和评价制度改革。全面深化以扩大选择、强化综合评价和过程考核为重点的统一高考招生改革，探索建立分类型、可选择的初升高考试招生制度，进一步完善外来务工人员子女入学政策。实现

"三区"普通高中优质资源共享，建立全市高中段学校管理和新课程研讨交流平台，积极探索三区普通高中招生制度改革，市直以阳明中学和永和中学开办为契机，形成适度竞争的办学格局。推进评价制度的改革，以学校发展性评价为抓手，科学认定学生综合素质与学业水平成绩、学校教育质量与办学水平。

（3）推进办学体制改革。大力促进社会力量办学，依法引导民办学校规范办学，鼓励和引导民间资本进入教育领域，进一步创新政策、创新管理，积极发展混合所有制或民办学校，大力扶持有特色、高水平的民办教育。

（4）推进教育管理体制改革。依法治校，推进学校章程建设，保障学校自主办学，推进教育管办评分离，优化教育治理体系和治理方式，多形式扩大教育开放。大力促进社会力量办学，依法引导民办学校规范办学，改善办学条件，提高管理水平，防范办学风险。科学运用"大数据"，探索建立市域教育现代化监测评价考核体系，推动教育行政工作方式、教育研究方式和教育督导监测评价方式的变革。

第三，均衡公平，统筹协调。

绍兴教育的"均衡公平，统筹协调"是在两个层面推进的。

（1）市域教育一体化发展。集中表现在构建大市区教育格局，促进大城市三区的融合发展；促进地方经济的转型发展，加大嵊州、新昌创建省级教育现代县（市）的力度；促进城市新区的集聚发展。切实发挥好教育集团和城乡教育联盟的作用，提高区域教育整体发展水平。加大"教育优质均衡示范乡镇""全市现代化学校"的创建力度，争取到2020年创建率均达80%以上。

（2）教育体系内在结构的统筹与协调，实现各类教育优质发展。这主要涉及学前教育、义务教育、高中教育、职业教育和高等教育。在这一系统中如何处理好幼小衔接、初高中衔接、体现学段间整合一体化是一个有待解决的问题。

第四，公平共享，全面提质。

学前教育以"普惠＋优质"为主题，坚持普惠性，构建覆盖城乡的学前教育公共服务体系；加快建设高标准城镇中心幼儿园，推进乡镇中心幼儿园分园建设，积极鼓励办好村级幼儿园，进一步提高公办幼儿园优质资源比例。基础教育以"品质＋特色"为重点，为每一个学生的终身发展奠基；重在优质均衡发展，实施城乡薄弱学校质量提升行动计划，深化普通高中新课程改革，积极发挥市直初中教育集团、市直初中与越城区属初中教育联盟的作用，健全机制、加强考核、客观评价，推动集团（联盟）内理念、师资、教研及成果共享，发挥优质学校的辐射带动作用，加快提升薄弱学校和农村学校的办学质量和水平。职业教育以"品牌＋创业"为核心，培养高素质应用型人才，坚持以服务发展为宗旨，以促进就业为导向，以改革创新为动力，适应经济社会发展和人的全面发展需要，突出内涵发展，深化产教融合、校企合作、工学结合，紧紧围绕绍兴八大支柱产业培养高素质劳动者和技术技能人才。高等教育以"提升＋创新"为主旨，通过扩容提质，提高人才质量和服务社会能力，支持各在绍高校整合资源，提升办学层次，促进内涵建设、特色发展，加快校地合作步伐，提升高校服务地方经济社会发展的能力。素质教育以"立德树人"为根本任务，让学生成为全面发展的现代公民；队伍建设以"师德＋师能"为主线，分类分层提升教师的职业化水平。

加强与国内外知名高校、科研机构的合作，充分利用高校、科研机构加强创新型课程基地、学术性社团、重点实验室建设，进一步融合高校智慧、高校资源和高校视野，促进基础教育转变育人模式、提高人才培养质量。同时，提高教师培养质量，提高学校育人水平，提高干部教师队伍素质，提高全市教育整体水平。

实施继续教育衔接贯通工程。多形式建设覆盖面广泛的继续教育和终身教育学习平台，加强乡镇成人学校、社区学校、广播电视大学、老年大学建设，形成继续教育和终身教育公共服务体系。借助市场力量，积极引导和支持各类社会化培训机构参与继续教育和终身教育，与网络运营等相关方面加强合作，共同搭建线上线下的学习平台。尽快理顺广播电视大学管理体制，并以此为依托，建设"学分银行"，使各类学历教育和社会培训有效衔接，多方位搭建人才成长的"立交桥"。

（五）绍兴教育改革的重点和创新点

作为国家高考综合改革试点单位浙江省的重要地级市，绍兴市政府及时抓住国务院颁布的《关于深化考试招生制度改革的实施意见》的发展契机，分析和应对需要解决的新情况、新问题，在总结改革开放以来实践探索的基础上形成了符合绍兴市实际情况的新思路和新举措，从而将绍兴教育的现代化发展推进到一个新的水平上。

围绕主题，聚焦问题，取得共识，项目研究课题组对高考改革倒逼的高中课程建设的主要问题进行了分析。（1）重新审视学校课程改革的价值功能。如何真正实现从分数唯一到以学生发展为本的转变，意味着对考试文化的根本性突破。（2）在前期选修课走班的基础上，如何推进必修课程全面而实质性的走班。（3）根据报考高校要求和自身特长，从 7 门学考科目中选考 3 门，前所未有地赋予了学生考试的选择权，要求学生必须学会选择，规划人生，同时对教学实施和学生管理提出了新的、更高的要求。但由于各方面的原因，目前高中生普遍存在自我认知、职业认知、社会经历、规划意识的缺失，对自己的人格特征、学习潜能、社会职业特点、高校所设专业，以及个人未来的职业倾向不了解。（4）考试内容和重点的转变，要求学科课程不仅关注学生的基础知识和基本技能，还要关注社会实际和学生生活经验，关注学生的创新精神和实践能力。课程结构的重组同时也导致了教师专业结构和数量的变化。（5）新高考方案，必考 3 门，分数不是唯一，区分度降低，那么，如何对学生综合素质进行真实有效公正的测评？（6）不同层次、类型学校课程推进的模式和方式是什么？

以化解以上问题为契机，立足本地区区域特点，绍兴从"创优""创强""惠民"几个关键点上出台政策举措，重构绍兴的基础教育，诠释"绍兴教育"的内涵和外延。

一是把握新高考制度实施的指导思想及基本原则。（1）坚持以人为本，遵循教育规律，促进学生全面而有个性的发展是课程改革的出发点。这就需要做到立足学生发展，站在学生的立场思考问题，尊重受教育者的人格与人性。（2）坚持现代课程观，正确处理课程综合整体设计与考试招生改革重点突破的关系，学生坚实基础与发展个性特长的关系，民族文化的传承与开拓创新的关系。（3）以强烈的自觉意识，以高屋建瓴的洞察力和审时度势的大智慧来把握自身发展的方向，体现基础教育的基础性、选择性和时代性，满足人民群众对多样化、高质量教育的需求，办出中国特色，达到世界水平。

二是建立和完善学校多元、整合的课程体系，为学生提供多样自主的选择。重组后的课程结构具有整合、选择、开放和减法的特色，学生可以根据自己的学业基础和兴趣特长进行选择性学习，以课程的多样性适应学生的差异性和学业的个性化需要。这就要求各校从本校办学水平和生源实际出发，建构多样化的课程形态。

三是调整学科课程内容。学科课程内容的调整是在强调学科核心知识的学习与掌握基础上进行学科课程群的构建，进行学科内拓展和学科间的交叉整合，分层推进，体现差异，实现学生分层及自主选择。同时，通过知识模块重组、内容合并与增删，体现课程内容的层次选择性，从学生实际出发合理处理内容"难度"和"广度"的关系。我们的预设是通过打造优质强势学科，学校对学生今后专业方向的选择加以主动示范引领。

四是引导学生学会自主选择，自我负责，主动发展。给予学生自主选择权是新高考方案的一个重要特色。应对学生开展"人生生涯规划"，还是"职业生涯规划"？人生发展规划是一门课程，还是一个系列的实施工程？是提供"超市型"的菜单，还是提供学生自主选择、自我负责的活动平台（经历、感悟和体悟）？对于这诸多分歧，建议各校从本校学生实际出发进行以下研究。

（1）在对学生生存状况进行分析的基础上，进行学生发展需求及学生高考选考学科的意向调查。

（2）构建由"人生生涯规划""专业发展规划""学业规划"三个层次组成的结构系统，全面系统地实现对学生人生发展规划的指导，促进学生认识自我，规划人生，积极主动地发展。"人生生涯规划"是人生发展规划，包括正确认识自我、认识他人、认识社会，解决的是价值观问题，即学会做人；"专业发展规划"解决的是学会选择、学会生存的问题；"学业规划"解决的是学会学习、学会发展的问题。基于各校前期研究的经验积淀，在以上三个不同层次上形成各自的目标、内容及实施举措。

（3）以专题研究和其他多种途径建立开放的生涯教育。生涯教育不仅是培育、塑造，更重要的是学生的自我生成和发展。这需要关注学生在这一学习过程中的理解、规划、实践和体验。

五是建设适合学生自主选择学习的教育资源基地和学习资源系统。教育资源的开发和利用正在进入学校改革的视野，目前主要包括以下几种方式：教师课程创生；建设校内外人文与科学实践基地；"社会资源课程化"与"课程资源信息化"；分层分类，创建不同功能的发展性实验室；加强与社会教育场馆、实践和活动基地的联系，结成联合培养的资源同盟等。通过这些工作为学生搭建适合他们自主选择学习的教育资源平台。

六是加强学校课程建设的制度管理。随着我国课程改革的深化发展，学校正在形成学分制、选课制、走班制、学程制等课程建设制度与管理研究的基本视域，同时也提出了若干有待解决的具体问题。诸如真学分与假学分，这是一个在全国范围内至今未解决的问题。又如，对以"班"为核心要素的传统教学组织形式的挑战。"班级授课制"从产生起就带有了以知识传授为目的的烙印，现在寻求的是如何为学生的自主发展搭建平台。当下关于"行政班"与"教学班"并存的提法是一个折中的思路，但不具有根本性的改革意义。如何重新构建学生学习与发展的共同体，并赋予其新的功能，是一个值得进行实践探索且具有开拓意义的问题。还有课程改革伴生的教师结构性短缺问题。7 门选考科目将有 35 种组合，很有可能出现某些组合人特别少的情况，那么学校开课的成本就会很高，从而出现师资紧张、排课困难的现象。目前有的地区采取的应对措施是，或拓展教师的专业方向，或区域调配，进行跨校际、区域内优质资源的整合和互补。

另外，还有关于学生的综合素质评价。评价涉及思想品德、学业水平、身心健康、艺术素养和社会实践五个方面的内容，如何确定观测点以及形成简明有效的、操作性强的测评方法，有待在实践探索中积累经验。

深入推进教育改革任重而道远。与中央深化教育改革同步，我们立意通过教育主体功能区的构建，不断解决教育改革区域性推进中遇到的深层次矛盾和问题，从而促进有中国特色的绍兴教育现代化体系的建立，这是我们追求的目标。

第二章

绍兴市基础教育区域
推进的战略策划

基础教育区域性发展作为一个复杂的有机系统，其生成发展受到内外两方面因素的制约。外在因素是我国基础教育发展与地区政治、经济、文化发展的关系，内在因素则是教育系统基本要素的优化与构建。正是内外两方面因素的交织促成了不同地域基础教育未来发展新特征的孕育和形成。因此，要进行区域基础教育战略性策划，建构地区教育主体功能区的运作模型，取决于对以下两个问题的思考和回答：一是基础教育区域性发展的功能定位以及当代的存在形态；二是基于教育系统六要素构建不同模型及运作机制，深入分析影响我国基础教育未来的发展主体、发展方向、发展方式及发展动力。绍兴市是一座千年历史文化名城，是长三角区域的中心城市，也是全国转型升级试点示范城市和国家创新型试点城市，研究绍兴市基础教育区域性改革的实践模式具有典型意义。

一、绍兴市基础教育发展的历史审视及其反思

（一）绍兴市的地域特点

绍兴市的地域特点可以用十六个字来概括：历史名城，规模适中，发展高位，勇于改革。

1. 历史名城，文化厚重

绍兴市古称会稽，拥有 2500 多年建城史，是首批中国历史文化名城。绍虞平原会稽山脉和曹娥江流域的自然环境孕育了聚落发展，成就了绍北平原人口众多、农业高度发达的水乡文明。作为全国首批历史文化名城，绍兴形成了"刚柔相济、敏而慧"的越文化，它以"理性、务实、自强不息"为基本特征，表现为水文化、酒文化、剑文化的多样化存在形态。

绍兴市素有"山清水秀之乡、历史文物之邦、名人荟萃之地"的盛誉，又有水乡、桥乡、酒乡、书法之乡、戏曲之乡和名士之乡的美称。绍兴历史上名人辈出，在北京中华世纪坛的 40 个中华名人雕塑中，来自绍兴的名人就占了 4 位（蔡元培、马寅初、鲁迅、王羲之）。历任北京大学校长中，绍兴籍的也有 4 位（何燮侯、蔡元培、蒋梦麟、马寅初）。从绍兴走出了政治家周恩来、教育家蔡元培和文学家鲁迅；滋养了书圣王羲之、画圣徐渭、诗圣陆游；孕育了五女西施、唐婉、秋瑾、祝英台和曹娥，她们分别以美女、才女、侠女、情女、孝女的形象卓立在古越大

地上。

深厚的历史文化底蕴使绍兴形成了耕读传家、尊师重教的传统。历史上，绍兴教育兴盛，讲学成风，绍兴人中共有进士出身 1914 人，在浙江省 66 位历代状元中，绍兴有 14 人，占 1/5 多。在当今两院院士中，绍兴籍的有 56 名。

绍兴也是江南水城。城区水域面积占比达到 14% 以上，镜湖新区水域面积占 24% 以上。绍兴境域内河道密布、湖泊众多，号称"东方威尼斯"，素以"水乡泽国"享誉海内外。

2. 地域优势，规模适中

绍兴市地处长江三角洲南翼，宁绍平原西部，西接杭州，东临宁波，北濒杭州湾，距全国经济中心城市上海不足 200 公里，距全省政治、经济、文化中心杭州不足 40 公里，距海滨城市宁波也不足 110 公里，是华东重要的交通枢纽和商贸物流中转站。

绍兴市下辖越城区、柯桥区、上虞区、诸暨市、嵊州市和新昌县，面积 8279 平方公里，常住人口 496.8 万。绍兴市具有秀丽的山水风光，深厚的文化底蕴，是国家环境保护模范城市、国际旅游城市，曾获"联合国人居奖"城市称号。

3. 发展高位，竞争力强

绍兴市具有较强的经济实力、鲜明的产业特色和优越的投资环境。它的产业结构以第二产业为主，经济结构以民营经济为主，产业类型以轻纺产业为主。2015 年，全市三次产业比重为 4.5：50.4：45.1，全市实现国内生产总值 4465.97 亿元，居全省第 4 位，人均生产总值为 100796 元（户籍口径）或 900003 元（常住口径）。全市进出口总额继续保持全省领先，被世界银行评为国内投资环境六大"金牌城市"之一。

绍兴市具有较强的发展潜力，它的各方面配套能力都很强，有十余家全球 500 强企业，特色小镇以及政务环境在长三角地区处于领先地位。着力打造特色产业，柯桥的纺织、上虞的化工、新昌的制药等，均为全国知名产业。绍兴是中国纺织品生产基地，是亚洲最大的汽车、摩托车铝轮生产基地，是中国最大的平板荧光显示屏生产基地和开发中心，是中国最大的节能灯生产和出口基地、胶丸生产基地，是全国最大的袜子生产中心。绍兴也是全国乃至世界著名的珍珠、维生素 E、领带生产基地，很多产业在全国都有竞争力。

4. 勇于改革，敢为天下先

（1）提升竞争力的发展中心城市战略举措。2013年绍兴进行的区划调整极大拓展了其中心城市的规模，有效改变了中心城市"小马拉大车"的被动局面，为绍兴市城市竞争力搭建了发展平台。

（2）经济发展调速的战略举措。2009年世界金融危机后，绍兴市将发展速度从高速向中高速切换：2010年为11%，2011年为10.5%，2012年为9.7%，2013年为8.5%，2014年为7.0%。这一举措为目前全国范围内推进新常态的经济发展调速提供了示范，也为下一步绍兴市的经济发展提供了契机，不仅体现了发展的连续性、前瞻性，也体现了发展视野的开放性。

（3）对解决城乡二元化矛盾的实践探索形成的内源性方式。内源性是一条靠提升农村自己生产力的发展路径。克服城乡二元化的矛盾首先必须解决城乡一体化发展的主体问题。城乡一体化发展的主体是城乡的全体公民，城市与农村是各具优势、不可替代的发展主体。目前的主要问题是，多年形成的"重城轻乡"的城市中心发展观剥夺了农民、农村的发展主体身份。考察新昌县近几十年的发展之路，无论是劳动密集型产业，如汽车配件加工产业，还是预示未来高科技的医药化工产业，都是靠内源的科技创新而创造了发展奇迹，用事实证明了"城乡资源共享、优势互补"，从而推动了二者的相互支持和相互促进。新昌县的经验具有典型示范意义。

（4）基础教育坚持均衡优质发展。绍兴市的基础教育取得了优先和卓越的发展，不止于此，市政府更是采取了一系列战略性举措，构建绍兴市基础教育一体多元的区域性发展模式，主动适应地区经济和社会发展需求，并在促进地域性文化发展中做出了积极贡献，表现出很强的决策力和执政智慧。

（二）绍兴市基础教育近十五年发展的主要阶段

总体分析，绍兴市紧紧抓住了21世纪前十五年这一重要的战略机遇期，立足于城市现代化发展，在回答面临的机遇挑战和问题中走过了从义务教育拓展到基础教育的艰难历程。

这个时期关注的核心问题有三个。一是城乡、区域、校际的发展差距问题。由于历史等诸多原因，绍兴市在办学水平和教育质量上存在城乡、地域和校际差距，与之相关的择校行为、不同群体获得优质教育资源的差异，以及一些政策，诸如电脑派位、推优、特长生等免试入学政策中的不公平、不合理因素等。二是市民日益提高的对优质教育资源的需求与供给不足的问题。三是与绍兴市发展地位相匹配的学校优质教育的打造问题。回顾绍兴市基础教育近十五年的发展，可以概括为以下三个阶段。

1. 以高标准普及义务教育为追求目标（2001—2005 年）

绍兴市义务教育的发展起点高，有明确的核心主题。"十五"是进入 21 世纪的第一个发展规划阶段，在这一阶段，绍兴市政府以前期基本普及九年义务教育为基础，分两步走实施了三大举措。

第一个举措是为解决教育公平问题，开始高标准普及九年义务教育。首先绍兴市政府率先在全省将基本实现高标准普及九年义务教育写入《教育事业"十五"计划》发展目标，这是一项战略性举措；其次是高定位，定位于以实施素质教育推进教育现代化为标准，而不仅限于扶贫和改善办学条件；最后是以改革为突破口，以基础薄弱乡镇为重点，典型引路，及时反思总结。为保证措施的顺利推进，绍兴市政府连续出台了《关于深化教育改革全面实施素质教育推进教育现代化意见》《关于市区流动人口中义务教育对象就学问题的实施办法》《关于加快实施农村中小学家庭经济困难学生资助扩面工程等四项工程的意见》《关于进一步做好流动儿童少年义务教育工作的意见》等系列文件，主动拆掉上学门槛，将 15 所全日制公办中小学确立为外来民工子女借读学校。全市有独立设置的民工子弟学校 18 所，在校学生 11749 人。到 2005 年年底，共有 48805 名外来民工子女在绍兴就学，占义务教育段学生数的 9.7%，切实做到了将解决民工子女入学工作作为一项政府职责依法纳入政府事业发展范畴。

地域性普及九年义务教育在全省范围内取得了标志性成效：2002 年，绍兴县、诸暨市被省委、省政府命名为省首批教育强县（市），11 个乡镇被命名为第三批省教育强镇（乡）。至此，全市已创建省教育强镇（乡）52 个，占全省总数的 17%。

第二个举措是以《绍兴市教育现代化建设纲要（2003—2010）》的制定为标志，2003 年正式启动绍兴市教育现代化工程。全市共创建省级示范性中小学 18 所，命名市级示范性中小学 29 所。2004 年，市教育局以试点引路，积极推进教育基本现代化乡镇创建活动，制订了《2004—2010

年全市教育基本现代化乡镇创建规划》，并在诸暨市牌头镇召开评估验收现场会，命名6个乡镇（街道）为首批市教育基本现代化乡镇。2005年1月，市政府在诸暨市牌头镇召开"全市教育基本现代化乡镇创建工作现场会"，总结交流各县（市、区）创建教育基本现代化乡镇的做法和经验。到2005年年底，有13个乡镇（街道）通过评估验收，全市"教育基本现代化乡镇"达到19个，有9个乡镇被命名为省教育强乡镇，全市共有省教育强乡镇111个，占全市乡镇总数的98.2%，教育强镇比率全省第一。小学升初中比例达100%，初中毕业生升入高中段比例达93.59%，连续五年保持全省第一，全市基本普及十五年基础教育。至此，全市共有省级示范性中小学83所，市级示范性中小学95所，占中小学总数的21%。这是拓展优质教育资源的重要举措。

第三个举措是全面进行基础教育课程改革实验研究。2003年，作为省级课程改革实验区，绍兴市在义务教育阶段全面推行课程改革。全市小学、初中一年级从9月1日起全部实行新课程，使用新教材。小学的课程设置为：品德与生活（1~2年级，各2课时）、品德与社会（3~6年级，各2课时）、语文、数学、外语、体育、音乐、美术、科学（3~6年级）、信息技术（3~6年级）、综合实践活动（3~6年级）、地方课程与学校课程；周课时数：1~2年级26课时，3~6年级30课时；学年总课时数：1~2年级910课时，3~6年级1050课时；初中的课程设置为：思想品德、语文、数学、外语、体育与健康、音乐、美术、科学、历史与社会、信息技术、综合实践活动、地方课程与学校课程；周课时数34节；学年总课时数：初一、初二1190节，初三1122节。其中，综合实践活动作为必修课程，内容主要包括：研究性学习、社区服务与社会实践及劳动与技术教育。绍兴市的改革在一定范围内起到了示范引领作用。

2. 以寻求21世纪教育发展突破口，聚焦研究问题为目标（2006—2010年）。

进入21世纪，伴随经济社会发展的转型，基础教育改革面临诸多问题。

一是教育公平问题。绍兴外来民工数量大幅度增长。2007年，外来民工子女义务教育段入学人数达61582人，占全市义务段学生数的13.2%，其中小学50720人，初中10862人。市政府先后下发《关于市区流动人口中义务教育对象就学问题的实施办法》《关于进一步做好流动儿童少年义务教育工作的意见》等文件。外来民工子女和本地学生同城待遇，入学实行"一费制"，贫困家庭子女享受"教育券"，在文化学习、评优评先、入队入团、参加校内外活动等方面，和本地学生一视同仁。该做法被《人民日报》头版报道，并在全国性的电视电话会议上做典型介绍。

二是规范办学问题。随着这一时期教育发展规模的扩大，办学中出现了诸多违背国家政策和影响学校办学方向的问题，诸如教师有偿家教、节假日补课、学生课业负担过重、学校校舍安全隐患等问题。为此，绍兴市教育行政部门出台了系列文件，以政策措施规范办学。如，出台《进一步加强教师职业道德建设抵制有偿家教的意见》，着力遏制在职教师的有偿家教；启动校舍安全工程，联合市公安局等有关部门出台《关于建立预防中学生违法犯罪预警机制的指导意见》；出台《关于切实做好义务教育段学校"减负增效"工作的意见》，发布《关于市区初中学校严格执行课程计划规定的通知》和《关于开展学生在校时间情况督查的通知》，提出"恪守三条底线、突出四项重点、完善五项机制、落实四个转移"的"减负"工作新要求，解决初三年级周六上午半天的补课、小学阶段的期中考试和高一、高二在法定节假日补课等难点问题，严格规范课程开设和控制学生在校时间，建立四条督查途径和督查通报制度，严肃问责纪律，做到了"真抓、真减、真查、真纠"。

三是区域性学校布局规划问题。2008 年，与城市总体规划修订、土地利用规划调整相呼应，绍兴市教育局抓住发展机遇，及时启动学校布局战略规划的制订，编制《绍兴市区学校布局专项规划》《绍兴中心城市学校布局专项规划》。市直学校列入市政府重点建设项目 13 个，资金投入总额达 6.6 亿元，此次调整优化了市直学校网点布局，改善了办学条件，基本满足了所辖区域的就学需求。

四是控制班额问题。2010 年，绍兴市教育局下发《关于在市区部分初中学校开展小班化教育试点的意见》，启动部署初中小班化教育试点工作。从秋季开始，在市区树人中学、昌安实验学校、文澜中学本部、文理学院附中四所初中的初一年级，实施小班化教育试点，成功将班额控制在40 人以内，并按班师比配齐配好教师。

通过多种举措，绍兴市促进了学校办学品质的整体提升，为基础教育的进一步快速发展奠定了坚实基础。

3. 以建设现代教育强市，全方位提质为目标（2011—2015年）

2011年3月22日，全市教育工作会议召开，颁布了《绍兴市"十二五"教育改革发展规划》和《关于优先发展教育事业推进教育现代化的若干政策意见》，明确提出绍兴市教育发展的总体目标为"率先实现教育现代化，建设现代教育强市，打造优质教育之城"。

这个时期围绕"促进公平、追求卓越"的目标采取了系列举措，将学前教育、高中教育和职业教育纳入区域性发展研究的视域，真正实现了从发展义务教育向全面发展基础教育的转型。

（1）印发《绍兴市学前教育三年行动计划（2011—2013年）》，高标准、高质量地普及学前教育，加快提升绍兴市学前教育发展水平。

（2）全面实施普通高中课程改革。走在全省高中课改的前列，绍兴市率先成立了市课程改革工作领导小组和课程专业指导委员会，下发《课程改革工作方案》，建立局领导联系学校、联席办公会议、选修课程年度审核、教师课程能力专业研修、课程建设评价五项制度。由于措施得力，全市柯桥中学、绍兴市职教中心等4所学校入选全省30所试点学校，21门选修课程入选全省推荐目录，占全省113门选修课的18.6%，入目总数全省第一。全市41所普通高中至2012年年底已开发开设知识拓展类选修课程821门，兴趣特长类选修课程698门，职业技能类选修课程448门，社会实践类选修课程226门，共计2193门。为解决选修课程中职业技能类课程开设这一难点，市教育局下发《关于组织在绍高校面向普通高中学生开发开设选修课程的通知》，做好职业技能类选修课程的平台搭建工作。

（3）有效对接绍兴地方经济，打造绍兴职业教育"高技能、高素质"品牌。绍兴市职业教育发展思路是以服务发展为宗旨，以促进就业为导向，以深化改革为动力，形成与地域发展格局和水平相适应、产教深度融合、中等职业教育与高等职业教育有机衔接、职业教育与普通教育互通互补，学校、企业、社会多元办学的现代职业教育体系。

对应此思路，绍兴市职业教育发展的主要举措如下。一是要求各地区尝试探索职业教育多样化发展模式，无论是公办的新昌县大市聚职业中学和新昌县职业技术学校，还是民营的诸暨市职校，均要求各职校从地区实际出发办出特色和水平；二是坚持以德树人，命名6所学校为绍兴市首批"市级中职德育工作实验基地学校"，探讨中职校德育工作的独特性；三是进行职教办学体制的改革，如将新昌县的职业中专升级为职业技师学院，绍兴市与浙江省内高校合作共建浙江工业职业技术学院镜湖科教园校区、浙江农林大学天目学院、浙江工业大学之江学院，同时投资建立新柯桥职教中心、上虞职业中专、市职教中心。绍兴市在创新发展职业教育方面向前迈出了重要一步。

（4）推进高等教育内涵式发展。绍兴市的高等教育发展定位于为城市经济社会发展提供人才支撑，为产业发展提供服务，为此，教育部门进行了高位的布局结构设计，形成了"一园一点三基地"的绍兴市高等教育发展格局。"一园一点三基地"指镜湖高教园，上虞高等教育点，绍兴城南高教基地、柯桥高教基地和滨海高职教育基地。至今，中心城市普通高等教育院校已超过10所，其中，绍兴文理学院将创建绍兴大学，绍兴市高等教育已初具规模。

为适应社会对高学历、高技能即"双高"人才的需求，增强大学毕业生的就业竞争力和创业能力，绍兴市教育局联合绍兴市人力资源和社会保障局出台了《关于培养高学历、高技能"双高"人才，提高在绍高校学生技能水平的意见》，鼓励学生通过技能训练提高技能水平。

（5）办好特色教育，鼓励民办教育，力争率先实现教育现代化。

反思总结近十五年的发展历程，绍兴市基础教育发展的成功之路及取得的成效是：1985年基本普及初等教育；1996年在全省率先基本普及九年义务教育；2002年提前三年实现高标准普及九年义务教育的目标，启动绍兴市教育现代化建设工程；2007年绍兴市所属三市两县一区率先在全省全部创建为省教育强县，所属110个乡镇全部创建为省教育强镇（乡），优质教育资源覆盖率全省领先，省级示范性中小学比例达22%。国家级重点职校学校增加到12所，占全市职业学校的2/5，省级重点中学、重点职校占全市70%以上。

2014年，中国社会科学院组织的中国城市竞争力课题研究成果显示，绍兴教育竞争力位居长三角16个城市的第六位，其中一级指标中的"软件投入"绍兴排第一，"教育政策""教育管理"两个二级指标数一数二。近两年，绍兴市教育局连续被浙江省教育厅表彰为教育科学和谐发展业绩考核优秀单位。

（三）对绍兴市基础教育改革发展历程的几点思考

反思绍兴市基础教育近十五年的发展历程可知，绍兴独特的基础教育区域性推进模式是在面对一系列重大挑战和把握机遇中，通过实践探索而孕育形成的。我们从中也总结梳理了若干规律性认识。

第一，主动应对市场化、城市化、信息化和国际化的机遇和挑战。

面对前所未有的问题和挑战，特别是城市化问题，集中表现在大城市发展中的人口集聚，绍兴市政府尝试从问题解决中寻求新的发展模式。绍兴市户籍人口由 1957 年的 263.33 万，1980 年的 382.71 万，2000 年的 432.69 万，发展到 2010 年的 438.91 万。外来人口 2010 年达到 90.65 万。城市化水平上升带来了绍兴市经济的飞跃发展，但同时也导致了城市发展一系列问题的出现。

绍兴市城市化进程中必须考虑两个问题，一是如何建设资源节约型和生态保护型社会。处理好经济建设、人口增长与资源利用、生态环境保护的关系，正确处理城市化快速发展与资源环境的矛盾，充分考虑资源与环境的承载能力，全面推进土地、水、能源的节约与合理利用，提高资源利用效率，实施城市公共交通优先的发展战略，形成有利于节约资源、减少污染的发展模式，实现城市可持续发展。二是尊重城市历史和城市文化。把握社会主义先进文化的前进方向，保护古城的历史文化价值，弘扬和培育民族精神，全面展示绍兴的文化内涵，形成融历史文化和现代文明为一体的城市风格和城市魅力。

第二，主动调整改革思路及策略重点。

绍兴市政府基于对基础教育面临的挑战和存在问题的理性分析，以敏锐的意识及时发现和聚焦实践中的问题，引领各区县和学校从本地区实际出发进行积极主动的实践探索，在积累经验的基础上通过发文加以规范和引领，从而一步步深化改革并保持其在全省范围内的领先地位。

绍兴市基础教育改革的策略重点主要有以下四个方面的内容。

（1）政府主导，理念高位，加大投入。绍兴市将教育作为关系国计民生的重中之重领域予以优先保障，坚持多样成才、改革创新、依法治教以及开放融合的理念，依法保障教育财政投入"三个增长""两个提高"，全市财政性教育经费每年增长 10% 以上，教育经费支出占财政总支出的比例高于全省平均水平。

（2）全面优化教育结构，各级各类教育协调发展。绍兴市先行一步调整和优化教育结构，构建基础教育、职业教育、高等教育协调发展、互为促进的现代教育体系。2014年，绍兴市各级各类教育发展的基本情况是：基础教育共有学校1194所，在校生66.8万人；中等职业教育学校20所，在校生5.4万人；高等教育学校9所，在校生11.3万人；成人教育学校752所，在校生32.9万人。全市教职工共6.2万人，其中专任教师5万人。[①]绍兴市教育规模大、类别齐全，与其他城市相比，绍兴市教育特别是基础教育领域的整体发展水平以及优质教育质量水平，均位于省内外前列。

（3）提出构建区域基础教育多元、多层次、开放的结构体系及基本策略。绍兴市按照优先发展、突出短板提升、实施全面提质以及强化统筹协调等战略，构建区域基础教育多元、多层次、开放的结构体系，以率先实现教育现代化。

（4）着力促进学生全面发展，积极打造区域性和个性化的特色教育品牌，教育质量走在全省前列。

第三，积极推进基础教育区域性发展顶层设计的高决策力。

总体分析，绍兴市政府在基础教育区域性发展的高决策力集中表现在以下几方面。

（1）将教育作为最重要的民生工程、民心工程，公共教育投入保障力度大，坚持全国领先水平。

（2）实施基础教育综合改革，全面推进素质教育，实现优质均衡发展。

（3）尝试构建区域内优质均衡的多样化发展模式。

（4）建立教育教学质量分析与评价体系，并形成市区两级的分析与评价队伍，为推进素质教育提供保障。

（5）具体明确政府市级统筹权限及承责。

讨论政府承责，前提在于对基础教育进行总体规划重要性的认识，要意识到总体规划在城市发展中的宏观调控和综合协调作用，突出政府社会管理和公共服务的职能，高度重视科技、教育、文化、卫生、体育、社会福利等社会事业的发展。我们认为，政府的主动作为及政府承责主要表现

---

① 资料来源于《2014年绍兴市教育事业统计资料》（绍兴市教育局，2014年12月）。

在以下几方面。

①各区（县）教育发展目标及功能定位（编制发展规划，处理好规模与质量的关系，推进城乡一体化）；

②学校布局及结构调整；

③资源配置（包括市域内资源统筹、购买社会服务）；

④经费、基础设施及生源分配；

⑤提供公共服务；

⑥市级层面特殊人才的培养；

⑦放权与扩权［各区（县）多样选择的改革措施］；

⑧制度与政策（创造制度环境，教育质量监控和保障措施）。

二、绍兴市的城市战略定位及其对教育发展的要求

（一）绍兴市发展面临的机遇和挑战

"一带一路"国家战略实施为绍兴市现代化发展带来了新机遇。作为对外贸依存度较高的城市，绍兴市将借助"丝绸之路经济带"和"21世纪海上丝绸之路"的战略部署，推动当地经济的转型升级，实现开放型经济的高水平发展。

1. 长三角一体化和长江经济带发展战略带来的新机遇

绍兴市是长三角一体化发展的重要组成部分，定位于长三角区域中心城市，这就要求绍兴市进入以质量提升为主的内涵式发展阶段，势必倒逼其解决以下问题。一是城市化水平低。绍兴市城市化水平一直低于全省的平均水平（2010年浙江全省城市化率已达61.62%，而2012年绍兴市城市化率才达60.1%），城市化严重滞后于经济发展水平。二是城乡均衡优质发展问题。地处绍兴南部以山区为主的嵊州市与新昌县（山地面积占总面积的77%以上）与北部绍虞平原等地区的投入和发展有差距，中心城市、县域城市与中心镇、中心村投入有差距。三是受现行行政体制和政策上的一些制约，在原来中心城市"一心三片"的城市发展格局下，城市化发展存在空间形态离散、片区功能类同、要素投入分散等问题。定位于长三角区域中心城市，将有利于强化绍兴市教育优势的发挥，进一步把区域教育

做大、做强、做活，从而大力提升整体区域科教资源的综合实力和竞争力。

绍兴市定位于长三角区域中心城市，更重要的是提供了一种新的发展视角以便更好地进行战略策划。从长三角区域的视角出发，绍兴新型城市化发展呈现的是区域性特征：先慢后快的发展速度，拉大城市框架，自下而上的驱动力，块状发展的城市经济，公共服务业同步推进。这些都要求对城乡人口、产业、资金、服务、设施等多种要素进行有序集聚和科学配置。

2. 产业互联网重构产业发展带来的新机遇①

传统产业需要加速智能化，新兴产业需要加速规模化，绍兴市产业转型升级有待加快。今后的二十年，产业互联网将改变和重构所有的产业，甚至银行、医院、教育、交通这些关键领域都要互联网化。区别于消费互联网的企业级互联网应用大市场，产业互联网涵盖企业生产经营活动的全生命周期，通过网络提供全面的感知、移动的应用、云端的资源和大数据分析，重构企业内部的组织架构，生产、经营、融资模式以及企业与外部的协同交互，实现产业间的融合与产业生态的协同发展（产业互联网包括工业4.0）。产业互联网的关键点在于：云计算很像工业革命的电，大数据很像工业革命的石油化工，新一代网络很像工业革命的交通网络，无处不在的智能终端很像工业时代的汽车，这四种技术力量集成所形成的产业互联网是产业重构的重点，是新经济的突破口和增长点。这对绍兴产业重构是一个重大机遇。顺应产业发展趋势，绍兴市应提前布局，抓住机遇，抢占产业发展制高点。

《浙江省产业集聚区发展总体规划（2011—2020年）》指出：绍兴滨海产业集聚区为全省规划布局的14个产业集聚区之一。它的发展导向是突出利用先进适用技术改造提升传统产业，加快推进战略性新兴产业、现代服务业、生态休闲观光农业发展，建设生态宜居绍兴的北部新城区。

3. 绍兴行政区划调整带来的新机遇

近十多年来，绍兴市经历了从强县扩权到扩权强县的发展进程。2013年10月，国务院做出《关于同意浙江省调整绍兴市部分行政区划的批复》，批准绍兴县、上虞市撤县（市）设区，绍兴市面积大大扩展，位居

---

① 资源来源于《绍兴市国民经济和社会发展第十三个五年规划基本思路》（绍兴市发展和改革委员会，2015年11月）。

浙江省第二位，仅次于杭州。市域面积不变，从"一区三市两县"调整为"三区两市一县"，中心城区范围扩大，调整后的行政区划为"一市三区"。行政区划的调整导致了城市规划范围、城市空间结构和城市发展方向等方面的重要变化。打破"一市一区""县包区"和行政管理体制的制约，绍兴市的中心城市规模得以极大地拓展，这有利于对接上海大都市区和杭州都市区、宁波都市区，将绍兴建设成为崛起于杭甬之间的大城市；有利于统一规划、合理布局，在更大空间配置资源，加快城乡一体化发展；有利于集聚资本、技术、人才、信息等高端要素，促进县域经济向都市区经济、城市经济发展；有利于实现功能优化互补、区域融合发展，促进产业转型升级，为城市竞争力的提升搭建发展平台。特别是在区域发展层面，从交通节点城市提升为长三角两翼的交通枢纽城市，绍兴市在长三角城市群中的地位和作用进一步提升。这就要求绍兴市必须形成以城市群为主体形态的省城新型城市化发展格局，增强中心城市的集聚力、辐射力，提高城市的吸引力，为杭州经济和城市一体化发展创造条件。

4. 网络时代、政策导向和改革创新的优良发展环境带来的新机遇

信息化时代，互联网为载体的网络发展，使得信息和物流成为推动专业市场未来发展的两大主要动力，它们与绍兴区位优势结合，将为绍兴专业市场与块状经济的联动发展产生强大的产业集聚能力，从而加快推动绍兴市的经济转型步伐，对绍兴的发展产生深远的影响。

中央"稳中求进"的总基调，注重发展的质量和效益，不再以 GDP 增长作为唯一评价标准，也为调整结构、转型升级腾出了更多空间。

国家实施新型城镇化战略，推进以人为本、"四化"联动、绿色包容增长的新型城镇化，将推动绍兴由县域经济主导的模式向都市经济引领的模式转变，迎来人口加速向城镇集聚。到时，城乡关系将更加协调。以城促乡发展的全新"城市时代"，轨道交通、市域铁路的高速发展、互联互通以及信息经济、服务经济的崛起也将加快全市域生产、生态、生活空间的重构。

目前，制约和影响绍兴市现代发展的问题主要有以下几方面。

一是城市集聚能力有待提升。相比工业化的快速发展，绍兴的城市化进程相对滞后，2015 年城市化率为 63.2%，低于全省平均水平。中心城市虽经过区划调整形成了"一市三区"的大城市发展格局，但融合度不够，空间结构亟待优化，集聚优势远未充分发挥，辐射带动力还不足。

二是发展不均衡。就 2015 年人均 GDP 达到 1.6 万美元和 GDP 总量实现 4465.97 亿元的绍兴市来说，它已经步入了发达经济体的行列，但问题在于其内部各区县发展不均衡。面积仅有 2965 平方公里，占全市总面积 35.81% 的中心城区集中了全市最好的政治资源（市政府所在地）、经济资源、社会资源（医疗、教育等）和文化资源（博物馆、文化馆、艺术馆等），GDP 占全市的 59.3%。而土地面积占全市 64.19% 的发展区，GDP 却仅占全市的 40.7%。因此，城乡区域协调发展的要求更加迫切，改变薄弱地区发展状况，逐步缩小城乡差距，仍需要付出艰苦的努力。

三是产业转型升级有待加快。绍兴市产业以及工业多样化指数均低于全省。三次产业中，2015 年工业占比达到 50% 以上，其中纺织业占工业的 1/3，产业层次总体处于低端水平。工业以纺织等传统产业为主，新兴产业由于人才、技术、市场等支撑条件不足而发展缓慢，面临"空心化"的潜在风险。

四是人口、资源、环境的矛盾。绍兴市人口结构严重失调，呈现出老龄化和少子化的发展趋势，人口密度分布不均衡也给资源平衡、环境承载、公共服务和城市管理带来了严峻挑战。按照新的城市功能定位，构建规模适度、结构优化、多元和谐、分布合理、服务有效、管理严格、与城市可持续发展和城市功能相适应的人口发展格局，将从根本上影响教育的规模发展。

五是国内外多层面竞争更加激烈。世界范围内对经济、科技制高点以及国内地区间对高端要素和产业资源的竞争日益加剧，因此，绍兴市在深入调整结构、实现创新驱动发展方面仍需要付出更大努力。

（二）绍兴市的城市战略定位

城市战略定位是从城市自身所具有的资源禀赋、区域内所处地位和发展优势，从总体发展的战略高度进行城市未来发展的顶层设计。城市发展顶层设计的核心是明确城市的战略定位，强化城市的核心功能，疏解城市的非核心功能，从而提升城市竞争力，实现城市的可持续发展。

根据国务院批准的城市总体规划，绍兴市的城市定位为：国家历史文化名城、江南生态宜居水城、长三角区域中心城市。也就是说，绍兴市定位于大城市发展，融入沪杭甬发展格局。绍兴区块的任务是：发挥历史文化和产业优势，重点培育高端装备制造、生物医药、节能环保、新一代信息技术等高新技术产业，重点发展文化旅游、现代商贸、现代物流、研发创意等服务业，建设杭州湾南翼区域性交通枢纽，塑造"江南水乡""名士之乡"的旅游品牌，加快建设特色产业城市、文化休闲城市、生态宜居城市。①

绍兴市在全省的功能定位是"优化开发区域"。"优化开发区域"的特殊内涵是，绍兴市要成为带动全省经济社会发展的龙头区域，提升地区竞争力的核心区域，集聚人口和经济的重要区域。

大统筹推进大融合，大融合促进经济和社会结构的调整和布局优化。绍兴市委、市政府站在经济社会转型的新起点上，启动实施"重构绍兴产业、重建绍兴水城"的战略部署，启动杭州都市经济圈转型升级综合改革试点。准确把握"国家历史文化名城、江南生态宜居水城、长三角区域中心城市"的定位，不断完善城市发展体系，在做大做强中心城市的同时，抓紧抓实县域城市建设和小城市培育试点，不断推动城市转型升级和城乡一体化发展，更好地提升全市居民的生活品质和幸福指数。要坚持特色优势，做足水文章，做精文化特色，做强城市管理，做优生态环境，持续提升城市品质和品位。抓住新型城镇化发展新机遇，发挥绍兴城市区位优势，增强中心城市集聚力、辐射力，推动绍兴转型发展、走在前列。

绍兴市城市发展"三城"战略新定位的具体内涵如下。

一是国家历史文化名城。绍兴市城市的发展和建设始终伴随着历史文化的传承。作为国务院首批命名的 24 个中国历史文化名城之一，绍兴历史悠久，文化灿烂，被誉为"没有围墙的博物馆"。文化是人类之间进行交流的普遍认可的一种能够传承的意识形态，城市文化品质和文化氛围直接体现一个城市的智慧水平和综合实力。在两千多年发展的历史长河中，绍兴市不仅形成了以"刚柔相济、敏而慧"为核心的越文化，而且创生了水文化、酒文化、剑文化等多样化的文化形态，文化结构也从单一走向多维、从单一功能向复合功能转变。

绍兴历史文化以"理性、务实、自强不息"为基本特征，在东方文化与西方文化、古代文化与现代文化交相辉映中，在与地方特色、时代精神有机结合中，确立了千年古城包容、多元、开放的城市文化发展定位。对绍兴历史文化名城的定位有利于传承和弘扬历史名城文化；有利于发挥古

---

① 资料来源于《浙江省主体功能区规划》(浙江省人民政府，2013 年 8 月)。

城历史文化资源在育人方面的优势和在建设宜居城市中的作用；有利于进一步挖掘和利用历史文化资源，进而找到历史文化再生的途径和方式；有利于传播中华民族优秀文化传统、文化价值和文化精神，为青少年及城市市民素养的培育提供良好的环境和创建发展平台。

两千多年文化的历史发展和深厚积淀，绍兴市历史文化名城的定位要求我们站在未来和国际的视野，认识和拓展其内涵、结构和功能。

历史文化名城的建设目标是集群化发展，体现整体综合性、结构层次性、多元开放性，建设内容涉及文化服务、文化创意、文化产业、文化主题规划、文化空间规划，描绘绍兴文化地图示范区的构建，从而立足自身优势，实现丰富、多样、内涵式的建设发展。

二是江南生态宜居水城。绍兴是典型的江南水城，水网纵横，山清水秀，风光秀丽，是一座"漂在水上的城市"。"宜居"在当前生态文明加速推进过程中，被赋予了新的内容和时代要求。国际城市可持续发展中心将宜居城市比喻为"生命有机体"，描述不同城市要素所承担的城市功能。在国内，宜居城市的研究历程是伴随着城市发展面临的问题而产生的。我国城市化快速发展背景下，环境污染、交通拥堵、住房紧张、过高追求GDP 增长而忽视城市生活质量等问题出现，宜居城市的建设就成为解决城市发展问题的重要选择。2007 年 4 月，中华人民共和国住房和城乡建设部科学技术司验收通过了具有导向性的《宜居城市科学评价标准》，从社会文明、经济富裕、环境优美、资源承载、生活便宜、公共安全六个方面，构建生态宜居城市指标体系，并整合层次分析法和风玫瑰图法，进行城市生态宜居化程度综合评价与分析。

江南生态宜居水城的定位是"江南""生态""宜居"，这成为绍兴市城市建设的关键词。

绍兴曾是一个"一落笔就有山岚水气，一泼墨就会顿生满纸云烟"的古韵水乡。然而，由于绍兴的传统产业所占比重较高，纺织印染、医药化工等高消耗、高污染、高排放产业给清清亮亮的河湖戴上了漆黑的"乌毡帽"，水污染严重阻碍了绍兴的可持续发展。为了从古韵水乡升级为现代水城，绍兴市委、市政府启动了"五水共治、重建水城"的战略举措，通过保护好水网格局，突出山、水、城融合的城市风貌，倾力打造"水清岸绿、城水相融、人水相亲"的江南宜居、宜业、宜游现代水城，努力把绍兴打造成为江南水城的典范，这是新型城市化的重大历史机遇。

三是长三角区域中心城市。绍兴市总面积8279平方公里，人口490多万，下辖6个县、市（区），是国家历史名城和优秀旅游城市。绍兴交通位置很优越，位于上海一小时半经济圈内，其区位优势很明显。

在《长江三角洲地区区域发展规划》中，绍兴市的发展定位是：发挥传统文化和产业优势，建设以新型编织、生物医药为主的先进制造业基地和国际文化旅游城市。以更开放的视野、更长远的眼光，重新审视绍兴在长三角城市群中应扮演的角色，加快接轨大上海和融入长三角，共建杭州都市经济圈，全面参与长三角城市群建设。做大做强中心城市，积极推进县域城市建设，开发建设滨海新城，统筹嵊新集约发展，积极培育小城市和中心镇，全面提高城乡区域协调发展水平，力争把绍兴建设成为长三角区域举足轻重的中心城市。

（三）绍兴市城市功能区的存在形态及其对教育发展的制约与影响

基于对城市行政区划调整后面临的新机遇的分析，绍兴市政府从以下四个方面对绍兴市城市发展提出了新的对策思路。一是梳理好中心产业布局中计划与市场的关系。提升传统产业，引进培育新兴产业，加强重大公共服务设施建设，重在结构优化、质量提升。二是立足实际，把握人口发展规律，采取相关配套措施，从更高层次制定未来人口发展战略，为经济转型升级和大城市建设提供支撑。三是做好文化传承和发展的专题研究，这要与重大公共服务设施建设专题研究相互衔接，从整体上统筹与策划，优化结构，提高利用率。四是清楚生态环境保护的严峻性。这四个方面从根本上制约着绍兴市基础教育未来发展的走向。

绍兴市城市空间结构的调整，导致经济结构和社会结构的转型，进而影响和制约教育的发展。

1. 经济转型升级和经济产业结构调整

经济结构的调整内容涉及区域结构、城乡结构、需求结构、分配结构、要素投入结构等诸多方面。增长动力从要素驱动、投资驱动转向创新驱动。当前，绍兴经济到了必须依靠深化改革、调整结构、创新驱动才能持续健康发展的关键时期，如顺势而为、转型发展，追求新常态下更为稳健的增长，就能促进经济行稳致远，继续走在前列。对此，绍兴市经济结构调整的基本思路是，立足现代产业体系构建，推进县域经济向都市经济、都市圈经济转型。

县域经济模式在 20 世纪八九十年代很成功，发挥了很大作用，但弊端也日益突出。由于城市平台小，县域经济在资源配置、集聚能力方面的局限性越来越明显，很难承接跨国公司、高端人才、科研院校等高端要素，难以有效推动转型升级。尤其是 2008 年国际金融危机发生后，绍兴受到的冲击早，影响大，教训深刻，转变发展路径十分紧迫。与全国情况相似，新常态下绍兴发展表现出了转折期、关键期、攻坚期"三期叠加"的阶段性特征。

产业未来是什么样？具体构成是什么？这就要求对产业发展框架进行梳理。依此，我们构建了产业、平台、企业和科技四个维度。现实问题是，据测算，全市规模以上工业企业营业收入利润率（5.4%）与省平均水平持平，增加值率 14.7%（省平均 18.3%）和工业全员劳动生产率 14.1 万元/人（省平均 14.9 万元/人）均不及省平均水平。此外，经济发展与生态环境的矛盾日益突出，特别是水资源利用率严重偏低。

为优化产业结构，绍兴市将发展五个千亿级的主导产业和重点培育八大优势特色产品，且确定了到 2030 年的发展目标。这五个主导产业分别是：信息经济（建设"智慧绍兴"，推广运用大数据、物联网、云计算平台，培育发展信息制造业、软件信息服务业，成为全省重要的信息产业基地）、生命健康产业（发展生命健康制造业和健康服务业，形成高新区生态环境，建设健康城，成为国内生命健康产业发展的先导市）、文化旅游产业（推进中心城市人文优势和自然优势转化为现代文化旅游产业优势，以文化创意提升旅游内涵，旅游综合实力全省领先）、高端智能装备（围绕装备成套化、产品智能化、产业集群化目标，促进传统机械装备产品数字化、智能化、绿色化和标准化，建成浙江省乃至长三角地区重要的高端智能装备产业基地）、功能性差异化高端纺织（加快推进传统纺织产业改造升级，大力发展纺织新工艺、新技术、新产品，构建国际纺织品制造中心、贸易中心和创意中心）。八大优势特色产品包括绍兴黄酒、建筑标准制件、薄膜新材料、绿色高端染料、高端节能电机、通航装备、观光游艇以及汽车及关键零部件，以此形成具有区域特色和先导性的拳头产品，并逐步形成特色产业链。另外，通过系统构建生产性服务业和都市农业，实现配套融合发展。

这一长线的部署，集中表现为布局的优化。

（1）构建体系。构建以战略性新兴产业为主导、传统优势产业为基础、服务业和制造业融合发展的现代产业体系。这一产业体系体现了产业结构高级化、产业空间集聚化和产业发展融合化的特征，同时体现了可持续发展的"生产、生活、生态相协调"的布局理念。

（2）思路清晰。以大力度调整、大空间统筹、大平台建设，合理处理规模优势与发展质量的关系、传统产业升级与培育新兴产业的关系、加强产业空间整合与提升平台带动能力的关系以及强化片区发展特色与推进区域统筹布局的关系。

（3）定位明确。定位于全国转型升级试点示范区、长三角新兴产业培育先导区、长三角现代服务业综合功能区。

（4）举措明晰。以"重构绍兴产业、重建绍兴水城"为战略部署，启动杭州都市经济圈转型升级综合改革试点，以加快培育主导产业及重点产品，加快发展现代服务业，积极发展现代农业，加快打造规模化企业集群以及提振企业发展信心为主要内容，主动适应经济发展新常态。

2. 社会转型和社会结构调整

社会变革不能仅作为教育发展的外部环境，它和经济一样规定着一个区域教育发展的规模、速度和走向，社会发展是教育的内部构成。只有把握当代中国社会的变化、发展的实质以及发展的方向，才能真正认识基础教育未来发展的实质。

绍兴市政府针对现实存在的城乡发展差异问题，合力推进城乡统筹，编制实施《绍兴市城市发展战略纲要》，完成大城市发展战略 11 个专题研究。其中包括：谋划推进"一环六横八纵"中心城市快速路网建设；积极推进绍兴高新区迪荡湖整治建设，加快袍江"两湖"区域开发，进一步完善滨海新城基础设施，建成开放科技中心、文化中心、奥体中心；制订绍兴智慧城市概念规划，完善通信等信息基础设施；积极建设诸暨城东新城；推进嵊新区域集约发展；健全小城市分类培育机制；深入开展美丽乡村示范区建设等。

绍兴市政府采取多种多样改革举措的深层思考是，将人口及社会分层、资源及城市格局作为把握社会转型的关键节点。正如邬志辉、史宁中（2011）所说，城镇化是乡村社会结构向城市社会结构的整体转型过程，它表现为人口由农村向城镇聚集，职业由农业向第二、第三产业转移，生活方式由传统向现代转变的动态发展过程。这个加速过程集中表现在

2000—2009 年这十年时间，城镇人口增加 1.63 亿，达到 6.22 亿，城镇化率提高了 10.4 个百分点，年均提高 1 个百分点以上。

研究人口及社会分层问题的实质是对绍兴市教育的承载力分析，这就必须对全市人口数量及结构变化做到心中有数。

关于人口问题的讨论，涉及当前绍兴市的人口结构、人口发展趋势、人口流动等一系列问题，以及与地区教育发展相关的人口社会结构，包括年龄结构、教育结构、就业结构和人口流动状况。

据 2010 年全国第六次人口普查，绍兴市当时 494 万常住人口的现状是：市区共 272 万（越城区 98 万、柯桥区 96 万、上虞区 78 万），占比 55.06%；诸暨市 116 万，占比 23.48%；嵊州市 68 万，占比 13.77%；新昌县 38 万，占比 7.69%。

2000 年以后，随着城镇对人口的集聚能力的增强，绍兴农村人口所占比重呈逐年下降趋势，城镇人口超越农村人口，城镇化率从 2000 年的 48.68%、2010 年的 58.58% 上升到 2015 年的 63.2%，城镇化率稳步提高。

绍兴市区人口的分布情况是：绍兴中心城市（三片）共 183 万人。其中主城片 135 万，上虞片 35 万，滨海片 13 万，占全市人口的 67.28%。外围乡镇（9 镇）共 89 万人。

新型城镇化推进的核心是"人的城镇化"，它主要体现在人口的集聚能力和承载能力上。根据已有数据，我们对绍兴市人口与城镇化发展的主要特点及趋势做出以下几点分析。

（1）城乡结构。全市人口中，城镇人口为 280 余万人，占总人口的近 60%；乡村人口为 200 余万人，占总人口的 40% 多。与 2000 年第五次全国人口普查相比，城镇人口增加了 78.22 万人，乡村人口减少了 17.44 万人，城镇人口占总人口的比重上升了 9.9 个百分点。

中心城市和全市人口增长主要以外来迁移人口为主，中长期形成"先上升、后下降"的发展趋势，并呈现出少子化、老龄化形态。

自 2000 年全国第五次人口普查至 2010 年，其间中心城区户籍人口增长缓慢，从 2000 年至 2012 年仅增长了 0.58 个百分点，年均增长量为 0.622 万人，说明中心城区集聚能力不强。常住人口高速增长，总量增 60.89 万人（年均增长 6 万人左右）。但 2010—2012 年，两年仅增长 3.01 万人，生育力处于超低水平。

（2）受教育程度。基础教育水平和普及程度较高，但受高等教育程度的人口比重相对偏低，就业人口中受过高等教育的人员主要集中于中心城市。

绍兴市各种受教育程度人口的情况是：全市常住人口中，具有大学（指大专及以上）文化程度的人口为 34.37 万人，占 6.94%；具有高中（含中专）文化程度的人口为 67.48 万人，占 13.62%；具有初中文化程度的人口为 201.39 万人，占 40.64%；具有小学文化程度的人口为 145.31 万人，占 29.32%。①

同 2000 年第五次全国人口普查相比，每 10 万人中具有大学教育程度的由 2262 人上升为 6997 人；具有高中教育程度的人口由 10860 人上升为 13737 人；具有初中文化程度的人口由 35412 人上升为 40998 人；具有小学文化程度的人口由 36225 人下降为 29582 人。高学历人口仅占 7%。

（3）人口迁移由净流出转变为净流入。"十五"期间，绍兴市年均净流出人口约 4000 人。而从 2006 年起，绍兴市户籍人口开始呈现净迁入态势，且增长速度较快。2006 年净迁入仅为 222 人，2010、2011 年均超过 1 万人，省外净流入人口占比近 60%，对该市人口总量增加的贡献最大。2012 年净流入人口增长速度有所回落，流动人口规模出现增长放缓的趋势。流入流出地分布相对集中，居留时间不断增加，家庭式迁移趋向明显。居住条件不断改善，但是基本服务均等化程度仍需进一步提高。

以往每年大约有 80 万外来人口进入绍兴市，现在每年流入人口 50 万左右。外来流入人口趋势下降的主要原因是技术的提升。外来人口大多文化水平低，从事的是劳动密集型的工作，且聚居在郊区的城乡接合部。需求的质量在提高，高素质的人才很难引进。

（4）全市人口结构进入深度老年型并有不断加重的趋势，少子化和老龄化趋势明显。第六次全国人口普查结果显示，全市常住人口中，少年儿童占比继续下降，2010 年比 2000 年下降了 5.64 个百分点，15～59 岁人口的比重上升了 3.24 个百分点，60 岁及以上人口的比重上升了 2.4 个百分点，65 岁及以上人口的比重上升了 0.25 个百分点。

全市常住人口中，0～14 岁人口为 62.79 万人，占 12.78%；15～59 岁人口为 353 万人，占 71.86%；60 岁及以上人口为 75.43 万人，占 15.36%，其中 65 岁及以上人口为 48.81 万人，占 9.94%。

这一数据表明绍兴市少子化和老龄化现象明显，人口结构不合理的趋

---

① 以上各种受教育程度的人口包括各类学校的毕业生、肄业生和在校生。

势在加剧。尤其是 0~14 岁人口所占比重，远低于 18.5% 的指标。绍兴市未来发展面临两个预警：一是老年人口日益高龄化，二是劳动力人口年龄结构呈老龄化趋势。全市常住人口自然变动处于低增长状态，可以预计未来可就业人口将进一步减少，大量人口需要外来劳动力充实。人口自然结构的偏态及其对中国社会未来发展将带来的严重影响正在引起各方关注。

人口因素是社会经济变革的基础要素，人口数量和质量的转变影响地域经济增长模式与速度，影响产业转型升级、经济结构优化调整和社会城市化发展水平。鉴于这一基本认识，针对以上问题，绍兴市政府采取了以下战略性对策。一是把握未来人口迁移在数量和速度上的变化，统筹好迁移和生育的关系，防止未来人口与经济社会发展的失衡；二是实施以业聚人和控人相结合，增与减相结合，调节人口迁移和优化布局；三是从市、区两个层面实施流动人口促融战略；四是实施人口素质提升战略，加强人才引进和培育；五是实施积极老龄化战略，应对健康养老需求；六是实施人口城镇化先行战略，有序推进农业转移人口市民化。

三、绍兴市基础教育"一主多元优质均衡发展"未来发展模式的构建

在回答城市化、信息化、国际化发展要求，区域性社会经济发展的根本变革，多元文化价值取向、伦理道德问题及文化生态危机中寻求一种理论准备和分析框架，集中为人的生存方式的根本变革。绍兴市教育局基于这一认识，对绍兴市基础教育区域性推进的战略举措进行了思考。

（一）绍兴市基础教育改革面临的矛盾、问题及转型

区域性教育功能的发挥是以教育资源为前提和基础的，教育资源的水平一定程度上决定了教育功能的方向和水平。经过近几十年的发展，绍兴市形成了丰富的教育资源，这是其实现新的城市战略定位的重要基础。

总体分析，绍兴市教育影响力和竞争力与发达城市相比还存在一定距离，教育资源的丰富性和优质化程度有待进一步提高。影响和制约绍兴市区域教育特色发展的问题主要有以下几个。

1. 区域教育发展不平衡

虽然我们一直要求"努力办好每一所学校，教好每一个学生"，以使每个学生获得适合自己的教育和发展，但由于历史、文化以及现实水平等原因，绍兴市教育发展城乡间、区域间及校际间的差异明显，影响了教育目标的实现。

在规模结构上，绍兴市的学校布局滞后于城市发展，中心城区学校过于集中，而且缺少拓展。地域差距较大，基础教育资源布局与人口分布存在一定的不协调现象。越城区作为中心城区，幼儿园、小学和初中的校均规模明显高于诸暨和新昌，但是空间、生均占地面积等指标明显偏低（见表 2 - 1、表 2 - 2）。

表 2 - 1　2014 年绍兴市常住人口区域分布情况①

指标 地区	土地面积（平方公里）	户籍人口（万人）	户籍人口密度 （人／平方公里）
越城区	493	74.81	1517.44
诸暨市	2311	108.04	467.50
新昌县	1214	43.90	361.61

表 2 - 2　2014 年绍兴市基础教育分市县校均规模情况（单位：人／校）②

学校类别 地区	幼儿园	小学	初中	普通高中
平均	191	876	1094	1800
越城区	211	1075	1314	0
诸暨市	195	687	1231	3852
新昌县	166	865	736	1549

在教育资源的分布上，优质教育资源总量不足且布局不均衡。目前绍兴平均班级人数仍然偏高（超过 50 人／班）。优质教育资源集中分布于主

① 资源来源于《绍兴统计年鉴 2015》（绍兴市统计局，国家统计局绍兴调查队，2015 年 9 月）。

② 资源来源于《2014 年绍兴市教育事业统计资料》（绍兴市教育局，2014 年 12 月）。

城片的越城区、行政范围内的老城区和上虞片主城区，主城片的袍江、镜湖以及滨海片等新城区的优质资源明显不足。受制于区域之间、校际之间教育质量的差距，当地居民与流动人口子女受教育条件的差距，出现了一些相对薄弱学校，包括"薄弱地区"的学校和"发达地区"的薄弱学校。这些学校在资源配置、师资状况、学生家庭环境、生源素质等方面都不同程度体现出弱势的特征，个别学校甚至面临招生不足的窘境。伴随着城市和农村经济的二元化发展，城乡教育在经费投入、资源配置、办学条件、教师待遇等方面仍呈现出"马太效应"式的不平衡发展。

2. 学校教育的发展不能满足人们对优质教育的要求

绍兴市正处于经济转型升级的关键期，实现经济战略转型需要推动区域在高层次、创新型人力资源开发及增强科技创新能力上取得较大进步，也需要在基础教育上推进改革、提高质量，为吸引人才和投资营造良好的教育环境。满足区域经济发展、产业转型对教育质量的共同需求，造就大批高层次创新性人才，增强区域创新能力，要求实施教育领域综合改革，统筹优化区域内教育资源，加快确立市直教育在全市教育格局中的龙头地位，这是增强教育服务于整个区域经济社会转型发展的迫切需要。

绍兴市教育已由"机会需求型"向"质量需求型"转变，社会各界对绍兴市拓展优质教育资源、提高发展水平愿望迫切，广大家长对更加多样化、优质化教育需求日益强烈。这里仅以越城区为例，抽样调查表明，83.4%的市民希望进一步提高市直教育水平，确立市直教育在全市教育格局中的龙头地位（见图2-1）。

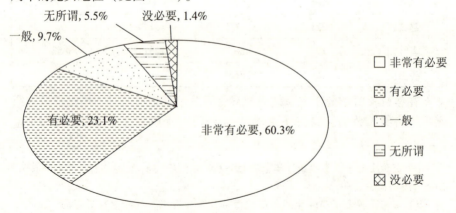

图2-1 确立市直教育在全市教育格局中的"龙头地位"有否必要的调查

对市民满意度的抽样调查表明，市民对教育质量和教育收费问题满意度最低（见图2-2）。

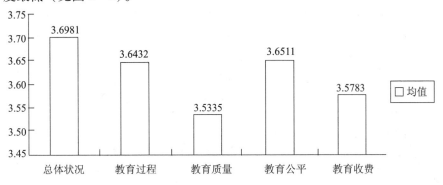

图2-2　分类教育满意度指标得分

3. 教育系统内部的发展问题

总体分析，绍兴教育发展水平以及人才培养质量和知识贡献力度，还不能满足城市发展和人民群众对教育的多元需求。

（1）基础教育育人模式相对单一，尚不能适应时代和学生的多样化发展需要。

（2）职业教育服务社会的能力相对较弱，对经济建设发展的支撑能力还不强。职业教育技能人才培养跟不上绍兴经济社会发展的需要，尤其缺少高等级、高水平专业人才培养的摇篮。

（3）市域内高等教育整体层次不高，尚缺少国内具有影响力的高水平大学和学科。近年来虽然通过实施"330"海外英才计划，累计引进了一批海内外高端人才，但拥有较强创新源泉、智力禀赋的人力资源相当欠缺。

（4）教育投入总量相对不足，教育投入水平还有提升空间。2013年，市本级国内生产总值、财政经常性收入增幅分别为9.6%和16.93%，国家财政性教育经费比上年增长8.25%。教育经费总收入比上年增长5.4%，与2012年相比，国家财政性教育经费占国内生产总值的比例下降0.04%，公共财政预算教育经费占公共财政预算支出下降0.12%。同时，教育经费绝对量的增长则主要用于各类学校人头经费支出和填补教育免费政策的空白，用于改善办学条件、提升教育内涵的经费增长仍显不足。

（5）学校教师队伍结构性矛盾较为突出，缺少名特优教师、高水平学科领军人才及在省内外有一定知名度的名师名校长。以市直普通高中专任教师为例，普高专任教师中研究生及以上学历占比 6.64%，低于全省 7.2%的平均水平；省名师名校长培养对象 28 人、享受正高待遇中学高级教师 19 人、教坛新秀 14 人、学科带头人 58 人，分别占全市的 13.1%、17.9%、13.5%、21.6%，比重总体偏低（见表 2 - 3）。从人力支撑看，教师队伍结构性矛盾突出，教师的业务能力和素质参差不齐。

表 2 - 3　绍兴市、市直教育系统高层次人才队伍统计情况

类别 范围	省特级教师	省名师名校长培养对象	享受正高待遇中学高级教师	省教坛新秀	中小学学科带头人	省级以上优质课一等奖获得者
全市	76	213	106	104	269	64
市直	20	28	19	14	58	17

（6）人才培养模式有待改革。在发展理念上，存在重分数、轻能力，重智育、轻德育，重理论、轻实践的倾向，需要重塑正确的教育价值观、教育质量观、教育政绩观、学生培养成才观、教师专业发展观。课程、教学以及考试评价制度等方面的改革有待深化，学生的创新意识和创新能力培养不足，学生体质健康部分指标呈下降趋势，总体水平处于全省中等偏下（绍兴市 2009 年高校新生体质健康测试总分平均值和总分合格率均处于全省第 5 位，2013 年总分平均值和总分合格率分别下降为全省第 8 位和第 7 位）。

（7）学校教育定位发生偏差。很多学校受考试文化的制约，过分依赖优质生源，过度追求高分数，导致学生学业压力过大、课业负担过重。部分学生不同程度地存在理想信念缺失、道德情操滑坡、责任担当精神匮乏、社会适应能力减弱等问题。

4. 上位政策的限制

绍兴市属于地级市，区域宏观调控的职能受制于中央、省级层面，新型城市化发展的各项改革措施不同程度上受到上位政策的限制，如城市定位、金融投资、户口迁移、拆迁政策等方面，而且自身协调"回旋"的余地和空间不大，社会和谐稳定还面临不少问题。

（二）绍兴市基础教育未来发展模式的构建

高品质教育的构建是城市现代化的重要标志。一些历史悠久的名校以其优良的办学传统、先进的教育理念、独特的学校文化往往成为城市文化的源头和城市精神的象征，也是展示城市魅力的重要指标之一。从 2013 年中国城市竞争力排行榜中可见，凡是综合实力处于前列的城市，一个非常重要的特征就是教育人才竞争力强，拥有丰富的教育资源、智力资源，能为地区经济发展提供优质的教育服务和人才支持。

1. 绍兴市基础教育区域性推进的战略目标

绍兴市政府以瞄准世界教育前沿的大视野和反思精神，重新审视绍兴在长三角城市群中应扮演的角色，加快接轨大上海和融入长三角，共建杭州都市经济圈，全面参与长三角城市群建设。做大做强中心城市，积极推进县域城市建设，开发建设滨海新城，统筹嵊新集约发展，积极培育小城市和中心镇，全面提高城乡区域协调发展水平，力争把绍兴建设成为长三角区域举足轻重的中心城市。

基于这样的城市定位，绍兴市基础教育区域性推进的战略目标是：建设现代教育强市，打造优质教育之城。办好人民满意的教育，以教育发展推动科技进步和人民素质提升，实现经济社会发展的转型，力争率先实现现代化，为实现绍兴大城市融合发展提供强大动力。

绍兴市基础教育发展的目标定位是，由"机会需求型"向"质量需求型"转变，走向优质均衡发展，以现代教育强市建设推进教育主体功能区高水平发展。

2. 绍兴市"一主多元优质均衡发展"的城市功能布局

绍兴市的空间结构、形态功能从根本上影响和决定着绍兴市教育发展的格局及功能区的构建。绍兴市委、市政府站在经济社会转型改革的新起点上，启动实施"重构绍兴产业、重建绍兴水城"的战略部署，启动杭州都市经济圈转型升级综合改革试点，以全域理念统筹规划，以公平与质量、均衡与优质一体化协调发展为核心，在科学决策和扎实推进中实现绍兴市基础教育未来发展模式的构建，这是具有开拓性、前瞻性的战略策划。

这一战略策划集中表现在从"集聚区"到"功能区"的空间结构调整。

一是以统筹全市域协同发展为基本思路。绍兴市政府对区域内 8279平方公里进行整体规划,构建以绍兴大城市为中心,以县城中心城市为依托,以中心镇为平台,以一般乡镇为纽带,以中心村为节点的城市发展新格局。依托城市发展的新格局,实现城乡空间一体化、产业发展一体化、基础设施一体化、公共服务一体化和生态环境一体化,力图解决绍兴市城市化发展中存在的空间形态离散、片区功能类同、要素投入分散、城市化率低、城乡均衡优质发展存在差异等主要问题。

二是确定城市发展新格局。按照"临湾开发、中心提升、两翼拓展、南部统筹"的总体思路,强化各区、县(市)优势功能和特色,以沿江、沿湾、沿路区域为重点,提升中心城市功能,着力培育诸暨和嵊新组群,推动县域经济向都市圈经济转变,形成"一心二群三带五区"的绍兴都市圈空间总体布局框架。

"一心"即做强绍兴中心城市,加快中心城市"三区"融合发展,提升中心城市的集聚力、辐射力和带动力,发挥中心城市的龙头作用。

"二群"即加快培育诸暨、嵊新两大城镇组群。推进诸暨城镇组群集约发展,加快绍诸高速延伸线建设,开展诸暨市域轨道交通前期研究,积极融入绍兴中心城市,有效接轨杭州、金义都市区,加快形成"一主一副五组团"空间布局,努力建设成为环杭州湾地区重要的先进制造业基地、承启浙江沿海与内陆地区的节点城市、具有古越文化底蕴的现代化山水园林城市。完善嵊新区域协同发展体制机制,推进嵊新区域协同发展,推动重大基础设施、优势产业平台、资源要素共建共享和优势互补,引导嵊新主城区空间融合、功能优化,努力成为全省乃至全国协同发展示范区和绍兴经济发展重要增长极。开展诸嵊新高等级公路前期研究,填补诸暨和嵊新两大城镇组群高等级连接线空白,提高全市域集聚力。

"三带"即提升沿杭州湾、沿曹娥江、沿杭金衢高速公路三大产业带,加快绍兴滨海产业集聚区等大平台建设,通过高效集聚大产业、大项目和大企业,促进产业集群发展,提升产业综合竞争力,推动经济转型升级。

"五区"即保护和开发会稽山、龙门山、天姥山、四明山、沿杭州湾五大生态功能区,大力实施森林镇村创建、森林通道建设、市树香榧推广、生态湿地修复、森林旅游开发、森林灾害防控六大工程,加强生态保护，优化自然生态环境。

坚持以人为本，加强市域空间统筹，完善"一个中心城市——两大城镇组群——多个中小城市"的城镇发展体系，不断提高城乡区域协调发展水平，努力形成区域优势互补、主体功能清晰、人与自然和谐相处的区域发展格局，加快建设国家历史文化名城、江南生态宜居水城、长三角区域中心城市，建设国内领先的品质之城。到"十三五"末期，城镇化水平达到68%。

三是确定城市发展理念。为推进绍兴市城乡均衡优质发展，绍兴市确立了以下城市发展理念。

（1）融合发展。把组团式结构与一体化发展紧密结合，增强中心城市的集聚力和辐射力，以一体化区域规划为统领，使各片区目标定位、功能布局、产业发展、基础设施等与城市发展战略全方位对接，体现优势互补、错位发展、合作共赢的理念。

（2）特色发展。根据自然环境、交通框架、发展现状、发展趋势挖掘城市特色，提升城市品质，立足当前，着眼长远，符合新型城市化发展要求和各地发展实际。

（3）体现绍兴城市定位的延续性，以及绍兴发展视野的开放性。

为完善城市布局和功能，绍兴市各级行政部门按照绍兴都市圈空间总体布局中不同功能组块的定位进一步形成了各自的规划设计，其中就包含了对中心城市空间结构的顶层设计。

3. 绍兴市基础教育未来发展模式的构建

为建设现代教育强市，绍兴市委、市政府从城市经济社会发展的大格局，进行绍兴市基础教育区域性推进战略规划的实践探索，主动谋划绍兴市基础教育优质均衡发展的新格局。与市域城镇空间基本格局相匹配，绍兴市教育区域性发展的总体格局为"一主两翼多节点"，这是一个以多元开放为特征的结构体系（见图2-3）。

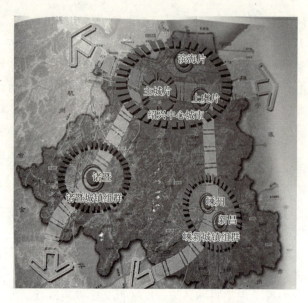

图 2 - 3　绍兴市教育区域空间布局

一主（主城区）：越城和柯桥是全市的政治中心、文化中心、科教中心和商贸中心。

两翼（两大组群）：诸暨城镇组群、嵊新城镇组群。

多节点：围绕绍北城镇发展轴、绍西城镇发展轴和绍东城镇发展轴三条轴线，形成新的发展布点。

城市空间结构的形态功能既是合理的生活、生产、生态空间结构，又为新型城市化发展预留了空间和平台。

首先，做大做强城市核心，推进三区融合发展。优化中心城市功能布局，按照"一城三片"空间布局，进一步完善中心城市功能，提升中心城市的集聚力和辐射力。充分发挥区划调整的综合效应，积极推进三区无缝衔接，加快城市融合发展。

越城区按照文化旅游名城的定位，加强古城保护，推进城市有机更新，大力发展现代服务业，全力打造5A级全城旅游景区，建成商务集中区和古城文化展示区。镜湖新区要加快建成大城市建设融合区、现代水城核心区、现代服务业集聚区、城市生态示范区。袍江经济技术开发区将努力建成高新技术产业为主导的现代化工业新城区和绍兴中心城市新组团。绍兴高新区着力建成科技创新城、文化宜居地、休闲养生谷、绿色生态区。柯桥区按照"国际纺织创意之都、现代商贸休闲之城"的定位，推动市场与城市联动发展，加快建设具有国际影响力的纺织贸易中心和创意中心，完善城市功能，提升城市品位，努力建成现代气派的魅力新城。上虞区着力围绕"杭州湾高端制造之区、浙东商务休闲之都、长三角人文品质之城"三大功能定位，建设具有滨江特色、功能相对完善的综合性新城区。绍兴滨海新城注重生态环境保护，提高产业准入门槛，突出大空间统筹、大产业培育、大项目建设，以产业现代化、产品高端化、企业规模化、市场国际化为目标，打造成为现代产业新城、创业宜居新城、生态休闲新城。

其次，积极推进县域城市建设，不断提高城市化质量。坚持推进以人为核心的城市化，以城带乡、以工促农，加快形成城乡协调发展的新格局。

诸暨市着重拓展城市规模、提升城市品位，加快形成"一主一副五组团"网络化市域发展格局，努力建设成为环杭州湾地区重要的先进制造业基地、承启浙江沿海与内陆地区的节点城市、具有古越文化底蕴的现代化山水园林城市。

嵊新区域协同发展重在顶层设计，在行政区划不变的前提下，重点推动嵊新两县（市）重大基础设施、优势产业平台、资源要素共建共享和优势互补，引导嵊新主城区空间融合与拓展，形成"双核式"空间结构，努力打造成为"浙江省协同发展示范区、绍兴市转型升级增长极、绍兴南部组合型大城市、绍兴市生态休闲先行区"。

最后，进行不同区域基础教育生态系统构建的实践探索，这就是："学在越城，追求品质"的越城模式，"城乡统筹，优质均衡"的柯桥模式，"政府主导，多元协同"的诸暨模式和"以新达昌，生态涵养"的新昌模式。它们呈现了绍兴市不同地域基础教育的多样化存在形态，形成了以一个中心、两大组群为布局特征的绍兴市基础教育区域性推进的独特模式。

4. 绍兴市基础教育改革与发展的基本思路

绍兴市基础教育改革与发展的基本思路是推进教育现代化、优质化，培养爱祖国、爱绍兴的一代新人，为绍兴经济社会发展提供人才支撑、智力支持和知识服务，使绍兴教育的发展水平与全国首批历史文化名城的地位相匹配，与绍兴经济社会发展水平相协调，与人民群众的教育需求相对接。

　　基于这一思路，绍兴市形成了多样成才、改革创新、依法治教和开放融合的发展理念，确立了率先实现教育现代化，加快建设现代教育强市和人力资源强市，更好地服务绍兴"建设生态城市、共享品质生活"的发展目标。绍兴市提出，到 2020 年，全市要建立更为完善的教育体系，形成更加广泛的公平教育，健全更加多元开放的教育体制机制，提供更为优质的教育保障服务，教育发展主要指标达到发达国家平均水平，教育综合竞争力进入全省第一方阵，率先实现教育现代化，建成现代教育强市。

　　在这样的目标之下，绍兴市确立了具体的发展策略：落实优先发展战略，突出短板提升战略，实施全面提质战略，强化统筹协调战略。全面落实创新驱动发展战略，深入实施科技创新"三三三"行动计划，以"三城同创"为抓手，大力实施"创新主体培育""创新能力提升""创新人才支持"三大工程，着力构建"创客服务体系""公共平台体系""投入保障体系"三大体系，争创国家创新型试点城市。

　　"一主多元优质均衡发展"教育格局的构建是一个系统工程，是一个多元、多层次的开放的结构系统，由宏观区域决策力、中观学校领导力和微观学生学习力三个层次组成。这是绍兴市基础教育区域性综合改革的关键领域和重要环节，这三个层次分别打造了区域性教育创新的三个平台。

5. 绍兴市基础教育未来改革与发展的举措

　　（1）全面优化教育结构，各级各类教育协调发展。统筹全市域、大市区各级各类教育协调发展，统筹教育规模、质量、结构、效益协调发展，进一步优化配置、完善布局、提高效益，形成从学前教育、基础教育到高等教育协调发展、互为促进的现代教育体系。具体要求是：构建覆盖城乡的学前教育公共服务体系，优质均衡、特色鲜明的基础教育，产教深度融合、教育体系相互融通、充分展现专业品牌优势的现代职业教育体系，以及推进高等教育内涵式发展，构建多元化高等教育办学体制。孕育形成以"多元＋开放"为目标，让学习成为每一个市民的生活方式的终身教育和以"互联网＋教育"为重点，推动现代教育技术深度应用的智慧教育等。

　　（2）完善优质教育资源共享机制，加快推进城乡教育一体化进程。解决城乡教育二元化矛盾的根本途径是提高学校办学质量，教育质量的公平是最终结果的公平。应形成以改革创新、提高质量为核心的内源性发展方式，找到各校生成发展之路，从而全方位推进城乡薄弱学校质量提升。政府部门应在区域层面通过"名校集团化办学""城乡教育联盟""城乡学校共同体建设"等发展模式，通过"城乡资源共享、优势互补"，扩大优质教育资源共享面，着力提升乡村教育质量。

（3）深化学校教育改革，打造区域性和个性化的特色教育品牌。通过优质教育，培养具有国际视野的创新型人才，为每一个学生终身发展奠基。加快学校教育优质多样发展，实现办学模式、育人模式的多样化，推进素质教育，促进每一个学生全面而有个性的发展。

（4）建立长效的区域性基础教育改革机制。依据基础教育未来发展的"三力模型"，即区域决策力、学校领导力和学生学习力，读懂变革性实践，以勇气和智慧找准基础教育改革的突破口、重点领域及关键环节，创新教育体制和育人模式，优化教育区域性发展主体功能区的基本要素结构，深入探讨课程改革与学校个性化发展、学习力与学生生成发展的内在规律，不断完善绍兴市教育体制，实现绍兴教育现代化发展之梦。

（三）绍兴市基础教育发展模式的主要特点及其反思

1. 绍兴市基础教育发展模式的特点

绍兴市基础教育发展模式体现了绍兴市城市构建"内涵发展、特色发展、生态发展"的特点。

（1）内涵发展

内涵发展集中表现为城乡、产业和空间一体化发展，中心城市、县域中心城市、中小城市、中心镇、中心村的综合发展（推动绍兴从"山阴时代"向"镜湖时代""海湾时代"迈进），以及产业协调一体化发展（优化三次产业发展布局，把握好产业发展与城市化发展的关系）。

（2）特色发展

特色发展强调不同地域、不同功能区的个性差异发展，明确不同地域自身的城市定位，主动承担符合本地区实际的区域特殊职能，从根本上避免因同质化导致的边际效用递减。因为，只有个性化发展才能提升区域的整体发展效率。

（3）生态发展

确立生态文明理念，注意资源承载力和生态环境容量，以改革创新为先导，在城市框架内协调生态环境与社会、经济发展之间的矛盾，提倡"绿色""低碳""环保"，提升社会生态、经济生态、政治生态的构建力。

具体到教育本身，绍兴的教育需求类型已从机会需求型向质量需求型转变。教育改革性质已从普惠阶段向利益调整阶段转变。教育体制改革度过了单纯的自上而下、各方普惠的相对容易阶段，进入上下互动、社会参与、利益调整的攻坚阶段。教育现代化、教育的优质高效仍是教育改革发展的核心问题。

2. 绍兴市基础教育未来发展模型构建的几点认识

一是确定绍兴市基础教育区域性推进的战略目标。区域教育品牌代表的是一个区域教育的整体印象，它是优异的质量、良好的服务、科学的管理、强大有效的宣传等教育发展因素共同发力的结果。随着人民生活质量的不断提高，广大群众对优质教育的需求随之增长，以区域教育品牌建设为突破口，走科学、优质、协调发展之路，发挥品牌带动辐射功能，扎扎实实地推进教育优质化建设，是提升区域教育软实力，办人民满意教育的核心价值诉求。

基于对"教育是一个地区跨越式发展经久不衰的力量源泉，在区域发展中具有基础性和先导性作用"的认识，对绍兴是国家首批历史文化名城、江南生态宜居水城、长三角区域中心城市这一城市发展定位的把握，对当前教育综合改革已经进入攻坚时期的这一判断，与绍兴市城市空间大格局的调整及经济结构转型相适应，绍兴市教育局对绍兴市基础教育区域性推进的战略举措进行了理性思考，由此确立了建设现代教育强市，办好人民满意教育，并为实现绍兴大城市融合发展提供强大动力的发展目标。

二是对教育价值功能的再认识。当前绍兴处于产业升级、经济转型、三区融合的重要发展与转型时期，绍兴市教育如何与区域经济同步发展、协调发展，在推进"重构绍兴产业、重建绍兴水城"战略中发挥更为积极的作用，这是绍兴市教育行政部门必须回答的问题。

对教育价值认识的三个基本命题是：教育人才竞争力强，拥有丰富的教育资源、智力资源，提供优质的教育服务和人才支持，是城市竞争力高低的重要标志；教育是全面提升城市影响力和竞争力的重要举措；进行教育领域综合改革，实现区域一体化发展是推动区域发展的重要战略。

正是基于以上认识，绍兴市教育局以更开放的视野、更长远的眼光对绍兴市基础教育的发展决策进行了理性分析，其思考的特殊性表现在：（1）放在"长三角"范围审视发展地位，调整发展战略；（2）教育布局区域相结合，立足大市区、大绍兴定思路、做决策；（3）教育发展更富活力和竞争力。

三是绍兴市基础教育改革的公平与效益。进行基础教育改革必须注重公平与效益，以人为本，彰显教育的本质。具体包括：从个体生存到群体生存，增强区域发展的主体意识和特色意识；从同质性到异质性，增强区域发展的差异性和多样性；从封闭到开放，增强区域之间的交往合作；从分散到整合，增强区域发展的集约性和聚合性；从二元格局到协调发展，增强区域发展的统筹力度。

四是综合、系统、结构的思维方式。包括宏观与微观双向拓展的研究视野，尝试从要素结构到模型构建的转变，以及系统、辩证的战略思维。

四、绍兴市基础教育区域推进多样化存在形态的实践探索

（一）越城区基础教育主体功能区的构建——"学在越城，追求品质"的越城模式

1. 越城区的地域特点

（1）历史文化名城，地理位置优越。越城区创建于公元前490年越王勾践迁都，历史悠远，名人荟萃，文化积淀深厚，是中华民族最早的发祥地和先越文化最发达的地区之一。越城区地处长江金三角，东接宁波，西连杭州，北延上海，为三大城市的交汇中心，处于大地域发展的核心位置。

（2）人力资源密集。越城区既有被誉为"没有围墙的博物馆"的8平方公里老城区，还有绍兴文理学院、绍兴工业职业技术学院等高校，以及专家院士工作站、科技研发中心和科技创业园等科研机构，可以说，越城区有很好的发展平台。

（3）市、区同城独享。越城区是独特的市、区一家，"市在区中，区在市中"，兼具了市、区同城的优势。

（4）多种优势并存。越城区兼有地处绍兴政治、经济和文化中心的区位优势；行政资源、社会资源和人力资源集中的资源优势；利于汇聚名师、选拔优生和财政倾斜的政策优势；政府重视、社会关注和家长关心的环境优势；还有教育发展领先，义务教育标准化学校创建率高、高考成绩每万人口一本上线数保持全省领先，市直中职学校100%获评国家级改革

发展示范学校，职业技能竞赛列全省前茅等基础教育发展优势。

2. 越城区教育主体功能区构建的基本思路

越城区教育的发展现状是：截至 2014 年 2 月，共有幼儿园 138 所（其中城区 56 所，乡镇 82 所），小学 52 所［其中市区小学 16（含一所民办小学），乡镇小学 36 所］，特殊教育学校 1 所，乡镇初中 9 所，成人文化技术学校 10 所，在校学生 9.76 万人。在义务教育阶段就读的中小学生中，有外来务工子女 25847 人（其中小学 22727 人，初中 3120 人），占在校学生总数的 38.6%。越城区基础教育发展水平处于全省领先地位。

进入 21 世纪，越城区全面落实教育优先发展战略，对推进本区教育现代化的发展方向做了充分研判，形成了三点共识：一是教育现代化是一个新的系统，需要创新突破，构建体系；二是推进教育现代化是一个综合工程，需要区域整合，整体推进；三是实现教育现代化是一个发展过程，需要突出重点，分步实施。在此基础上，越城区参与了由北京师范大学裴娣娜教授主持的国家社会科学基金教育学重大（点）课题"我国基础教育未来发展新特征研究"，在专家的热情指导下，按照"城区提升、周边发展，资源整合、扩强提弱，城乡互动、优质均衡"的发展思路，通过创新区域性教育机制、强化区域统筹力度等举措，着力推进教育优质均衡发展，进一步创建以"有其学、优其学、乐其学、终身学"为主旨的"学在越城"的教育品牌，先后成功创建为浙江省教育强区、全国社区教育实验区、绍兴市首批特色教育先进区和学前教育先进区。省级教育强镇和绍兴市"教育基本现代化乡镇"创建率均达 100%。小学、初中入学率及巩固率均为 100%，初中毕业生升入高中段比例达 98.96%，7～15 周岁残疾儿童少年入学率达 99%，多项指标居于全市前列。2014 年 2 月，被国务院教育督导委员会评为全国首批义务教育发展基本均衡县（市、区）。

在达成共识的基础上，越城区确立的教育目标是：为全面提升城市影响力和竞争力，将中心城区建成"全市教育板块中布局环境最优、教育保障最好、师资队伍最佳、教育成果最丰、学生非正常死亡率最低、干部教师犯罪率最小、社会满意率最高的地区"，成为全市各级各类教育的标杆，成为全市优质教育的典范，成为学校教育教学管理现代化的缩影，成为全市教育教学改革的前沿。到 2017 年基本确立在全市教育格局中的龙头地位，到 2020 年在重点领域和关键环节取得突破，全面确立在全市教育格局中的龙头地位。

3. 越城区教育主体功能区建设的条件分析

2013 年 11 月，绍兴市区行政区划调整，形成了越城、柯桥、上虞"大三区"和越城、镜湖新区、袍江"小三区"的新格局。

绍兴市中心城市的空间布局是："一城三片、一江两岸"（见图 2 -4）。"一城三片"即绍兴中心城市包含主城片、上虞片和滨海片，"一江两岸"即曹娥江以及曹娥江两岸纵深地带。

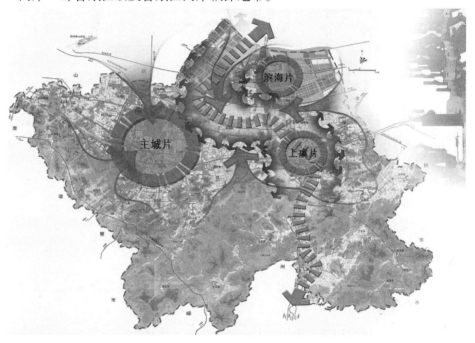

图 2 - 4　绍兴中心城市空间布局

主城片的越城区是国家历史文化名城核心城区，绍兴市的政治中心、文化中心和科教中心。镜湖新区是行政中心和公共服务中心，是生态示范新区和现代水城核心区。高新区是国家级高新技术产业开发区。袍江是国家级经济技术开发区，是生产性服务新城。

越城区按照文化旅游名城的定位，加强古城保护，推进城市有机更新，大力发展文化旅游等现代服务业，全力打造 5A 级全城文化旅游景区。镜湖新区加快"城市核心、城市绿心"建设，促进人才、技术和优质公共服务资源等高端要素向新区集聚，建成大城市建设融合区、现代水城核心区、现代服务业集聚区、城市生态示范区。袍江经济技术开发区建成以高新技术产业为主导的现代化工业新城区和绍兴中心城市新组团。绍兴高新区建成高新技术产业发展引领区。柯桥区按照"时尚柯桥、印象柯桥、幸福柯桥"的定位，推动产业、城市、市场融合联动发展，加快建设具有国际影响力的时尚纺织制造中心、贸易中心和创意中心。上虞区按照"杭州湾高端制造之区、浙东商务休闲之都、长三角人文品质之城"的定位，建设具有滨江特色、功能相对完善的综合性新城区。绍兴滨海新城注重生态环境保护，提高产业准入门槛，突出大空间统筹、大产业培育、大项目建设，以产业现代化、产品高端化、企业规模化、市场国际化为目标，打造成为现代产业新城、创业宜居新城、生态休闲新城。

4. 越城区基础教育主体功能区构建的举措

越城区基础教育主体功能区建设的理念与目标是"学在越城，追求品质"，办人民满意的教育。

越城区处于市直教育的龙头地位，推进的是"龙头战略"，应以"创优、创特"的方式加强教育内涵的拓展提升。在实现深度融合、优化结构、提升服务品质中，促使教育整体发展水平继续保持全省领先地位。

构建具有越城特色的现代教育体系，提升"学在越城"的教育品质，越城区基础教育是在区域层面的优质均衡发展、学校层面的多元特色发展两个层面进行推进的。

在区域层面的优质均衡发展，着力点是提升区域教育公平化、优质化、平民化水平。

越城区管辖范围内有多个市管县处级单位，形成"区中有区、一区多块"的多元管理格局，要实现片区间以及片区内真正意义上的融合发展，就必须理顺体制机制。越城区将"高位均衡"作为教育发展的政策取向，实施"城区提升、周边发展，资源整合、扩强提弱，城乡互动、优质均衡"这一战略决策，有效促进片区之间、城市与农村之间的协同发展。特别是在越城区内基本实现城乡教育资源配置均衡化，100%的乡镇创建为省级教育强镇（乡），60%的乡镇成功创建为绍兴市教育优质均衡示范乡镇。

这一策略的实施是基于三个方面的考虑。

一是强化政府责任。根据"中心崛起、片区融合"的中心城区定位，积极实施区域融合的管理体制，加强与柯桥、上虞两区的融合，抱团互惠发展，共建共享。同时，把越城、镜湖、袍江和高新区的教育作为一个区域，整体规划，统一标准，加大投入，调整结构，以"集聚、集约"的方式推进教育资源的优化重组。

二是强化个性发展。通过新优质学校推进项目、初中学校发展工程、农村完小"一校一品"建设工程、"体艺2+1"特色项目等活化学校个性，提升一批学校的办学品质，为区域教育的特色发展创牌。

三是强化机制创新。实施"基础教育优质均衡发展计划"，通过学前教育提升工程、小学优质资源扩面工程、镇域教育共同体建设工程、名师名校长工程、教师校长交流工程等，以"统筹、统配"的方式激活教育智慧的柔性流动。通过"一体带三区"或"一核三带"的波浪、联动、异步、循环发展机制，探索基于优质教育资源跨区域辐射的有效途径。

学校层面的多元特色发展，聚焦于提升教育服务品质。体现"越城智慧"的品质教育应是让每一所学校都优秀，让每一位教师都精彩，让每一个孩子都幸福。其创新点体现在三个方面。

创新点一是打造品质教育，实现优质教育资源的高覆盖率。

优质的教育资源具有区域的归属性、流动的方向性和管理的层次性等特点。越城区政府实施市直教育"龙头战略"，其主要内容涉及：要求市直高中教育具有前瞻性，进行整体谋划和路径设计；初中教育重在质量的提升；加大特优教师及高水平学科领军人才的培育，为在省内外有一定知名度的名师名校长搭建发展平台；探索人才培养模式与学生成长的基本规律。

为实现学校的特色发展，各校通过顶层设计凝练学校办学特色，开展了卓有成效的课程与教学改革。如有千年府学之称的稽山中学，以"大成教育"为核心理念，依据"培育敦品笃学、砺行致远之青年"这一育人目标，深入进行课程结构的调整和选课制度的改革；发端于1908年的春晖中学，实施"纯正教育"，为培养求真、崇善、尚美，学得活泼、活得自由的纯正人，构建了由学科基础课程、校本通识课程和个性发展课程三个层级和体现基础性、人文性、学术性、探究性和活动性五大板块课程组成的"三层五性"课程体系，将"以人为本，重在发展"理念在传承中进一步弘扬。还有一些学校就创建名校教育集团、创新办学机制进行了实践探索。

创新点二是学前教育发展模式的创新。

越城区现有幼托园 140 所，其中城区 55 所，农村 85 所。省级幼儿园 125 所，占总园所数的 90%，在园幼儿近 3 万人。

越城区政府针对目前学前教育发展实践中存在的诸如网点布局的优化、学前教育责任主体的落实、供给与需求的结构性矛盾，以及公办园与民办园比率协调等问题，从越城区实际出发，开创了在中等城市城乡统筹实现学前教育优质均衡发展的新模式。

（1）多样化的办园机制。既有公办也有民办，既有区属也有镇属分园或民办骨干幼托园，还有按照"政府主办、属地管理、名园协作、政府奖励"的办园机制，采取"名园+新园（普通园）""强强联盟、协作办园"等多层次、多类型的办学方式。

（2）通过民办收回、配套移交、公办拓展等方式进一步提高公办园比例，同时加大集团化办学、优质园办分园力度，合理拓展公办优质资源，改善办园条件，提升管理水平，不仅起到了引领示范作用，同时满足了老百姓对享受优质公办教育的需求。

（3）以普惠性幼儿园认定、等级园申评等为抓手，引导和鼓励各幼托园所提升办园档次，打造办学品牌，努力争创优质园。特别是关注普惠性民办幼儿园办园制度政策与管理问题，在如何将低端民办园的存量部分办成有质量保证的普惠性民办园，并给予相应财政支持，从而获得引导的更大话语权方面做了开拓性研究。

（4）有关部门明确承责，合理调整学前教育网点布局，加大支持力度，充分发挥政策导向作用，从而共同推进学前教育协调发展。

创新点三是传承悠久历史，以文化育人。

越城当年为越国所在地，现今为绍兴市核心区域。2500 多年的漫长历史，给这片古老的土地留下了灿若星河的文物遗迹。在这座被称为"没有围墙的博物馆"里，处处散发着悠久历史的绵醇韵味和传统文化的厚重气息，孕育了远如稽山书院、蕺山书院、阳明书院等，近如绍郡中西学堂、私立越才中学、私立明道女学堂等众多的文化地标，以及远如大禹、勾践、王充、贺知章、徐渭、王阳明等，近如蔡元培、周恩来、鲁迅、邵力子、陶成章、徐锡麟、秋瑾等众多的历史名人。丰厚宝贵的文化财富，滋养着一代又一代越城人。

现如今，越城区构建了从学前教育、义务教育、高中教育、高等教育到特殊教育、成人教育一体协调的现代教育体系，形成了民办、公办、民办公助等类型多元丰富的现代办学体制，实现了区域层面的优质均衡发展和学校层面的多元特色发展，以"有其学、优其学、乐其学、终身学"为主旨的"学在越城"教育品牌日益打响。

越城区政府在回应教育发展新挑战方面主动作为。一是经济社会发展、城市框架拓展导致城市功能结构的调整，要求加快城乡一体化步伐，要求解决教育资源优势互补和优质教育资源统筹、集聚发展，以及区域教育协同优质均衡发展问题；二是人民群众对接受良好教育的高期待，主要表现为从仅追求学业成绩转变为追求学生全面而有个性的发展，从看重学校硬件设施转变为更看重学校的内涵建设；三是教育内在体制机制的变革，包括人才培养模式的创新、学生综合素质的提升、学校办学特色化和多样化发展等问题。越城区政府清楚地认识到越城教育在绍兴市总体发展中的定位，认识到越城教育发展所面临的挑战，认识到必须通过创新实现越城教育的转型发展，进而形成高位的战略思路和举措。

（二）柯桥区基础教育区域性整体推进的实践研究——"城乡统筹，优质均衡"的柯桥模式

柯桥区原为具有上千年历史的绍兴县，至 2013 年撤县设区前一直是有县无城。经历了 20 世纪八九十年代的化纤革命、市场革命到体制革命，产业从农业向轻纺业转型，从小集市发展为有五大千亿产业的规模性产业集团，正是伴随经济、社会和城乡的转型，柯桥区走出了一条城乡统筹、一体均衡的发展之路。柯桥区的城乡统筹发展水平居全省首位，城市化率达 70%。

柯桥模式的独特性在于它是一条通过农村县转型促城镇化发展，实现城乡统筹的发展模式。

1. 柯桥区的地域特点

柯桥区地属水网密集的杭绍平原，南屏会稽山，北为平原水乡，全境自南向北由山脉—平原—海岸组成阶梯式地貌；山水资源丰富，历史文化底蕴深厚，独具特色的水乡古建筑群落，深厚的历史积淀孕育、传承了水乡、桥乡、酒乡、石文化、名士文化、商贸文化、师爷文化等地方特色文化；建城历史短，城镇化发展快，1994 年成为省级经济开发区，集镇面积急剧扩大。2001 年 3 月，随着绍兴县行政中心迁至柯桥，非农人口从

8万左右扩展到20多万，城市化率由不到20%上升到接近70%的高城市化水平。

2. 柯桥区的城市功能定位和教育发展目标

绍兴市区划调整后，柯桥区由县域城市转变为中心城市的战略性新城区，其发展目标是打造"三个柯桥"，实现"三个率先"。"三个柯桥"指建设推进产业结构转型升级的"时尚柯桥"，建设推进生态环境修复美化的"印象柯桥"，建设推进民生福祉提质扩面的"幸福柯桥"。"三个率先"指率先完成经济转型升级、率先建成美丽乡村、率先全面建成小康社会。

与城市功能格局发展相匹配，柯桥区的教育发展目标为：全面推进教育现代化，构建优质均衡的现代化教育体系。其基本思路是坚持育人为本，科学规划柯桥教育的方向功能、结构规模，统筹速度规模与质量效益的协调发展，加快推进信息化、优质化、国际化，构建结构协调、布局合理、特色鲜明、质量一流、开放多样、充满生机活力的现代教育体系，率先建成全国领先、全省一流的现代教育示范区、创新区和特色区。

柯桥区教育发展的现状是：现有幼儿园107所，小学63所，初中19所，普通高中6所，职业高中4所，特殊教育学校1所，在校学生共13.6万人，成人文化技校16所，电大1所，少体校1所，全日制普通高校2所。全区已形成教育结构完整、门类齐全的现代教育体系，是全国基础教育先进区、浙江省首批教育强区。

伴随柯桥区产业升级和经济转型，柯桥区教育的发展也面临以下矛盾的问题：城市化进程对优质教育资源和一流办学质量的需求，农村、山区和偏远地区，特别是南部山区基础教育优质均衡发展的需求，复杂的人口结构和社会分层导致教育需求的差异性和复杂性。作为全国百强县这一的柯桥区，由于建城历史短，城市教育相对滞后，尚未形成成熟的城市教育文化，无论是在区域内的引领力，还是对外的品牌影响力均存在一定差距。

3. 柯桥区基础教育区域性推进的举措

根据教育发展目标和基本思路，柯桥区教育行政部门实施了促进教育优质发展、优化教育资源配置、加强学校内涵发展等系列战略举措。

一是主动调整并优化总体空间布局。

五年前，绍兴县通过实践探索就形成了"一主三城"的教育发展总体格局，随着2013年区划调整，按照"中兴、南承、北接"以及"深度融合、彰显特色"的开发导向，根据"品质新城、魅力集镇、美丽乡村"的建设目标，柯桥区政府重构区教育发展的总体格局。与柯桥区"一带一轴一环"的城乡总体空间结构相适应，形成了柯桥区基础教育发展的新格局（见图2-5）。

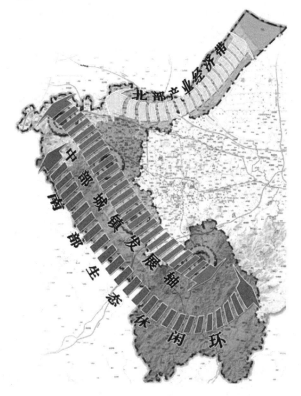

图2-5 柯桥区"一带一轴一环"的城乡总体空间结构

"一带"是北部产业经济带，包括柯桥经济开发区和滨海工业区，是发展潜力大、集聚人口和经济条件较好的区域，重在建设一批高标准幼儿园及中小学，通过多样化办学让每一个学生，包括外来务工人员子女受到优质的教育。

"一轴"是中部城镇发展轴，空间范围包括柯桥主城、钱杨新城、福兰新城和平水新城四个区块。

"一环"是南部生态休闲环。空间涵盖夏履镇、湖塘街道、柯岩街道、漓渚镇、兰亭镇、稽东镇、王坛镇等山区部分。西南生态休闲旅游区，重在形成特色新型农村教育格局。按照小城市培育、特色小镇建设的部局打造高质量、有特色的优质农村学校群体，构建农村教育新格局，服务于村落文化传承，致力于形成农村教育人才培养模式，使之成为"乡村教育"的典范。

处于中部城镇发展轴的柯桥区中心城区，构建的是"一主三城"模式。"一主"是柯桥城市核心区，"三城"即钱杨新城、福兰新城、平水新城，三城优势互补，形成区域融合与联动发展格局，将是柯桥区基础教育高位发展的引领性力量。柯桥主城区建设目标是：建成优质教育资源聚集区、乡镇教育典范区、高端职业教育发达区、文明和谐社区教育示范区，实现教育的"国际化""城市化""多元化"和"数字化"。

柯桥区教育总体格局的特点是分层分类、梯度发展，这是一个有活力的教育体系。

二是通过内涵发展，提升学校办学品质，高水平实现城乡互动均衡发展。

柯桥经验是依据教育科研，抓城乡互动，追求差异均衡和内涵发展均衡。为了寻找适应、服务并促进农村社会发展的农村基础教育有效途径，早在 20 世纪 80 年代末 90 年代初，柯桥就开展了横跨 3 个乡镇 70 多所农村学校、历时 8 年的"柯桥实验"，它为我国农村基础教育的改革提供了重要经验。在柯桥教育实验的推动下，柯桥教育初步实现了区内乡镇学校之间的均衡和优质并重的发展。

2003 年，绍兴县率先提出"城乡教育一体化"的战略思路。以"让全县每一个适龄孩子都能接受普及优质的十五年教育"为目标，以"内涵发展、质量提升"为主题，通过城乡统筹发展，走新型市化道路，由单纯的办学硬件投入改善向重视教育均衡公平转变；由"规范、普及、均衡"向"均衡、内涵、特色"转变，从而实现教育发展目标、发展重点、发展方式三大转轨。

三是构建区域性城乡教育一体化两个层次的发展格局。

第一个层次是形成不同功能区域教育协调发展的结构模式。回应城市化进程的要求，重在空间分布的顶层设计和小城镇的培育，以追求区域性空间整体效益最大化为目标，以"现代化""优质化""多样化"为特色，构建区域性教育主体功能区。

第二个层次是实现学校教育的现代化发展。以"变革、超越、发展"为理念，以"提升办学品质、创新教育模式"为特色，构建优质高效的学校教育发展模式与育人模式，形成学校的办学个性与特色。无论是城市还是农村的学校，通过研究的聚焦，有效促进学校领导者科学的质量意识、特色意识的确立，提升对学校办学特色和潜在创新能力的认识。正是学校现代发展视域的形成，使得学校教育能够在结构性调整中实现功能、形态上的根本转变。

四是创新教育体制，城乡教育同步提质。

追求差异均衡和内涵发展均衡，教育体制的创新是一个关键。柯桥区的教育决策者认识到，由于历史和自然的原因，城乡之间和区域之间的发展差异是一个客观存在的问题。推进城乡教育一体化发展，一是不能搞形式均衡和去个性化，二是要尊重城乡不同发展主体的需求、遵循城乡教育不同的发展规律和特色，防止用城市发展模式简单地代替农村发展模式，更要防止农村教育被边缘化。差异本身就是一种资源，面对差异应关注均衡和协调各种教育诉求，积极构建利益共同体，促进教育整体水平的提升，达成实质性的教育公平。

柯桥区以工程学的方法，通过镇域管理一体化工程、城乡教育共同体工程、学区制管理工程以及薄弱学校提质工程的实施，解决了城市与乡村区域性改革推进中共同的基本问题，实现了城乡教育的共同发展。

（三）诸暨市城镇组群区域性推进模式研究——"政府主导，多元协同"的诸暨模式

1. 诸暨市的地域特点

诸暨市是越国古都，浙江省最古老的县（市）之一，中国古越文化的发祥地之一。位于浙江省中北部，北邻杭州，东接绍兴，南界义乌—金华。全境处于浙东南、浙西北丘陵山区两大地貌单元的交接地带，地势由南向北渐次倾斜，形成北向开口通道式断陷盆地。诸暨市自然条件优越，资源丰富，"七山一水两分田"，下辖3个街道、24个镇乡，常住人口150万左右，是浙江省城乡体系规划和新型城市化"十二五"规划确定的环杭州湾城市群大城市培育对象。

2. 诸暨市的城市发展面临的挑战和城市发展目标

诸暨经济是外向型经济，伴随国际产业转移趋势出现的新变化，主要表现为产业向新兴发展中国家转移的速度加快，这对诸暨产业升级调整既是机遇也是挑战。以绿色经济、循环经济、低碳经济为导向的战略性新兴产业，将成为未来经济发展的重要领域。诸暨有希望依托自身产业优势，培育绿色环保、高端机电装备等战略性新兴产业，加速产业转型。

当前，诸暨经济发展进入加速转型期，城镇化进入加速提升期，公共需求进入快速扩张期。但诸暨市经济发展也存在着诸多问题，如产业层次不高，科技创新能力不强，服务业发展相对滞后；中心城市带动不强，城乡统筹难度加大，财政收支平衡压力增大；土地要素供应偏紧，节能减排难度增大，人才结构性短缺突出；社会矛盾相互交织，维护社会和谐稳定难度加大。也就是说，结构性、素质性、体制性、资源性等多重约束依然突出。

诸暨市的现代发展处在转型升级关键期、创业创新提质期、开放合作加速期和社会治理提升期，诸暨市城市发展的功能定位是：突出"区域融入、转型提升、创新谋划、时代引领"的导向要求，将诸暨市打造成杭州和义乌区域联动核心城、长三角新兴的智造城、古越人文名城、现代化山水美城。

根据城市功能定位，诸暨市城市发展的总体思路是，全面实施"开放融合、创新提质"的总战略，优化提升"四城"发展定位，着力推进"北承南接、创新驱动、产业提升、美丽创建、幸福共享"五大发展路径，再造可持续发展的新优势，共同创建高品质美好幸福生活，成为我国强县经济转型示范、浙江省新型工业化发展示范、宜人城市建设示范、平安中国社会治理先行示范，努力打造国内一流的现代化幸福实业之都。

3. 诸暨市基础教育区域性推进的总体思路与举措

诸暨各类教育全面发展。目前全市有各级各类学校290所，其中幼儿园134所，小学106所（含特殊教育），初中32所（含九年一贯制4所），高中18所（普高14所、职高4所）。全市在校学生18.7万人，获"全国基础教育先进县（市）""全国特殊教育先进县（市）""全国幼儿教育先进县（市）""浙江省首批教育强市"的称号。

为建设幸福诸暨，诸暨市政府提出集聚活力，构建多层次、多中心、多元化、特色化的现代教育体制，并确定了诸暨市基础教育区域性推进的总体思路与举措，即高水平均衡发展、高品质内涵提升、高素质人才强教和高标准信息化推进。

第一是合理调整教育结构布局。

为实现诸暨市"四城"的发展目标，实现从县域经济向都市经济转型，诸暨市政府着力构建"一主（中心城区服务核）、一副（诸北新城副中心）、一带（南北产业动力带）、一圈（环城山水游憩圈）"的城市空间结构，这是一个"中心城市—诸北新城—中心镇—特色镇—中心村"梯次衔接、功能配套、以大带小、集约发展的网络化、组团式城镇体系。强化主体功能区引导，优化空间开发格局，不断提升城乡一体化水平。

基于以上战略思考，诸暨市依据城市空间格局调整了教育总体结构，优化了教育体系；以国际化视野、区域化视角，深刻挖掘了诸暨的历史文化底蕴，塑造了丰富多元、特色彰显的诸暨品牌文化，全面提升诸暨的文化知名度和特色竞争力；同时也统筹规划教育资源配置，积极鼓励企业、社会、团体和个人等社会力量通过独资、合资、合作等多种途径、多种形式参与办学。截至2014年年底，诸暨市拥有民办全日制中小学4所，民办学前教育机构81家，民办非学历教育培训机构86家，在校生总数超过3.5万人，约占全市学生总数的19%。预计到2017年，诸暨市全日制民办教育机构在校生人数将达到全市在校生人数的40%以上。

第二是建构创新机制，促进区域教育资源均衡发展。

诸暨市以分层分类、有重点推进为策略，发挥城区优质教育资源的辐射和带动作用，推进城乡教育优质均衡发展。

（1）名校集团。2011年，诸暨教育确立"名校＋新校""名校＋薄弱学校""城区学校＋农村学校"的抱团发展思路，积极实施"集团办学"，推进区域教育资源均衡发展。

（2）城乡联盟。诸暨市的"城乡联盟"教育共同体建设采取"城区学校＋新建学校""城区学校＋农村学校"的方式，实现共同体内的各学校资源共享、优势互补。在2011学年建立的"实验小学—浣东小学""浣纱初中—岭北镇中"等9个共同体的基础上，继后，教育局又新增"暨阳初中—马剑镇中""浣纱初中—陈宅镇中""浣纱小学—陈宅镇小""滨江小学—马剑镇小"4个共同体。推进"城乡联盟"共同体建设的主要做法：一是建立教师互派机制，促动教师流动；二是加强教研互动工作，提升教学质量；三是创新评价体系，形成城乡联盟发展新保障。

4. 诸暨市基础教育压域性推进的亮点和特色

在形成"政府主导、多元协同"的诸暨模式中，市政府为满足人民群众多层次、多样化教育需求，采取了公办、民办协调发展的战略，在创办民办教育方面进行了开拓性的实践探索，民办教育亦成为诸暨基础教育发展的亮点和特色。

诸暨市民办教育发展的特点主要表现如下。

（1）起步早，通过阶段性推进，探索了一条民办教育发展之路

1983 年至今，诸暨的民办教育经历了一个由小规模、低档次到高标准、大规模的发展过程，并逐步形成了中国民办教育中特有的"诸暨现象"。诸暨的民办教育发展经过了四个阶段。

第一个阶段：1983—1992 年，孕育形成期。诸暨的民办教育始于1983 年，由民主党派主办，主要为高考补习性质，学制一年，旨在满足部分想升入高一级学校进行深造学习的学生的发展需要。1989 年正式冠名为"越兴中学"，仍以补习为主。至 1992 年，经市教委批准，越兴中学正式成为民办性质的全日制普通高中，开拓了诸暨市民办教育的先河。

第二个阶段：1993—2002 年，奠基寻路发展期。一批企业在海亮集团影响下纷纷举办民办学校。加上受民众价值取向的影响，在宁波、温州、台州、舟山等经济较发达地区居住而不愿上职业技术学校的生源大批跨市入学，带来了诸暨民办教育的发展。诸暨民办教育不仅办学形式多样化，而且办学主体多元，既有行政部门如市妇联、团市委主办的学校，也有企业、公司以及归国台胞主办的学校。一般而言，由街道和私人举办的学校教育机构规模较小。

第三个阶段：2003—2014 年，集团式办学的规模扩张期。以义务教育为基础，民办教育扩大到学前教育、高中教育及职业教育，扩张既有市场需求，也有自身发展的需求，为求生存以追求数量为中心。2003 年，为规范民办教育，市政府出台重要文件，基于前期实践探索基础，将已有经实践证明取得实效的做法加以制度化，同时将民办教育列入试点工程，从而使诸暨的民办教育走上了快车道。短短两年，至 2005 年，诸暨市民办学校达到 60 所，在校学生 2 万余人，占全市中小学生总数的 9.1%。

在这个时期，市政府采取了系列战略举措，对诸暨民办教育办学体制进行了结构性调整。一是 2003 年诸暨市教育发展投资有限公司全额收购

海南日森置业有限公司主办的学勉中学的全部股份，参与合作办学，国有民营的办学性质不变，加大办学改革的力度；二是2009年海亮与天马合并；三是2013年投资26亿，占地1280亩，建海亮教育园。

第四个阶段：2015年，诸暨民办教育开始从偏重数量到追求质量转变，走内涵式发展道路。

（2）从诸暨市实际出发，构建了"一主多辅"民办教育发展的基本模式

"一主"指以海亮、荣怀集团式办学为主体，推动集团式办学向集约化、特色化、优质化迈进；"多辅"指公建民营、委托管理、直接引进民间投资、混合制办学等多种办学形态。既有部门办的开放双语实验学校，强调英语特色，定位于精品化办学，还有合作办的6所公建民营私立高中，以及专为外来务工人员子女办的民办小学，以中心镇带动周边的2～3个乡镇，招收外来务工人员子女，以促进地域的教育公平。

（3）强化专业治理，规范管理

民办教育实行学校董事会领导下的校长负责制，构建了"统一保障、集中领导、分部负责、协调合作"的新型、高效运作模式：校内有健全的决策机构、监督机构和执行机构；学校办学目标、办学规模、课程设置、教师研修等均与公办校相同，按市统一要求执行；由市局职成教科主管，具体学校教育教学业务由对应的相关科室负责。

下面仅以海亮教育集团为例说明诸暨市民办教育发展的主要特点。

海亮教育集团是全国规模最大的民办教育集团之一，创立于1995年8月，由中国500强企业——海亮集团投资兴办，校名为诸暨市海亮外国语学校，校址在诸暨市湄池镇（现为店口镇）；2001年，海亮外国语学校高中部从中剥离，独立成为私立诸暨高级中学；2008年，海亮集团完成对诸暨天马实验学校的并购，实现了强强联合。该教育集团以"海纳百川、亮泽天下"办大教育的气魄，短短二十年间实现了从创建时不到300名学生发展到当下一万多名学生，从初办时的一所小学、一所初中发展到现在从学前教育、义务教育到高中教育、国际教育及教育培训全覆盖的教育集团的跨越式发展。现有在校学生共17588名，教职工2255名，是长三角地区民办中小学和国际教育的领头雁。

学校拥有高度现代化的教学设施，所有教室全部配备了现代多媒体教学设备，教学区高速无线网全覆盖；图书馆、实验室、体育馆、游泳馆、

艺术楼、功能教室等一应俱全；高档次的公寓、餐厅、洗衣房、医院、校车、生态农业基地等为海亮学生健康成长提供了坚强保障。

海亮教育目标明晰、理念高位、勇于改革探索且成效显著。它追求精品化、特色化和国际化，以办国际知名、世界引领的品牌学校，培养世界公民、未来领袖为目标，坚持以人为本、内涵发展、质量立校、品牌办学，努力满足社会、家长对教育的优质、多元需求，致力于把海亮教育办成国际知名的私立教育品牌。

海亮集团是一所面向未来的学校。2013 年，海亮集团在诸暨市区再投资 26 亿元新建了一座建筑面积约 55.43 万平方米、容纳 6 所高档学校的"海亮教育园"。这座由国家工程院院士亲自参与设计、融汇了国内顶级专家的智慧和心血、按照"国内一流、国际领先"标准打造的生态型、智能化新校园，将成为国内民办教育的巅峰之作，成为长三角地区的一颗璀璨明珠。

诸暨民办教育良好发展的基础及影响因素在于作为全国基础教育先进单位的诸暨基础教育品牌效应，经济发展提供的坚实基础，耕读传家、重教尊师、勤奋刻苦的历史文化和社会风气，更重要的是政府的主动作为以及战略性的思考。

审视诸暨市民办教育发展的基本模式以及积累的宝贵经验，表明该市在民办教育发展的若干基本问题上取得了规律性认识。

第一，理念高位，主动作为。诸暨市政府基于对民办教育重要意义的认识，不仅始终坚持"公办民办教育一视同仁"的工作理念，且在多个方面实行人、财、物等资源向民办教育倾斜，更重要的是基于对民办教育发展规律的认识和把握，及时调整战略部署，从 20 世纪 90 年代的"保中间、活两头"到目前的"开放融合、创新提质"，民办教育发展阶段特征明显，不仅指导并保证了诸暨市民办教育的健康发展，而且探索了一条调动社会力量，政府主导，公办民办学校协同共生，抓增量与活存量"两条腿"发展的民办教育之路。

第二，对民办教育发展内在矛盾关系的把握和处理。民办教育应体现公益性，这是教育的本质属性决定的，但由于民办教育办学经费主要来源于学生的学费和一定的社会捐助，所以区别于公办校，具有一定的营利性，在市场经济背景下尤其如此。诸暨市通过法人制度、筹资机制、产权归属、治理方式的建设，以及必要的优惠政策，明智处理了民办教育发展过程中二者的关系，并提升了民办学校在当地民众中的公信度。

第三，提升办学质量，形成办学特色。为解决区域内民办教育层次发展不均衡问题，公民办学校之间实行教科研交流、网片辅导等互动机制和一体式、综合性、规范化管理体系，形成了公民办学校之间相互促进、竞相发展的良好格局。

第四，制定政策，创造良好发展条件。近十多年来，伴随着民办教育发展中出现的问题，诸暨市政府出台了关于扶持发展民办教育和关于进一步扩大民间资本进入教育领域改革试点的政策意见，确立了民办学校的合法地位，并解决了民办教育管理中的不规范问题。

一是建立政府购买服务机制。对非营利性全日制民办教育机构，以落实教职工社会保障政策和最低工资标准为前置条件，结合学校收费情况，给予一定的教育事业费补助。同时设立教育专项奖补资金，用于教育机构升级达标和各项创建工作奖励。

二是落实税费优惠政策。营利性民办教育机构出资人将土地、房产、设施设备投入到民办教育机构用于办学的，免征营业税和土地增值税；学校自用的土地、房屋免征城镇土地使用税和房产税；其与办学相关的营业税、增值税和企业所得税、举办者个人所得税的地方财政贡献部分，自开办当年起3年内由财政部门给予80%的奖励补助；凡符合学历教育学校条件的，其提供教育劳务取得的收入免征营业税；新办民办教育机构实行建设费减缓免优惠政策（人防工程易地建设费除外）；学校水、电、气等价格性收费，参照公办学校的收取标准执行；财政出资的融资性担保机构优先为符合条件的民办教育机构提供担保；非营利性民办教育机构享有公办学校同等的各项学生助学政策；在核定编制内继续实行向全日制民办教育机构公派教师的制度，公派教师原有身份保持不变。

三是保障合理用地需求。民办教育机构新建、改扩建用地，符合划拨供地目录的，以划拨方式供地；不符合划拨供地目录的，以有偿使用方式供地。鼓励利用闲置和存量房产举办民办教育机构，由相关部门参照"退二进三"有关政策办理手续。

四是创新金融服务。鼓励和引导金融机构开发适合民办教育发展需求的金融产品。支持民办教育机构以收费权和知识产权等质押融资。财政出资的融资性担保机构优先为符合条件的民办教育机构提供担保。

五是建立投资奖励制度。非营利性民办教育机构在扣除办学成本、预留学校发展基金等之后，若有资金结余，经该教育机构决策层同意并经审计符合规定的，可提取一定比例的经费用于奖励出资人。

正是通过系列政策的出台，诸暨市加大了对民办教育的扶持力度。仅海亮教育园建设，市里就划出用地指标 600 余亩；仅三大民办教育集团，市里就公派编内教师近 300 人；每年民办学校水、电、气等价格性收费优惠达数千万元。各民办教育机构对诸暨市和相关部门的总体评价是"只要在法定政策内，很多方面我们比公办学校更得利，而且随着改革推进，这方面的红利正在日益释放"。目前，诸暨市又从优化民办学校师资队伍考虑，积极探索试行民办学校自聘人员参加事业保险等制度。通过土地、税收、融资、教师待遇、学生助学等优先要素相结合，进一步扩大民营机制办学的新路子。

2004 年 5 月，在诸暨市成为全省民间资本进入社会领域试点县（市）后，市政府及时制定了《诸暨市扩大民间资本进入教育改革试点的实施意见》，从创新增量发展的体制机制、深化存量盘活的体制改革、建立公平准入的竞争机制、建立民间资本进入教育领域的激励机制四个方面入手进行改革，诸暨市的民办教育发展正朝着纵深方向有力、有序、有效地推进。

（四）新昌县基础教育区域性发展的实践研究——"以新达昌，生态涵养"的新昌模式

1. 新昌县的地域特点

新昌县属于嵊新城镇组群，建县于公元 908 年，县城面积 1213 平方公里，其中山地面积占全县土地总面积的 71.7%，现有人口 44.1 万，地貌特征"八山半水分半田"，是一个以山林、旱地为主的山区丘陵县。新昌县历史悠久，自古就是佛教、道教的圣地，自然人文旅游资源丰富。城市化率为 51%，城乡居民收入比控制在 2.2 左右，人口自然增长率控制在 2.5‰以内。

新昌县以科技创业为发展特色。研究与试验发展经费占生产总值比重达 3.6%，建成了科技孵化器，科创园区、工业设计院，研究与实验发展经费支出占生产总值比例达到 3.84%，成为全省唯一的综合性科技体制改革试点县。依托制度变革和科技创新，自 20 世纪 90 年代初起步，新昌县

用 11 年的时间实现了从次贫县到全国百强县的历史跨越，用 8 年时间，实现了从浙江省重点污染县到国家级生态县的跨越。

2. 新昌县的城市功能定位和教育发展目标

新昌县实施"工业立县、智造新昌，创新强县、智创新昌，生态兴县、智美新昌"三大战略，努力建设美丽新昌，创造美好生活，在更高水平上全面建成小康社会。新昌县教育经过多年的发展，已经高标准普及了十五年基础教育，构建了颇具特色的教育发展模式。新昌县现有 70 所幼儿园，56 所小学（包括教学点），17 所初中，4 所普高，2 所职高，1 所特殊教育学校 1 所，在校生 63143 人。新的城市定位对教育提出了更高的要求，这就要求新昌县的教育坚持面向现代化、面向世界、面向未来，在更高起点上实施科教兴县、人才强县战略，建设教育现代化强县。

3. 新昌县基础教育区域性推进的举措

一是基于城市空间功能性布局，设计区域教育结构。

新昌县优化空间发展格局的基本思路是以新型城镇化为抓手，坚持"多规合一"理念，贯彻落实主体功能区划，科学规划生产、生活、生态空间，促进城乡一体和区域协同发展。

新昌县"十三五"规划提出其空间发展格局为"一核两翼一带三片"（见图 2-6）。

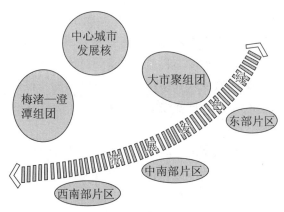

图 2-6 新昌县"一核两翼一带三片"的城市空间发展格局示意图

"一核"即中心城市发展核，按照"中强、东延、西建、南融、北拓"，拉大城市框架，提升城市的承载力、集聚力、辐射力和带动力，改善居住环境，把中心城区打造成为转型跨越中的"骨干"区域。

"两翼"即梅渚—澄潭和大市聚两大组团。梅渚—澄潭组团依托新昌省级高新技术产业园区，推动产城融合发展，打造综合发展型城镇组团。大市聚组团依托新昌工业园，拉大城镇框架、完善城镇功能、提升城镇品位，打造东部特色产业型城镇组团。

"一带"即镜岭—沙溪县域东南部绿色发展带。依托山水资源，发挥生态优势，做强休闲旅游业，做精高效农业。

"三片"指西南部、中南部和东部三个片区。西南部片区以镜岭和回山为主体，大力发展生态旅游、文化旅游、创意农业等，打造西南文旅创意区；中南部片区以儒岙为主体，发展特色工业和文化旅游，打造中南部生态工业和休闲旅游联动发展区；东部片区以沙溪和小将为主体，发展森林休闲旅游、生态农业、现代物流等，打造东部生态休闲区。

新昌县在"十二五"时期构建的是"一主三强四特"的城镇发展体系，即以中心城市为主中心，澄泽、儒岙、大市聚三大中心镇和镜岭、沙溪、回山、小将四个特色城镇为主体的县域城镇体系，旨在形成以城带镇、以镇带村的城乡一体化发展格局。经过几年的努力，这一体系基本建立，加快推进了中心镇的培育工程，儒岙镇入选全国重点镇。但总体来看，新昌县城镇化水平不高，2014年城市化水平为52.45%，城乡二元化经济社会结构导致城乡教育发展不均衡，优质教育资源相对集中在城区，大学校、大班额主要集中在县城学校和部分乡镇中心小学，人口往城区聚集，农村学校人数越来越少。目前新昌县100人以下的学校还有20余所，因为地处偏僻，无法撤并。如茅洋小学，办学历史上高峰期曾有700多名学生，还曾设有初中部，现在仅有3名教师，5名学生。全县标准化学校的达标率为80%。

新昌县要构筑与该城市空间结构相适应的教育结构体系，主动适应并服务于县经济社会发展和加快教育现代化建设的需要，根据学龄人口变化趋势、城市化进程需要、流动就业人员大量涌入以及单独二孩等政策的实施情况，综合分析土地、校舍、环境、师资、管理等资源情况，对目前新昌县总体教育结构布局进行合理调整，进一步优化教育资源配置，建立优质均衡发展的现代教育体系。

新昌县对教育结构布局总体规划的基本思路是：做优主城区、做强中心镇、做精特色镇。做优主城区即以山水品质之城建设为方向，提升主城区的教育品质，增强主城区的教育综合改革，在全县发挥示范引领和辐射作用。特别要重点抓好学前教育和高中教育，为打造全县现代服务业发展和生态品质人居中心服务。做强中心镇旨在加快推进澄潭镇、儒岙镇、大市聚镇三个中心镇建设，完善中心镇教育功能，提升中心镇教育对周边乡镇集聚辐射能力。做精特色镇是按照"差异化、特色化"发展理念，结合各镇的资源禀赋，全力推动镜岭、回山、小将、沙溪等特色镇学校教育的发展。总之，就是要通过分层、分类、有重点的梯度发展，推动新昌县城乡教育一体化发展。

二是坚持优先发展，明确政府教育新战略。

（1）县委、县政府始终把教育发展列为经济社会发展规划的重要内容，制定出台了关于加快发展学前教育、扶持发展职业教育等相关政策措施和一系列战略性文件。提出了"建设教育现代化强县，基本实现教育现代化"的奋斗目标，并将"以新达昌、生态涵养"作为新昌县构建基础教育主体功能区的基本思路。

（2）认真落实"以县为主"的教育经费投入机制，加大教育投入。近年来，全县教育投入约30亿元，其中财政性投入约21亿元。2011—2013年，新昌县教育总投入分别为3.8亿元、6.6亿元和7.2亿元，财政对教育投入占财政总支出的比例分别为20.32%、26.54%和26.12%。义务教育经费在财政预算中单列，教育经费确保"三个增长"。

（3）抓城乡统筹协调，创设城乡一体化均衡发展新平台。新昌县坚持以统筹的理念、发展的思路，实行教育发展规划、经费管理、师资配置、网点调整"四统筹"，建立健全教育均衡发展的新机制。该县采取得力措施健全城乡均衡发展体制，着力缩小义务教育区域、校际之间的差距，确保困难群体平等接受各级各类教育，加快实现基本公共教育服务均等化。

近年来，新昌县共投入1.4亿元改善农村学校硬件设施，每年用于薄弱学校建设和改造的教育附加比例均在75%以上，并实施农村中小学校设备采购补助70%的优惠政策。在人事调配、职称评定、经费使用中大幅度向农村学校、农村教师倾斜，在宿舍改造、食堂改造和厕所改造等项目中尽可能为农村教师创造良好条件。

三是形成办学特色，科技创新走在前列。

2015 年，全国县市科技工作经验交流现场会在新昌召开。凭着"咬定实业"和"坚持创新"两件"法宝"，浙江山区小县新昌完成了从"模仿制造"到"创新创造"的"凤凰涅槃"，创出了"小县大科技"的发展模式。由此，新昌县也一跃成为浙江县域经济发展的标兵、全国创新驱动的标兵。新昌县以科普和创造发明教育为突破口，全面实施以创新教育为核心的素质教育，为县域经济发展增添后劲。新昌县推进创新特色教育的主要举措如下。

（1）创建科技特色教育基地。为形成学校科普特色，打造学校科普品牌，该县投入大量资金建设了一批科技特色教育基地。早在 2010 年 10 月，新昌县就创办了全省首家校园科技馆——绍兴科技馆新昌分馆，继后，新昌中学等 12 所学校创建成为首批新昌县科技教育特色学校。

（2）广泛开展青少年科普活动。教体局会同科协、科技局及有关学校，充分利用学校各类设备积极开展航模、机器人、七巧板等各类科技兴趣小组和社团活动。新昌中学利用研究性学习将通用技术课程与创造发明结合起来，让每个学生都接受创造发明教育，积极开展水火箭、鸡蛋撞地球、报纸搭桥、科技小制作及科普征文等科技活动，近五年，学校收到学生发明创造构思提案近 2 万份，学校评出各类科普活动奖项达 680 项。城关中学尝试将科技活动纳入学生的学习之中，每个年级每个星期都有科技兴趣小组活动，学校已成功举办十三届科技节，共收到科技小论文 5368 篇，科技小制作 2560 件，小发明 680 件，科幻绘画 4850 件，每年参加到科技节活动的达到了 2000 人次。新昌南瑞实验学校每年组织开展十几场航空（航天）航海模型表演，电动线操纵飞机表演、直升机、遥控飞机和小火箭发射表演、海模表演等，学生在近五年的时间里，在县级以上各类航模、车辆模型、建筑模型、电子制作等获奖数量达数百项。

近五年，新昌县在市青少年科技创新大赛中，获科技创新成果一等奖 73 项，二等奖 36 项；优秀科技实践活动一等奖 4 项，二等奖 3 项；获科技辅导员创新成果一等奖 2 项；科学幻想绘画一等奖 60 项。在省青少年科技创新大赛上，获一等奖 10 项，二等奖 34 项，三等奖 27 项；科学幻想绘画一等奖 8 项，二等奖 5 项，三等奖 7 项；优秀科技实践活动二等奖 2 项。机器人创意项目中，获一等奖 1 项，占全省的 1/4。在全国青少年科技创新大赛上，获一等奖2项，二等奖4项，三等奖2项；科学幻想绘画二等奖1项。

（3）搭建科技创新培训平台。近五年，新昌县先后聘请100多位科技辅导员，举办了"信息学""创新论文""科学绘画""七巧科技""科技创新小发明""三模制作"等科技创新培训及观摩活动，为全县中小学生参加各级各类青少年科技大赛培养了大批人才。新昌县及所辖中小学还广泛开展了各类科技竞赛活动。

四是职业教育办学体制改革探索，在变革中求发展。

服务当地经济发展，为本地企业提供高级技术人员，新昌县积极探索职业教育发展之路，在变革中求发展，形成自己的特色和优势。

新昌县职业教育发展的主要特点是起始早、发展阶段特征明晰、规模合理、种类层次齐全、办学理念高位且成效显著。

新昌县职业教育始于1975年创建的大市聚职业中学，1979年，由县工业局、计划经济委员会创办了新昌职业技工学校，1999年，新昌县技工学校与新昌县职业教育中心合并，改名为新昌职业技术学校。新昌县的工业主要有汽车零部件、制冷配件、轴承加工、纺织器械、医药化工等。随着劳动密集型企业的发展和升级，为适应企业需要高级技师和高级技术工人这一要求，目前经省政府批准创建了新昌技师学院。新昌县职业教育规模从原4所中职校调整为目前的2所，新昌职业技术学校和新昌大市聚职业中学两所学校整合筹建新昌技师学院，办学层次从中技、中职升格为职业学院，办学主体由最早的民办发展为公办、民办、企业合办。新昌县职业教育40余年的发展历程，为我们提供了诸多启示。

（1）职业教育明晰的办学定位与理念

新昌县职业教育的目标和任务是，以服务发展为宗旨，以促进就业为导向，以深化改革为动力，形成与县发展格局和水平相适应、产教深度融合、中等职业教育与高等职业教育有机衔接、职业教育与普通教育互通互补，学校、企业、社会多元办学的现代职业教育体系。通过强化职业教育的吸引力、竞争力，为地域经济社会转型升级提供良好的技术技能和人才支撑。

（2）调整职业教育专业与课程体系，增强服务产业发展能力

一方面整合资源，合理进行专业布点，开发面向新昌产业需求的特色

专业和新兴专业建设，开发与国际先进标准对接的专业标准和课程体系，争取引入国际知名职业教育与培训品牌。另一方面，学校教育和职业培训并举，开展城乡劳动力和进城务工人员培训，深化"新昌茶师""新昌技工""新昌阿姨"等职业品牌培育，建立有利于全体劳动者接受职业教育和培训的灵活学习制度。

（3）创新育人模式，提高育人质量，鼓励各校办出自己的特色

新昌县以服务地方经济为目标，构建"个性化与选择性、开放性与综合性"为特征的学校课程体系，积极培养高学历、高技能复合型人才。新昌技师学院·职技校与新昌技师学院·大市聚职中办学特色鲜明，新昌技师学院·职技校在技能教学和创新创业方面享誉省内外，五年来共有6人获全国技能大赛一等奖，7人获二等奖，2人获三等奖，近200项专利作品获得国家专利，10余项专利转化为一线产品，是绍兴市中职教育创新创业理事长学校，被誉为"技能冠军的摇篮"和"创新名校"；新昌技师学院·大市聚职中实施准军事化管理，高职考试本科上线率达33.5%，被誉为全省农村职业教育的一面旗帜。新昌技师学院做到创建深度融合的同时，又保证两校办学特色不变，体现了办学的个性化与选择性、开放性与综合性，实现了学校发展的良性循环。

（4）校企合作、学习与实训相结合的职业教学机制和模式

与企业的合作是新昌职业学校办学的亮点。校企合作的发展大致经历了三个阶段。第一阶段，20世纪七八十年代计划经济时期，职校学生定期到企业进行实践学习，毕业时由学校包分配。第二阶段，20世纪90年代初市场经济初级阶段，学校推荐学生在市场中自主择业。第三阶段，进入21世纪市场经济发展时期，企业主动到学校选择学生，学生就业形势较好。

校企合作的主要方式是学校与新昌重点企业签订协议，开展"订单式"培养。始于2001年为企业重点培养学生的6个企业冠名班，至今已形成了几种不同形式。第一种为"2+1"模式，即前两年学生在学校进行理论学习，第三年到企业顶岗实习。第二种为工学结合的模式，三年在校学习期间有2个月去企业实习。第三种为学生到企业进行毕业设计和高级工考试。第四种是学校为企业提供技术支撑，学校的实验室、工作室对外开放，为企业提供服务。学生毕业时，企业和学生进行双向选择，大约有

60%~70%的学生会选择原先实习过的企业。他们的认识是，职业学校应与企业保持紧密的联系，才能生存和发展下去。

（5）建立规章制度以及政府的政策扶植

早在20世纪90年代，新昌县政府就给出了无偿划拨土地和允许学生农转非两大扶植政策。这为新昌职业教育发展提供了保障条件，它明确政府管理权限，强化学校、企业及用人单位共同责任，以学校章程为核心确立现代职业院校制度，扩大职业院校办学自主权，同时加强职业院校治理体系和治理能力建设，完善职业院校的内部管理体制与监督制约机制。

伴随嵊新组团的推进，新昌县深入推进区域合作，接受杭州、宁波两大都市圈辐射，着力推动新嵊一体化发展。按照"空间融合、资源互补、利益共享"的要求，以嵊新两地协同发展为基本出发点，坚持问题导向，坚持重点突破，坚持改革创新，立足区域优势互补原则和合作共赢理念，通过推动观念、城镇、产业、资源、治理五大协同，优化要素资源配置，共建共享基础设施，均等公共服务，实现嵊新区域经济社会全面协同发展，这一态势将为新昌教育未来发展开拓新的局面。

当前绍兴面临产业升级、经济转型、三区融合的重要发展与转型时期，绍兴市教育如何与区域经济同步发展、协调发展，在推进"重构绍兴产业、重建绍兴水城"战略中发挥更为积极的作用，这是绍兴市教育行政部门必须回答的问题。

基于绍兴千年历史文化名城发展的高定位，绍兴市教育局以更开放的视野、更长远的眼光对绍兴市基础教育的发展决策进行了理性分析，他们思考与决策的亮点和特色在于：（1）放在"长三角"范围审视发展地位，调整发展战略；（2）教育布局与区域发展的战略决策相结合，立足大市区、大绍兴定思路、做决策，在"一城三区"的格局中，扩域后的城区强调协调发展，而诸暨、新昌、嵊州三区则强调融合发展；（3）打造体现"公平、优质，学生全面而有个性发展"的高品质教育，让绍兴市的教育发展更富有活力和竞争力。

[第三章]

"学在越城，追求品质"的越城模式

在区域层面上积极推进学校的优质均衡发展，2014 年，越城区被国务院教育督导委员会命名为全国首批义务教育发展基本均衡县（市、区）。在学校层面上推进多元、个性与特色化发展，越城区在学前教育、小学教育、初中教育等方面取得了显著成效。但越城区基础教育的发展仍面临着诸多挑战，诸如教育体制机制亟待进一步完善，教育发展的创新能力不足；人才培养模式需要不断创新，学生的综合素质有待全面提升；教育协调发展的局面尚未完全形成，教育公共服务能力需要进一步增强；教育资源布局仍不适应城市空间结构、产业发展和人口分布变化的新需要，城乡教育一体化建设长效机制亟待确立等。为了直面基础教育发展面临的诸多挑战，进一步提升以"有其学、优其学、乐其学、终身学"为主旨的"学在越城"的教育品质，不断追求教育的卓越，越城区积极推进以"学在越城"为抓手、以基础教育主体功能区建设为旨归的区域教育改革。

一、越城区地域特点与社会文化发展状况分析

（一）地域区位特点

越城区地处杭州湾南岸，宁绍平原西部，会稽山北麓。公元前 490 年，越王勾践迁都建城于此而得名。秦朝置会稽郡，唐朝置越州，一度成为南宋临时都城和明末鲁王监国之所，是中华民族最早的发祥地和先越文化最发达的地区之一，具有悠久的历史和丰富的文化资源。1949 年 5 月，绍兴解放，设绍兴市（县级市），后分别设绍兴县、绍兴地区，为绍兴县、绍兴地区行政公署所在地。1983 年 7 月，绍兴撤地建市，设越城区。1994 年 11 月至 2000 年 12 月，绍兴市、越城区合署办公。2001 年 1 月，越城区完善机构、恢复职能。2013 年 11 月，绍兴撤销绍兴县、上虞市，设立柯桥区、上虞区，与越城区形成了"一市三区"新格局。调整后行政区域面积扩大到 493 平方公里，总人口 74.46 万，辖 10 个镇、7 个街道。行政区域内由越城区（含镜湖新区）、绍兴高新技术产业开发区和袍江经济技术开发区三个功能区块组成。其中，越城区实辖 3 个镇、5 个街道，面积 166.92 平方公里，人口 40.85 万。

（二）历史文化传承

绍兴夏称於越，亦称大越，简称越。春秋时期，於越民族以今绍兴一带为中心建国，称越国。秦王政二十五年，降越君，称会稽郡。晋称会稽国，为东扬州治所。隋开皇九年改置吴州，治会稽县。大业元年起称越州，此后越州与会稽郡名称交替使用。南宋高宗赵构取"绍奕世之宏休，兴百年之丕绪"之意，于建炎五年改元绍兴，升越州为绍兴府，是为绍兴名称之由来，并沿用至今。绍兴从新石器时代中期的小黄山文化开始，至今已有约 9000 年历史。越国古都建于公元前 490 年，距今已有 2500 多年建城史。

越城作为绍兴市的核心主城区，是绍兴文化的集中代表。该地区历史悠久，人文荟萃，文化底蕴深厚，素有水乡、桥乡、酒乡和书法之乡、戏曲之乡、名士之乡的美称。越城是个没有围墙的博物馆，全区拥有各级文保单位 390 处，其中有鲁迅故里、秋瑾故居、大禹陵、古桥群等，名人典故众多，曾被毛泽东誉为"鉴湖越台名士乡"。历代以来，绍兴有文武状元 27 名，进士 2238 名。近代又涌现了周恩来、鲁迅、蔡元培、秋瑾、徐锡麟、陶成章等一批全国著名的革命家、思想家、军事家、文学家、教育家和民主革命先驱。历代名人创造了厚重的文化，见证了稽山鉴水久远的文明和生生不息的人文精神。

越文化在中华文化史上是一种非常特殊的地域文化，它生命力强，绵延时间长，极具韧性。在历史环境中，它既遭受过亡国灭族的危机，也迎来过几次难得的发展机遇，是在危机和机遇中成长起来的；它的几大精神要素和基本特征从古至今一线贯通，它的主要城市建筑、山水形胜、风土人情、方言俗语和生活方式等文化表现形式的古代印痕仍较为鲜明，是中华文化的重要组成部分。中国特色社会主义文化体系中包含"天人合一"的思想、"天下为公"的思想和"尽孝报恩"的思想，这与越文化一直倡导的"尚智尚武"的精神、卧薪尝胆的谋略、坚韧刚毅的品质是息息相通的。可以说，现在绍兴的率先发展与富民强市，与长期以来形成的艰苦奋斗、坚韧不拔的决心和意志，敢作敢为、创新创业的胆识和锐气，励精图治、奋发图强的气魄和勇气是分不开的。这就是穿越时空、常提常新的"胆剑精神"，是越文化的内核所在。

(三)经济发展状况

近年来,越城区经济加快转型发展,综合实力明显提升。"十二五"期间,"三产强区"乘势而上,综合实力不断增强。2015年实现地区生产总值336.8亿元,是2010年的1.6倍,年均增长7.6%,人均生产总值达到8.2万元。地方财政收入22亿元,体制结算收入15.5亿元,分别是2010年的4.3倍和1.6倍。累计完成固定资产投资657.1亿元,年均增长7.6%。社会消费品零售总额由2010年的124.4亿元增加到211.9亿元,年均增长11.2%。三次产业比重由2010年的2.5:28.3:69.2转变为1:20.5:78.5,服务业比重年均增加1.9个百分点,城市经济特色更趋明显。累计完成自营出口98.5亿美元,年均增长5.3%。越城区居民收入水平稳步提高,2015年城镇和农村居民人均可支配收入分别达到44200元和26150元,年均分别增长9.9%和12.2%,收入比降至1.69:1。

越城区农业以发展现代城市农业为目标,已形成以特种水产、蔬菜种植、畜禽养殖为主的效益农业新格局。工业以民营经济为主体,以纺织、印染、服装、家私为特色。近年来通过加大技术改造调整工业结构,传统工业整体素质普遍提高,培育壮大了喜临门等一批知名企业。创新实力不断增强,建成区级以上研发中心16家,获批国家火炬计划项目3项、星火计划项目3项、创新基金项目2项,开发省级新产品57项。获浙江名牌产品7项、绍兴名牌18项。通过坚定实施"三产强区"战略,三次产业结构已有很大转变,第三产业成为区域经济重要支柱。围绕汽车销售市场、家居商贸城、金德隆文化创意园等布局的环北现代商贸园区逐步成型,形成了以家居家私、汽车销售、创意文化产业为特色的专业市场集群。迎恩门风情水街、梦享城等项目加快推进,金帝银泰城等城市商圈加速成型,书圣故里入选首批中国历史文化街区、第二批省特色商业示范街。镜湖新区自2002年12月启动开发建设以来,约16.5平方公里区域开发已初具规模。高铁北站、科教园及奥体、科技、文化"三中心"等功能性设施加速集聚,佳源广场、中融华茂等城市综合体和越商总部基地、金融集聚区先后落地,环湖生态休闲区建设进展顺利,成为基础设施及生态保护的样板高地。

（四）社会发展状况

越城区实际管辖 3 个镇、5 个街道，110 个行政村，62 个社区，2 个居委会。区域面积 166.92 平方公里，总人口 40.85 万，其中农业人口 7.52 万。2012 年末全区户籍人口 41.16 万人，其中男性 20.24 万人，女性 20.92 万人，分别占总人口的 49.2% 和 50.8%；非农业人口 32.63 万人，占总人口的 79.3%。据区人口计划生育和卫生局统计，2012 年全年、全区人口出生率 6.87‰、死亡率 6.75‰，人口自然增长率 0.12‰。

"十二五"期间，越城区围绕"宜居宜业示范区、城乡一体先行区、城市管理精品区"建设目标积极作为，推动了经济社会平稳健康发展。主要表现为：首先，城市化加速推进，区域功能日益完善。镜湖新区开发建设初具规模，新（改）建群贤路（镜湖段）等道路约 50 公里，形成"南北畅达、东西贯通"的主次干路网。加快美丽乡村建设，推进欠发达村和低收入农户奔小康工程。其次，文明创建取得成功，城市形象迈上新台阶。持续推进"洁净越城"建设和环境秩序整治，在省、市文明指数测评中保持前列，为绍兴成功创建全国文明城市发挥了主阵地作用。再次，治理力度不断加大，生态环境明显改善。累计创建国家绿色社区 2 个、生态镇 1 个，省级绿色社区 18 个、绿色学校 21 所、森林村庄 16 个，实现省级生态镇街全覆盖。最后，人民生活切实改善，平安越城连创连成。财政支出累计投向民生 56.5 亿元，年均增长 16.3%，民生支出比重从 77.2% 提高到 84.2%。城镇和农村常住居民人均可支配收入分别增长 9.9% 和 12.2%。推进行政区域教育事业统筹协调发展，省义务教育标准化学校创建率达 95.1%，成功创建为全国义务教育发展基本均衡区、全国社区教育示范区、绍兴市学前教育先进区。创建 20 个小康体育村，成为省体育强区。深化医药卫生体制改革，省级社区卫生服务机构规范化建设全面完成。建成文化活动中心 80 个、农村文化礼堂 16 个，村（社区）文化活动室全覆盖。建成市级以上和谐示范社区 15 个、城乡社区居家养老服务照料中心 112 个。累计新增就业 5.1 万人，充分就业社区（村）创建率达到 100%。社会治安防控体系日益健全，安全生产、消防安全、食品药品安全监管有效加强，基层民主法治建设不断深化，社会稳定有力维护，连续十年成为省平安县（市、区）。

（五）教育发展状况

"十二五"期间，越城区基础教育积极贯彻科学发展观，突出区域层面优质均衡发展和学校层面多元特色发展两大重点，坚持事业发展与改革创新同步推进，着力突破瓶颈，突出内涵发展，注重公平均衡，积极打造优质均衡的先进区、素质教育的示范区、教育创新的实践区、名优教师的高产区、发展环境的规范区，着力提升"学在越城"教育品质。2011年，越城区成功创建绍兴市首批学前教育先进区；2013年，"越城教育均衡发展"获绍兴市十大改革创新奖之一；2014年，越城区被国务院教育督导委员会命名为全国首批义务教育发展基本均衡县（市、区），"越城区教育局教师流动促均衡行风评议得提升"被评为全市教育系统行风建设十大亮点之一；2015年，越城区成功创建全国社区教育示范区，成为浙江省中小学教师信息技术应用能力提升工程试点区，袍江区域成为全国教育综合改革实验区。区教体局连续4次（共6次）荣获浙江省教育科学和谐发展业绩考核优秀单位（其中2012年继2008年之后，第二次荣列全省第一名）；连续4次（共7次）荣获市教育局该项考核一等奖，考核成绩位居全省、全市首位；连续4次（共10次）被区委、区政府评为越城区先进部门。

越城区教育发展水平处于全省领先地位主要表现为：首先，各类教育得到新发展，教育均衡度全国领先，加强政策保障，深入实施学前教育提升工程、小学优质教育资源拓展工程、初中学校提质工程和优质教育资源向镜湖、高新、袍江新区延伸工程，以及社区教育品牌工程，优质教育资源均衡度全国领先。其次，办学条件迈入新水平，学习环境全省位优，按照《绍兴中心城市学校布局规划（2008—2020年）》，继续实施"东进、西延、南优、北拓、中兴"的学校建设计划，制订出台《越城区农村义务教育学校布局调整专项规划（2013—2020年）》，共投入资金约8.6亿元，新建学校9所，改（扩）建学校18所，撤并学校14所。省义务教育标准化学校创建率达95.1%，市标准化幼儿园创建率达81.9%，继续保持省、市领先地位。目前，小学校均规模1287.78人，初中校均规模1063.29人，位于全市前列。全区中小学体育、音乐、美术、数学、自然实验仪器等器械配备达标率全部达到100%。

二、越城区基础教育发展面临的挑战与问题分析

从国家社会经济发展的全局来看，教育优先发展的战略地位进一步落实，为推进教育持续和谐发展赢得了良好的机遇。21世纪前20年是我国加快社会主义现代化建设进程的重要战略机遇期，也是我国教育加快发展的重要战略机遇期。这种机遇着重体现在四个定位上。一是对教育优先发展的战略定位。"教育是民族振兴和社会进步的基石。"十八大报告把教育放在改善民生和加强社会建设之首，提出要"努力办好人民满意的教育"，这充分体现了党中央对教育事业的高度重视，对优先发展教育的坚定决心。二是把教育作为民生之基的思维定位。十八大报告把"努力办好人民满意的教育"放在"在改善民生和创新管理中加强社会建设"的六项任务之首。发展依靠人民，发展为了人民，让人民享有发展的成果，享有优质的教育资源，是人民的权利，是每一个教育工作者的责任。三是从人口大国向建设人力资源强国的目标定位。这是党的十八大进一步明确的一个目标，要建设人力资源强国，必须依靠教育。四是经济社会发展的方法论定位。当前，全面建成小康社会和全面深化改革开放对教育提出了更新、更高的要求，工业化、信息化、城镇化、农业现代化建设，经济发展方式的转变，实施创新驱动发展战略，需要教育提供强有力的人才支撑。因此，教育承担的任务十分艰巨，机遇与挑战并存。

从越城区的实际情况来看，区域教育改革虽然取得了显著成效，但仍然面临着一系列新的挑战与问题，主要表现为社会发展的总体挑战和教育发展面临的新挑战。

（一）社会发展的总体挑战

现代城市发展受到土地等资源要素以及生态建设约束性指标的制约，这将促使城区加快转变发展方式，推动转型升级；城市化加速推进、人口进一步集聚、城市结构不断变化，城市管理的任务更加繁重，将促使城市功能进一步完善和加强；人均生产总值增加、城乡人民群众收入进一步提高而形成的需求变化，将对公共服务的完善和均等提出更高要求；因贫富差距扩大、利益格局调整，以及不同群体的诉求形成的各种社会矛盾，将

使加强社会建设、创新社会管理、维护社会稳定成为紧迫而重大的课题。

1. 增强经济发展活力带来的挑战

在社会经济发展方面，进一步提升创新开放水平、增强经济发展活力、全面加强创新驱动的发展目标对基础教育提出了更高的要求和挑战。"十三五"期间，越城区将进一步加大经济建设中的科技投入，力求实现产业的转型升级，增强经济发展活力，着力提高经济发展的质量。具体做法包括：支持颐高科创园、区科创中心等平台建设，积极培育科技型和专利示范企业，筹建区大学生创业基地，强化人才培育招引；以镜湖科教园区为依托，加快布局高教科研、创意设计、高端商务等产业，着力打造创客中心和创新产业区；推进"两化"深度融合，深植"互联网＋"理念，引进培育电商龙头企业，积极发展跨境电商，打造外贸综合服务平台。进一步增强经济发展活力，积极推进科技创新、平台创新、产业创新，发展"智造"经济，对新型人才的需求不断加大。这种需求反映到学校教育中，对学校教育的人才培养目标、培养方式提出了新的要求和挑战。

2. 拓展城市空间框架带来的挑战

经过行政区域调整，越城区的行政区域已拓展为"十镇七街"，户籍总人口74.46万（不含外来流动人口）。其中，老城区面积73平方公里，人口31.5万；镜湖新区面积76平方公里，人口9万多；高新区面积226平方公里，人口19.4万；袍江新区面积118平方公里，人口14.5万。老城区高中、初中、小学、幼儿园各个学段的学生数，分别占越城区行政区域相应学段学生数的39.6%、50.6%、43.1%和41.8%。全区外来务工人员子女已占中小学生数的35.6%。城市空间拓展带来人口数量的增多，也对学校教育提出了更大的挑战。

3. 城市核心品位提升带来的挑战

"十三五"期间，越城区经济社会发展的总体目标是：努力把越城区打造成"活力越城、品质越城、和谐越城"。

首先，坚持创新开放，打造"活力越城"。一是大力推进科技创新。围绕"大众创业、万众创新"，加快完善区域创新体系和创新平台布局，突出企业创新主体地位，加强科技创新扶植，促进科技成果转化。二是大力推进平台创新。着力打造城市核心功能区、科教创新产业区、越城商贸产业园等产业发展新平台，积极培育省、市、区级特色小镇，打造古城特色街区，拓展镜湖、鉴湖两大生态休闲板块，形成新的经济增长点。三是大力推进产业创新。坚持"三产强区"战略，基本形成现代服务业发展体系，积极发展"智造"经济、生态经济，支持发展开放型经济。四是大力推进体制创新。深化行政体制改革、经济领域改革、城乡一体化改革，进一步释放改革红利，增强发展动力。

其次，坚持绿色共享，打造"品质越城"。一是加快城市建设。大力推进以交通为重点的基础设施建设。实施新一轮城中村改造，加大货币安置力度，推动古城功能和常住人口疏解，提高古城保护利用水平。挖掘特质特色，加快美丽乡村建设。二是加强城市管理。强化环境卫生和市容秩序管理，常态化推进"洁净越城"建设、"无违建"创建和"智慧城市"建设，加强老住宅小区整治和管理，提升绍兴中心城市核心区形象品位。三是加强生态治理。更大力度、更高标准推进"五水共治""五气合治"，全面落实最严格的生态环境保护制度。四是加强民生保障。大力发展教育、体育、医疗、文化等社会事业，加强养老服务等社会保障，让群众有更多获得感。

最后，坚持协调发展，打造"和谐越城"。一是推动精神文明建设。巩固全国文明城市创建成果，提高社会文明程度。加强社会主义核心价值体系建设，弘扬社会公德、职业道德、家庭美德、个人品德，加快构建现代公共文化服务体系。二是强化法治越城建设。自觉运用法治思维和法治方式推动发展，推进法治政府、法治社会、法治市场建设，维护公正诚信社会秩序。三是深化平安越城建设。加强社会治安综合治理，推进安全生产管理体制改革，防控重大安全事故，有效防范化解社会不稳定因素。四是强化基层基础建设。推进公共服务和资源配置重心下移，促进社区服务规范化、标准化。深化"三治齐抓、网格管理"村级治理，提升基层治理能力和服务水平。

在"活力越城、品质越城、和谐越城"的城市发展总体目标下，相应地需要推进教育体育事业发展，进一步深化教育改革创新，优化区域教育融合，推进民办教育、集团化办学等制度改革，加快特色初中打造、优质小学资源扩面、学前教育提升、社区教育共享和特殊教育延伸，加强教师队伍建设，保障教育公平，提升教育质量，增强"学在越城"品牌辐射力。

（二）教育发展面临新挑战

随着越城区经济社会的全面发展，人民群众的生活水平日益提高，享受优质教育资源的愿望显得尤为迫切。因此，广大教育工作者的教育观念有待于进一步转变、教育方法有待于进一步改进，城乡教育均衡发展的水平有待于进一步完善，科学的教育评价体系有待于进一步健全，教育投入和教育现代化建设还有待于进一步增强。

1. 人民群众对优质教育的高期待带来的挑战

随着经济社会的快速发展，人民群众对教育的需求呈现更加鲜明的时代特色。从仅仅追求学业成绩转变为追求学生全面而有个性的发展，从看重学校办学的硬件设施转变为更加看重学校的内涵发展，从关注入学机会的公平转变为更加关注教育过程的公平，提供优质、多元而公平的基本公共教育服务已成为政府的职责。因此，基础教育必须突出以有教无类促进起点的公平，提供普惠的教育；以因材施教促进过程的公平，提供合适的教育；以各尽所能促进结果的公平，提供全面的教育。

从越城区的实际来看，一方面，越城区行政区域内相关招生政策的进一步完善，减少了老百姓"选择性"入学的机会。从 2012 年起，城区全面实行义务教育学校"零择校"政策，同时全面推行教师交流制度。高中段入学根据推荐选拔情况和学业水平考试成绩择优录取，2015 年起取消高中段"择校生"政策。另一方面，社会对教育的期望值越来越高，需要更加重视质量效益。越城区教育目前正处在由"有书读"向"读好书"，由"高标准普及"向"教育优质化、现代化"迈进的新阶段。一是"读好书"，许多人的参照坐标已不是国内最好的教育，而是世界上最好的教育，甚至是一种美化了的世界最好的教育。当前，人们对教育的许多批评正是源于对读好书的追求，源于对发达国家教育的比较。二是"零择校"使得更多孩子只能在家门口上学，家长因无法"择校"带来的"焦虑"导致他们对家门口学校的优质教育需求的"维权意识"进一步增强，但相关学校还没有做好相应的准备，精细化管理、办学水平等有待加强，这将成为越城区教育进一步提升的瓶颈。

由于人民群众不断增长的优质教育需求与现实中优质资源依然不足或相对不足存在矛盾，因此，提供优质、多样而公平的基本公共教育服务已成为政府的主要责任之一。

2. 教育行政区划调整、集聚发展带来的挑战

2013 年 11 月，市区教育行政管理体制再次进行调整后，本属原绍兴县管辖的孙端、陶堰、富盛三乡镇的初中、小学、幼儿园、成人文化技术学校的教育行政管理权限成建制移交越城区管理，使高新、袍江两个开发区所辖范围内的学校、教师、学生数量进一步增加。为此，需要进一步优化越城区教育行政管理体制，及时更新发展思路，研究、出台并落实新的发展举措，推进新的谋篇布局，进一步做好做足教育资源优势互补和优质资源共享的文章，进一步推进高新区、袍江开发区基础教育优质资源统筹、集聚发展，大力推进区域教育协同、优质、均衡发展。

3. 公共教育服务体系建设不完善带来的挑战

老百姓期望越城区基本教育服务均衡发展，但目前政府创新教育公共服务体系、完善教育公共服务政策的办法措施还不多。一方面，越城区基本公共教育服务体系尚待进一步完善，基本公共教育服务提供途径与方式仍相对单一；另一方面，政府对社会组织与民办教育机构提供公共教育服务的监管和专业引领还相对缺乏，政府、学校、社会和家庭之间的沟通与互动还有待进一步加强。因此，政府如何进一步创新教育服务机制，提高政府提供基本公共教育服务的能力，为促进越城区教育与经济社会协调发展，并为构建社会主义和谐社会创造良好的教育环境，从而有效实现基础教育优质均衡发展，仍是"十三五"时期越城区基础教育发展的重大挑战。

4. 教育改革推进中理想与现实的矛盾带来的挑战

首先，素质教育实施缺乏长效机制。一是家长重分数、社会重升学率的评价体系对教育的内在规律冲击较大。部分学校对推进素质教育缺乏积极心态，部分学生课业负担过重的现象还没有得到根本遏制。二是教师队伍的整体水平还不能完全适应全面推进素质教育的形势要求。三是各级各类学校中仍然存在"多校一面"的状况，学校的特色项目转化为办学特色的意识和能力都有待加强。提升学校发展内涵，推动学校多样化和特色化发展的任务依然艰巨。对此，越城区教育必须以科学的教育价值观和质量观为引领，站在经济全球化和信息技术快速发展的背景下，坚持以学生发展为本，转变育人模式，实行全面教育质量评价，促进每一个孩子健康快

乐成长，从而促进越城教育的转型发展。其次，教育改革越来越体现从普惠性向利益调整性转变，需要更加重视统筹协调。普惠性改革，各方得到利益相对比较容易；利益调整性改革（教师专业技术职务岗位管理、绩效工资实施、教师流动政策的实施，招生政策的调整、中考高制度的改革等），使得部分人利益受损，他们就对改革持观望甚至抵触、排斥的态度，改革阻力也相应增大。这一切更加需要我们进一步加强统筹和兼顾长远发展。

面对新的发展形势，越城区必须清醒地认识到，本区教育还存在着诸多不适应，包括教育体制机制尚需进一步完善，教育发展的创新能力不足；人才培养模式需要不断创新，学生的综合素质有待全面提升；教育协调发展的局面尚未完全形成，教育公共服务能力需要进一步增强；教育资源布局还不适应城市空间结构、产业发展和人口分布变化的新需要，城乡教育一体化建设长效机制尚需确立等。

三、越城区构建基础教育主体功能区的总体设计

区域教育是指在一定行政划内或多个衔接在一起、共性比较突出的行政区划联合成的广义区域的教育。与行政区划紧密联系，区域教育是介于国家教育与学校教育之间的一种地域性教育，具有相对性。区域教育既体现着宏观教育发展的一般规律和趋势，又体现着地区教育的独立性和特殊性。从内容上看，区域教育就是要研究特定教育区域里的教育活动及其与区域环境间的关系。区域教育的这两个特征，决定着区域教育的两大组成要素：一是作为教育区域自身意义上的教育区域构成要素；二是作为整个宏观教育意义上的区域教育发展要素。前者包括构成教育区域的三大要素，即文化教育中心、教育孕育腹地和教育协作网络；后者包括原生性要素、再生性要素、流动性要素和管理性要素。因此，区域的地理位置、自然条件、历史文化、教育传统、经济状况、生源师资及教育布局等多方面的要素，都会直接或间接地影响区域教育的发展，区域的发展与定位和区域教育的发展成正相关。但是，物的因素最终要通过人的因素体现出来，因而，归根结底，区域教育最终体现为人的发展。

裴娣娜教授认为，教育的区域性发展是一个空间单元，特定区域因其独特的资源环境条件、经济与社会发展水平和特征而具有各自的主体功

能。区域教育的发展既要满足该区域经济、社会、文化发展对教育的需求，更要积极促进和引领经济、社会、文化和科技的发展，充分实现教育的主体功能，由此提出"教育主体功能区"这一概念。一般而言，教育主体功能区是一个自我更新、自我发展的生态系统，包括观念系统、价值系统、动力系统、实践系统和制度系统，具有较强的文化力、变革力和领导力。各区域以追求区域性空间整体效益最大化为目标，通过形成全局性、关键性、长远性的谋划与决策，实现教育的现代化。基础教育区域性发展的使命就是认识区域自身的条件、水平和特点，并在此基础上实现区域教育的主体功能，依照区域功能定位调整区域内教育结构，整合区域资源，形成区域性教育优质、均衡、协调发展的基本形态，促进基础教育"内涵发展、均衡发展、特色发展、生态发展"。

教育决策是指为实现预定的教育目标，采取科学的理论和方法，从多种预选方案中选择一个最佳行动方案或就一种方案所做出的决定。这种对重大教育问题的决定，可以体现为一次决定、一项措施、一个规章或一份条例，也可以通过立法机构上升为法律、法规。由此可见，教育决策是一个系统的、动态的过程，是一个择优的过程，具有明确的目标指向。

一般来说，区县级教育决策要素主要包括教育理念、教育结构、教育质量、教育制度和教育资源等方面的统筹协调，决策往往通过工作计划、实施意见、若干规定、通知办法等形式体现出来，决策的内容往往具有以下特点。一是基层性。从国家政权体系来看，区县处于基层地位，它的公共决策主要针对基层事务和基层群众，与基层师生、家长的日常生活密切相关。二是执行性。区县级相当多的决策事务属于为贯彻落实中央和上级政策而进行的再决策。结合本地实际情况，提出具体的执行措施是重要的决策内容。三是直接性。区县级直接管理区域内教育问题，经过科学、民主的方式制定出来的政策将直接解决实际问题，改善办学条件，提高办学水平。相反，如果决策失误，将对区域内公众的利益造成直接损害。四是具体性。区县级决策往往是针对基层社会生活中某一项具体问题而提出的。同时，由于决策将直接作用于政策客体，必须对决策执行的措施、方法、手段等做出明确具体的规定。具体体现在越城区的教育决策要素有三个。一是教育发展理念。《教育规划纲要》指出，"尊重教育规律和学生身心发展规律，为每个学生提供适合的教育"。从这个意义上讲，从"选择适合教育的学生"到"选择适合学生的教育"，这是现代教育理念的一大转变。体现在越城教育上，就是均衡发展、优质发展、差异发展、持续发展，办好有思想力的学校。二是教育发展结构。做强学前教育、做精义务教育、做透社区教育。三是教育发展策略。城区提升、周边发展，资源整合、扩强提弱，城乡互动、优质均衡。

当然，不同区域发展的阶段不同，发展面临的问题不同，发展的模式也不同。越城区根据自身的政治、经济、文化等发展状况，基于"居宜业示范区、城乡一体先行区、城市管理精品区"的越城发展的功能定位，以"学在越城"为愿景，旨在打造"均衡、优质、个性、多元"的教育发展新格局。

（一）基础教育主体功能区建设的社会条件分析

1. 经济发展格局

越城区作为绍兴市的中心城区，其区位优势为发展城市经济、集聚人气财气提供了十分便利的条件，这是外强吸引力、内增凝聚力的重要保障。越城区的资源优势是享有现成的城市基础设施和丰富的金融、人才、信息、教育等要素资源，这是加快推进经济转型升级步伐的重要依托。

认真分析未来全区面临的发展形势，结合省委提出的"富民强省、社会和谐"总体要求，按照市委、市政府建设"三市"目标以及对越城区工作的定位和要求，未来全区经济社会发展的总体目标是，在全市率先建成更高水平的小康社会，并成为全市宜居宜业示范区、城乡一体先行区、城市管理精品区。区域调整后越城区的经济转型发展稳中有进，区委、区政府基于"稳定发展、强化管理、巩固拓展、融合提升"的基本理念以及"南北抓开发建设，中间强城市管理"的发展定位，纵深推进"三区"建设，全区经济结构进一步优化，三产服务业比重继续加大，地区生产总值稳步增长，城乡居民收入水平继续提升，民生事业得到持续改善，全区经济平稳增长，社会稳健发展。与此同时，经济发展进入新常态，部分经济指标增速放缓，甚至出现负增长，主要表现如下。

（1）主要指标实现增长，经济运行保持平稳

一是经济总量稳中有升。2014年，全区实现生产总值323.04亿元，同比增长6.2%，其中第一产业增加值3.72亿元，同比下降0.1%；第二产业增加值74.35亿元，同比增长4%；第三产业增加值244.97亿元，同

比增长 7.1%。

二是有效投资稳步增长。2014 年，全区完成固定资产投资 176.26 亿元，同比增长 12.4%。其中农业投入 800 万元，工业投入 3 亿元，三产（含房地产）投入 173.18 亿元。

三是消费市场保持稳定。2014 年，全区实现社会消费品零售总额 201.84 亿元，同比增长 12.1%，限额以上消费品零售总额和各类专业市场成交额保持较快增长。

四是外贸出口增势趋缓。扭转年初纺织品、高新技术产品等主要商品的出口下降态势，全年实现外贸出口额增长 3.1%，其中纺织品和机电产品出口对全区出口增长贡献率达到 80.2%。

五是收入水平持续增长。2014 年，全区实现公共财政预算收入 24.78 亿元，同比增长 15.1%。城镇和农村常住居民人均可支配收入分别达到 40927 元和 23989 元，同比分别增长 8.8% 和 10.3%。

（2）结构调整稳步推进，转型升级步伐加快

一是规划引领不断加强。先后编制《越城区鉴湖南闲健康休闲养生中心产业规划》《越城现代商贸产业园概念性规划》《越城区电子商务产业发展规划》和《镜湖新区新三年建设计划》等规划，对行政区划调整后全区的经济社会发展格局进行分析与研究，明确今后工作的方向和重点。

二是新兴产业发展较快。积极鼓励引导信息技术、装备机械、生命健康等产业发展，2014 年实现战略性新兴产业产值 21.07 亿元，占规模以上工业总产值比重的 22.2%。技术改造和存量挖潜并重，全年技改投入 1.33 亿元，占当年工业投资的 44.3%。引导劳动密集型企业提升自动化程度，帮助耀锋科技、南池印染等 8 家企业开展"机器换人"技术改造项目。

三是项目投入成效显著。全区 89 个项目列入市级各类重点投资项目计划，2014 年度完成投资 82.18 亿元，完成年度目标的 99.3%；47 个政府投资项目完成投资 32.08 亿元，完成年度目标的 100%；27 个重大服务业项目完成投资 39.72 亿元，完成年度目标的 101.5%；越商回归、省外项目回归和资本回归到位资金共计 12.66 亿元，完成全年总目标任务的 105.5%。群贤路改造、横桥凤凰山拆迁安置、金帝·银泰城、亭山小学等一批重点项目顺利完工。

四是创新驱动逐渐发力。越城区全面实施创新驱动发展战略，围绕

"八倍增，两提高"任务目标，着力加强企业创新能力建设，拓展科技集聚孵化平台，区科技创业产业园引进中国商标专利事务所等科技企业 12 家。全区申请专利 2091 件，授权专利 1576 件，其中发明专利 225 件。

2. 城市发展格局

为更好地发挥越城区行政区域内各功能区的优势，充分释放调整部分行政区划的积极效应，促进越城区和市直各开发区的发展，2013 年绍兴市委、绍兴市人民政府下发了《关于调整越城区行政区域内各功能区管理体制的通知》，明确越城区区域调整的总体要求是：以科学发展观为统领，按照"精简、统一、效能"要求，强化特色优势，优化组织结构，创新管理体制，加快建立适应"一市多区"、调动多种积极性、符合绍兴大城市建设的发展格局。区域调整的目的一是提高效率，改变市区功能区"低、小、散、多"状况，进一步下放行政管理权限，提高办事效率，不断提升区域发展活力。二是发挥优势，立足产业和功能布局，赋予越城区更多的城市社会管理权限，进一步拓展国家级高新区、开发区发展空间，最大限度发挥各功能区优势。三是统筹推进，强化产城融合理念，促进产业提升发展与城市建设管理同步推进，在优化各功能区空间结构的同时，统筹相关体制机制的配套改革。

根据城市总体规划和大城市发展需要，将镜湖新区并入越城区，东湖镇、皋埠镇、陶堰镇、富盛镇由绍兴高新技术产业开发区托管，孙端镇由袍江经济技术开发区托管。调整部分行政区划后，越城区行政区域由越城区（塔山街道、蕺山街道、府山街道、北海街道、城南街道、东浦镇、鉴湖镇、灵芝镇）、绍兴高新技术产业开发区（稽山街道、迪荡街道、东湖镇、皋埠镇、陶堰镇、富盛镇）和袍江经济技术开发区（斗门镇、马山镇、孙端镇）组成。新形成的越城区城市格局目前包括了原先的越城区、镜湖新区、袍江新区和高新区（见图 3 – 1）。

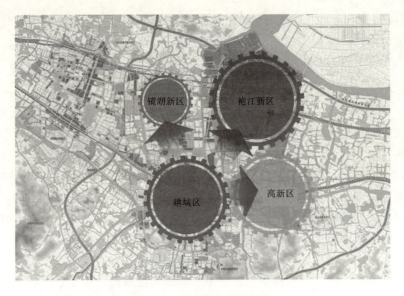

图 3 - 1　越城区城市格局

区域调整以后，区委、区政府积极主动推进越城区、镜湖新区快速融合，构筑"一主两片"格局，优化区域空间结构。按照主城区（市区二环线以内区域）、东部片区（皋埠镇和东湖镇区块）、南部片区（鉴湖镇和城南街道部分区块）的空间布局，调整和完善空间开发结构，形成结构合理、功能明确、优势互补的空间发展格局。

3. 社会发展格局

按照"结构合理、发展均衡、网络健全、运行有效、惠及全民"的原则，以政府为主导，鼓励全社会积极参与，"十二五"期间，越城区社会事业也得到快速发展（表 3 - 1）。

表 3 - 1　越城区 2015 年国民经济和社会发展主要指标完成情况

指标名称	目　标	全年完成		
		实绩	增速	统计口径
地区生产总值（亿元）	增长 6%	336.78	5.6%	在地
第三产业增加值占地区生产总值比重（%）	达到 75%	78.5	提高 2.7 个百分点	在地

续表

指标名称	目　标	全年完成		
		实绩	增速	统计口径
公共财政预算收入（亿元）	增长6%	21.96	−12.3%	实际管辖
固定资产投资（亿元）	增长6%	132.85	−24.6%	在地
外贸出口总额（亿美元）	增长6%	19.12	−9.9%	实际管辖
社会消费品零售总额（亿元）	增长10%	211.87	5.0%	在地
城镇常住居民人均 可支配收入（元）	增长8%	44202	8.0%	行政区域
农村常住居民人均 可支配收入（元）	增长9%	26076	8.7%	行政区域
城镇登记失业率（%）	控制在3.2%以内	—	2.6%	实际管辖
人口自然增长率（‰）	控制在2.2‰以内	—	2.31‰	实际管辖

（1）综合实力明显增强，人民更加富裕。越城区大力发展城市经济，努力创造物质财富，让城乡居民共享改革发展的最新成果。产业结构进一步优化，以自主创新为依托的先进制造业格局基本形成，高新技术产业增加值占工业增加值的比重达到25%。经济转型升级取得明显突破，服务业占地区生产总值的比重年均提高1个百分点，三次产业比重调整为1.5∶26.5∶72左右。地方财政收入年均增长10%，全社会固定资产投资年均增长10%，外贸进出口总额年均增长8%，社会消费品零售总额年均增长15%，城镇居民人均可支配收入和农村居民人均纯收入分别保持8%和8.7%以上的增长速度。

（2）城乡一体深入推进，共融更加明显。越城区积极创新统筹城乡协调发展体制，推动公共资源城乡均衡配置和生产要素城乡自由流动。城乡一体、布局均衡的交通路网、社区服务、环卫管理、教育卫生、文化体育等公共服务体系基本建成，农村公共服务和社会管理水平明显提升。新型农村合作医疗保险参保率达到98%以上；人均期望寿命达到78.5岁，人口自然增长率控制在1.8‰以内。积极稳妥推进城中村改造二期14个组团的安置房工程，农民危房和住房困难问题基本解决，城乡居民收入差距控制在1.85倍以内，低收入农户生活得到保障，城市化水平达到80%。

（3）人居环境不断优化，生态更加优美。越城区高度重视生态文明建设，大力推进资源节约型、环境友好型社会建设。节能减排工作得到加强，环保基础设施建设日臻完善，初步形成低碳产业、绿色产业和循环经济规模。城乡生态环境明显改善，城区空气质量达到二级标准的天数达到325天/年，水环境质量达到四类以上标准，农村生活污水无害化处理率达到70%以上，鼓励引导印染企业逐步搬离主城区和古运河沿岸，污水排放达标率大于90%。资源利用效率显著提高，主要能耗指标、污染物排放总量逐年下降。

（4）建设管理日趋规范，社会更加和谐。社会建设不断强化，社会管理创新创特，民主法制更加健全，公平正义、和谐共融的社会基础进一步夯实。精神文明建设得到加强，市民文明素质进一步提升。新型社会救助、优抚、福利体系逐步健全，基本民生进一步保障。城镇登记失业率控制在4%以内。利益协调、矛盾调节机制不断完善，社会治安防控体系进一步严密。公共安全全面加强，人民群众的安全感进一步增强，亿元生产总值安全事故死亡率控制在0.13%以内。

（二）基础教育主体功能区建设的发展理念与目标

1. 核心发展理念："学在越城，品质教育"

"学在越城，品质教育"是以"有其学、优其学、乐其学、终身学"为主旨的区域教育品牌，一个"学"字把办学的专业地位凸显出来了，一个"在"字把教育的发展责任落实下来了，不仅具有主题鲜明、层次清晰、逻辑严密的特征，而且还具有普遍的实践意义和惠民的典范意义。

回眸全区教育改革和发展的主题，从2005年"打造学校核心竞争力"到2006年的"提升学校执行力"，从2007年"文化·个性·品牌"到2008年的"教育创新与办学个性"，从2009年的"办人民满意的教育"到2010年的"构建适合学生个性发展的教育"，从2011年的"引领教师专业成长"到2012年的"坚持教育理想"，从2013年的"追逐教育梦想"到2014年的"深化学校内涵发展"等，可以清晰地看到越城区在推进区域教育改革的进程中坚实而又执着的足迹。

现阶段的"学在越城，品质教育"可以展开为以下四种解读方式。"有其学"，即让每一个适龄儿童"有书读"。党的十七大以来，教育已成为社会民生的第一要素，教育公平是社会公平的重要基础。"学在越城"的第一标志，就是确保义务教育巩固率、户籍地学生入学率达到100%，符合条件的流动人口子女义务教育入学率达到100%。"优其学"，即让每一个在校学生"读好书"。绍兴是经济发达地区，解决好"群众对优质教育资源需求的不断增长与优质资源供给依然不足的矛盾"是教育发展的重任。"学在越城"的另一个重要标志，就是要全力拓展城区优质教育资源辐射半径，有效提升城郊学校办学水平，让优质教育资源覆盖全区。"乐其学"，即让每一个学生"爱读书"。教育的发展与其他社会事业一样，有其特定的规律。谋求学生乐其学，就要尊重学生身心发展的规律，尊重外因通过内因起作用的规律等。"学在越城"又有一个重要标志，就是聚焦办学内涵，坚定不移地推进教学方式和学习方式的转变。"终身学"，即让每一个走出校门的学生"常读书"。绍兴是名士之乡，耕读传家的思想一以贯之，但成功的教育岂止是一张高一级学校的录取通知书？"学在越城"还有一个不可缺少的隐性标志，就是对学生一生的发展负责。

如果说撤并学校网点、集聚办学规模、配足教学装备等，以适当的速度和效益、合理的布局与结构推进教育改革，是在实现"有其学、优其学"的目标，那么，转变教育观念、改进教学方式、重建管理制度等，以创新的思维和务实的行动促进每一位学生健康、能动、全面地成长，则是在实现"乐其学、终身学"的目标。当然，这两个阶段并不是独立存在的，而是相互影响、相互作用和相互提升的，在全面建设"有其学、优其学"阶段，也有"乐其学、终身学"的建设元素，而在"乐其学、终身学"建设的同时，也不能间断对"有其学、优其学"的建设。

2. 发展目标定位：构建基础教育主体功能区

在新的发展时期，越城区教育以邓小平理论、"三个代表"重要思想、科学发展观、习近平总书记系列重要讲话精神为指导，以"认真贯彻党的教育方针，努力办好人民满意的教育"为目标，积极践行"为了每一个学生的终身发展"的核心理念，以教育文化创新为主线，以教育核心竞争力建设为追求，以"促进公平、追求卓越、推动创新、服务发展"为工作方针，夯实基础，丰富教育内涵；突出重点，促进均衡发展；着力构建具有越城特色的现代教育体系，不断提升"学在越城"教育品质，推进基础教育优质均衡发展，率先实现基础教育现代化，为促进越城经济社会发展，推进"两美"越城建设做出新的、更大的贡献。

　　"十三五"时期，越城区的发展目标是：到 2020 年，区域教育均衡化、公平化、优质化、国际化、信息化水平持续提升，进一步提升以"有其学、优其学、乐其学、终身学"为主旨的"学在越城"教育品质，做强学前教育、做精义务教育、做透社区教育，推进优质均衡先进区、素质教育示范区、教育创新实践区、名优教师高产区建设，打造高水平教育现代化强区，建设基础教育主体功能区。具体指标见表 3－2。

表 3－2　越城区"十三五"教育事业发展主要目标（2016—2020 年）

指标项目	2016 年	2020 年
学前教育		
3~5 岁幼儿入园率	100%	100%
公办和普惠性民办园占比	78%	80%
等级幼儿园在园幼儿占比	97%	98%
标准化幼儿园比例	82%	85%
教师持证率	97%	98%
中小学教育		
市级及以上示范学校、特色学校就读学生占比	85%	90%
初中毕业升入高中段比例	98.6%	99.5%
社区教育		
社区居民年培训率	50%	60%
青少年参加社区活动率	70%	80%
学习型党政机关创建率	80%	90%
学习型社区创建率	70%	80%
教育信息化		
中小学计算机生机比	5.5：1	5：1
已建校园网的学校比例	100%	100%
千兆接入教育计算机网学校比例	100%	100%

续表

指标项目	2016 年	2020 年
浙江教育资源公共服务平台教师空间开通率	95%	98%
中小学班级多媒体普及率	1∶1	1∶1
建有图书馆学校的比例	100%	100%
理科教学仪器达标学校比例	95%	98%
生均图书（册）	38	40
教师队伍建设		
中学教师学历本科及以上比例	98%	99%
小学教师学历专科及以上比例	98.5%	99%
幼儿园教师学历专科及以上比例	95%	96%

注：本表以越城区常住人口数为测算依据。

（1）大力普及高标准的学前教育。完善和落实学前教育经费投入机制，增加财政投入，增强监督保障，完善相应的考核奖励机制，将学前教育建设、管理纳入到对镇街的年度目标责任制考核之中。通过"名园＋新园（普通园）"和"强强联盟、协作办园"等办园机制，加大集团化办学和优质园办分园力度，合理拓展公办优质资源。引导和督促各级各类幼儿园制订发展规划，加快达标升等步伐。完善区级特色幼托园所评估标准与实施方案，加快优质幼托园所的品牌建设，引导区属以及民办骨干幼托园所向高标准发展。强化农村学前教育管理，办好新创办的镇中心幼儿园分园，调整完善学前教育共建管理发展合作圈，健全长效运行机制。加大优质资源向农村园、民办园辐射力度，实施城乡、公民办合作助教项目，开展名优教师"结对子"和城乡园长互派制度，开展骨干教师送教下乡、送教进民办园活动。

（2）实现更高水平的中小学教育。提供更全面的优质教育。教师整体素质明显增强，优质教育资源总量不断扩大。人才培养模式更趋多样，教育内容、方法、手段不断创新，课堂教学、实践教学质量全面提高。学生的思想道德素质、科学文化素质和健康素质明显提高。实现基本公共教育服务均等化，城乡、区域差距不断缩小。完善教育资助制度，不让一个孩子因贫困失学和辍学，外来务工人员子女、残疾人等受教育权利和机会得到更加全面的保障。到2020年，全区在市级以上示范学校、特色学校就读学生占中小学生数的90%，初中升高中率达到99.5%。

（3）打造覆盖全员的终身教育。以构建终身教育体系和全民学习服务体系为支撑，以乡镇成人文化技术学校与街道社区学校建设为阵地，努力形成人人皆学、处处可学、时时能学的学习型城区。到2020年，使全区社区居民年培训率达到60%以上，全区青少年参加社区活动率达到80%以上。全面推动学习型组织建设，使全区学习型党政机关创建率达到90%以上，学习型社区创建率达到80%以上。进一步完善资源共享机制，打造一批具有示范作用的资源共建共享项目品牌。

（4）构建体系完善的特殊教育。注重潜能开发和缺陷补偿，提高残疾学生的综合素质。完善特殊教育体系，加强特殊学校建设，实现康复与教育、知识与技能的一体化建设，逐步实现学前教育、义务教育、职业教育全方位延伸。鼓励和支持各级各类学校接受残疾人入学，不断完善随班就读、重度残障儿童少年送教上门的支持保障体系，拓展随班就读、送教上门形式，实现居民特殊教育的"零拒绝"。积极开展面向学前教育的早期干预，为残疾幼儿及其家长提供更好的教育服务。

（5）建设素质优良的师资队伍。促进基础教育师资队伍整体素质全面提升。继续深入实施"本土教育家奠基工程"，着力培养教育家型名教师、名校长。大力推进"农村名优教师培养工程"，着力提高农村教师的教育教学能力。构建高校教育科研机构、区教师进修学校、教师任职学校三位一体、紧密合作的全员培训体系。建设优质课程资源平台，提高教师培训的针对性、实效性和开放性。高质量实施基础教育教师、校长全员培训。建立省外教师培训基地，选派优秀教师赴省外培训。到2020年，三年为一周期的区域性骨干教师、普通教师交流总人数保持在教师总数的15%以上。

3. 具体发展目标：基础教育主体功能区的主要内涵

（1）围绕"优质均衡先进区"建设，促进发展基础均衡提升

加快现代学校建设。继续推进"东进、西延、南优、北拓、中兴"学校建设计划，2015年顺利推进总投资约5亿元的17个建设项目，其中7个项目已完工投用，10个项目正在顺利推进当中。投入759万元新建录播教室2个、实验室32个、音美专用教室79个，新增教学多媒体110套。完成省补课桌椅配备项目计划，更新课桌椅8500套。目前，省义务

教育标准化学校创建率达95.1％，省等级幼儿园达92.75％，市标准化幼儿园创建率达81.9％，继续保持省、市领先地位。"十三五"期间，越城区将根据《绍兴中心城市越城、袍江、镜湖及周边区域学校布局专项规划（2008—2020年）》的要求和越城教育的发展需求，按照"突出重点、优化结构、完善配套、分步实施"的原则，全力实施"东进、西延、南优、北拓、中兴"为主要内容的新一轮《越城区中小学校（幼儿园）2016—2020年建设行动计划》，新建中小学9所，扩建6所；新建幼儿园22所，改建3所，加快基础教育学校标准化建设。

加快优质资源拓展。深化优质教育品牌辐射行动计划，实施幼小优质教育资源拓展工程和初中学校提质工程，扩大优质资源受益面。全区在市级以上示范学校、特色学校就读学生占中小学生数的85％，其中接受名校优质教育资源的学生占中小学生总数的60％，省等级幼儿园在园幼儿数占总在园数的95％。市农村完小教学规范达标学校创建率达100％。绍兴市教育优质均衡示范乡镇创建率达60％。"十三五"期间将进一步实施优质资源扩面工程，深化"名校＋新校"或普通校、名校委托管理等形式，充分借助名校先进的办学理念和管理经验，发挥名校的孵化孕育功能，实施优质教育资源辐射行动计划。

"东进"：一是成立塔小教育集团，全力打造稽山小学（塔山中心小学城东校区）的教育品牌。二是有机整合皋埠镇小与原皋埠镇中的教育资源，深化"学部制"办学的试点。三是迪荡小学建成后，创办一所高起点的新优质学校。四是进一步办好越城区教研室附属学校（秀水小学）、少儿艺术学校和阳明小学，使之成为精品式的特色学校。

"西延"：一是进一步办好鲁迅小学教育集团城西校区（陆游小学），使之成为城西教育的窗口。二是青甸湖小学建成后，创办成名校教育集团青甸湖校区。三是进一步办好绍兴文理学院附属小学。

"南优"：一是巩固名校托管的成功经验，进一步提升树人小学南校区、鉴湖镇坡塘小学等"后托管"时期的办学水平。二是进一步培育树人小学教育品牌，适时增挂"实验小学"的第二校名，借势借力，提升树人小学"一校三区"的办学品质。

"北拓"：一是加快名校集团化办学步伐，进一步办好北海小学教育集团龙洲校区、镜湖小学城北校区（嘉会校区）、镜湖小学灵芝校区、柯灵小学斗门校区、袍江小学马山校区。二是大滩小学建成后，实施名校集团化（或名校托管）办学模式。三是适时选择镜湖小学作为市区名校的一个校区，进行"名校集团化办学模式"的实践与探索，并有机调整灵芝镇区域内相关学校的管理体制。四是办好一批以群贤小学、群英小学为代表的高质量的外来流动人口定点学校。

"中兴"：一是进一步办好鲁迅小学和畅堂校区、塔山中心小学成章校区、蕺山中心小学行知校区。二是结合"新优质学校推进项目"，在市区完小中创办一批新兴优质学校。三是加强特殊教育，进一步办好育才小学。

完善终身教育体系。实施创新发展计划，推进数字化学习平台建设试点工作，全区形成了以1所区社区教育学院、8所镇街社区教育中心（分院）、77所社区（村）级社区教育学校（教学点）为骨干，以镇街、社区（村）基层党校、法制学校、人口学校等为补充的"纵向到底，横向到边"的立体化教育网络。由全国社区教育实验区成功升格为全国社区教育示范区。"十三五"期间将进一步打造覆盖全员的终身教育。

（2）围绕"素质教育示范区"建设，促进优质教育质量提升

加强德育工作。构建"团、队、政教担纲，年级班级为网"的德育管理体系，社会主义核心价值观主题教育成效显著。在全国首创红领巾博物馆和红领巾百个社团博览馆，成功举办首届全国红领巾场馆建设经验交流现场会。组织学生参加社区（社会）实践和学工等活动，开辟校外德育基地，其中"学校放假、社区开学"的教育模式被中央文明委誉为越城模式。近几年全国文明城市创建验收组对未成年人思想道德建设的有关指标测评，越城区每年均获较高评分，同时为2014年绍兴市荣获全国未成年人思想道德建设先进城市做出了应有的努力。

促进素质提升。全区获全国、省、市级特色学校占中小学校总数的60%，区级特色学校实现100%全覆盖。年均10万多人次参与具有越城教育特色的信息技术、书画、合唱、经典诵读、阳光体育、校园足球、国际象棋教育等区域性教育特色项目活动，年均获得市级以上各类奖项200余项，涌现出一批省、国家、世界级国际象棋冠军和一批全国群星奖校园文化作品及吉尼斯世界纪录，少儿合唱团荣获世界合唱比赛金奖。关注个性发展，创新选择性教育机制，在全省率先推出"校内教育超市"，满足学生个性化发展需求。目前设有课程超市的中小学校达到37所，总课程数为906门，学生参与率达100%。建立中小幼衔接机制，实施"中小学绿

色接力行动计划"，推行小学一年级学习准备期制度，提供中小幼衔接时空。

加强课程（题）研究。深化教科研工作，做优国家课程、做实地方课程、做亮校本课程，构建具有本区域、本校特色的课程体系，整体提高教育质量和教学效率，一大批教科研成果在全国、省、市获奖。其中，稽山小学校本教材《我们与水》得到省委书记夏宝龙、原市委书记钱建民的高度肯定，批示予以推广，《青年时报》等媒体予以报道；以鲁迅小学为代表的越城区数字课程被省教育厅推荐参加由教育部与联合国教科文组织举办的"国际教育信息化大会"，得到教育部副部长杜占元、浙江省教育厅厅长刘希平等领导以及国内外诸多教育界同行的盛赞。2015年，区教体局被省教育厅评为浙江省重视教科研先进单位。

（3）围绕"教育创新实践区"建设，显著提升改革成效

做好区域教育融合发展工作。做好原绍兴县孙端、陶堰、富盛三镇教育体制划转越城区的相关工作，着力解决三镇各校在教育科研、教师继续教育、信息技术、校园安全、财务基建、学前教育管理体制等方面的无缝对接、融合发展问题，实现平稳有序划转，促进区域教育优质融合发展。

做好区域教师资源优化工作。制定《关于义务教育学校教师校长交流工作实施办法》，加大交流力度，优化师资配置。目前全区参与交流教师人数为505人，占总教师人数的15%，其中参与交流的骨干教师已占全区应交流骨干教师总数的26%。

做好教育创新改革探索工作。加强"教育超市"平台建设，办好课程超市、实施走班教学、完善"作业套餐"设计，多角度开放校园教育空间，鼓励学校尝试"校内留学"试点，给学生更多的选择权，并组织督学进行专项督导。完善名校办学机制，修订《越城区义务教育阶段学校名校委托管理、合作办学等考核指标》和《越城区幼儿园合作办学考核评价指标》，加强专项考核，优化优质教育资源拓展的有效路径，目前在家门口接受优质教育的学生数已占85%。实施《学校内涵发展三年规划》，指导学校确定65个内涵发展"引领项目"。以培新小学等为试点学校，尝试学校和社区和谐共建理事会制度，加快义务教育学校向社区开放教育资源的步伐，吸纳社会教育资源参与学校教育。加强教育质量综合评价制度改革，建立以学生学习状况、学生综合素质、学生体质健康水平、学生成长环境为主要测评指标的综合评价机制。大力发展民办教育，引进高品质幼教品牌，与新加坡伊顿教育集团成功签订合作意向书。

（4）围绕"名优教师高产区"建设，促进队伍素质整体提升

加强师德师风建设。通过勤查访、树先进、严考核、建制度等形式，多管齐下提升师德水平，营造风清气正的良好发展环境。开展师德建设年和"正风肃纪校园行"活动，将每年9月定为"师德建设月"。在加强考核的同时，达成共识，向全体教师发出《越城教师公约》的倡议。多年来，越城区涌现出了全国模范教师钱燕群等一大批师德先进教师。

加强人事制度管理。出台《越城区教育体育局关于加强区属学校中层干部管理的意见（试行）》，为建设一支精简高效的学校中层干部队伍提供保障。完成中小学教师资格定期注册试点工作，注册人数3470人，做到了应注册全注册。

加强教师梯级培训。与浙江大学、绍兴文理学院等高校实行教师教育战略合作，开展新教师上岗、全员教师提升和骨干教师"成名"培训，促进教师专业能力持续提升。启动"本土教育家行动计划"，实施学科新秀、"三名"（名师、名班主任、名校长）工作室奠基和卓越教师引擎工程。

（三）越城区基础教育主体功能区的基本架构

1. 教育主体功能区建设的条件分析

2013年，绍兴市部分行政区划实施调整，撤销绍兴县和上虞市，设立柯桥区和上虞区。绍兴市下辖"三区两市一县"，形成了"一市多区"的大城市建设发展格局。城市形态是由主城片、上虞片、滨海片三个主体片区和若干个基本组团形成的多元复合结构。越城区是核心城区，是政治中心、文化中心和科教中心，也是国家历史文化名城核心区、水城特色风貌区。镜湖新区是行政中心和公共服务中心，是生态示范新区和现代水城核心区。坚持"城市绿心"不动摇，镜湖新区要保持水乡泽国和湿地景观。高新区是国家级高新技术产业开发区，是富有魅力的高端宜居生活区和竞争力强的科技智慧园区。袍江是国家级经济技术开发区，是产业转型、环境优化、功能完善的生产性服务新城。

越城区教育管理范畴也做了相应调整，行政管辖事权有5个街道、3个镇，而教育管理事权为17个镇街（含绍兴高新技术产业开发区、袍江经济技术开发区的镇街）的所有小学、幼儿园和乡镇初中，与市教育局和兄弟县（市）教育局相比，主要缺少普通高中、职业高中的教育管理，

高校招生及自学考试工作等方面的职能。全区现有中小学 70 所，其中小学 52 所，初中 18 所（市直 9 所），另有特殊教育学校 1 所，幼儿园 138 所，成人学校 10 所。在校学生 111828 人，其中在园幼儿 30622 人、小学生 55293 人、初中生 25805 人，特殊学校学生 108 人。在职在编教师 4908 人，其中幼儿教师 301 人，小学教师 2662 人，初中教师 1927 人，特殊教育教师 18 人。

进入 21 世纪以来，越城区全面落实教育优先发展战略，对推进本区教育现代化的发展方向做了充分研判，形成了三点共识：一是教育现代化是一个新的系统，需要创新突破，构建体系；二是推进教育现代化是一个综合工程，需要区域整合，整体推进；三是实现教育现代化是一个发展过程，需要突出重点，分步实施。在此基础上，越城区参与了由北京师范大学裴娣娜教授主持的国家社会科学基金教育学重大（点）课题"我国基础教育未来发展新特征研究"，在专家的热情指导下，按照"城区提升、周边发展，资源整合、扩强提弱，城乡互动、优质均衡"的发展思路，通过创新区域性教育机制、强化区域统筹力度等举措，着力推进我区教育优质均衡发展，进一步打响以"有其学、优其学、乐其学、终身学"为主旨的"学在越城"的教育品牌，先后成功创建为浙江省教育强区、全国社区教育实验区、绍兴市首批特色教育先进区、学前教育先进区、全国首批义务教育发展基本均衡区、全国社区教育示范区。省级教育强镇和绍兴市"教育基本现代化乡镇"创建率均达 100%。小学、初中入学率及巩固率均为 100%，初中毕业生升入高中段比例达 98.96%，7～15 周岁残疾儿童少年入学率达 99%，多项指标居于省市前列。越城先后有八篇教育发展经验介绍文章在省政府办公厅的《专报信息》上刊出，其中，《越城区多措并举推进区域教育优质均衡发展的主要做法》和《越城区"扶持、规范、统筹"助推民办幼儿园发展》分别得到时任副省长盛昌黎和副省长郑继伟的亲笔批示，要求经验在全省推广。自 2008 年省教育厅、市教育局开展对县（市、区）教育科学和谐发展业绩考核以来，越城区教体局共计 6 次荣获省级优秀，连续 7 年荣获市级优秀。

2. 教育主体功能区的结构模型建构

优质教育资源具有区域的归属性、流动的方向性和管理的层次性等特点。越城区实施的"城区提升、周边发展，资源整合、扩强提弱，城乡互动、优质均衡"的策略，是基于三个方面的考虑。一是强化政府责任。积极实施"以县为主"的管理体制，把越城、镜湖、袍江和高新区的教育作为一个区域，整体规划，统一标准，加大投入，调整结构，以"集聚、集约"的方式推进教育资源的优化重组。二是强化机制创新。积极实施"基础教育优质均衡发展计划"，通过初中学校发展工程、小学优质资源扩面工程、镇域教育共同体建设工程、名师名校长工程、教师校长交流工程等，以"统筹、统盘"的方式激活教育智慧的柔性流动。三是强化个性发展。积极实施"学校主题文化建设实践研究"课题，按照"理论基础、实践架构、创意设计、课堂意蕴、智慧感悟"的架构，鼓励学校办出特质，办出水平，以"创优、创特"的方式加强教育内涵的拓展提升。由此形成的"一体带三区"或称"一核三带"波浪、联动、异步、循环发展机制，不仅是基于优质教育资源跨区域辐射的一种有效探索，迅速提升一批学校的办学品质，更是看得见、摸得着的惠民行动。

区域教育主体功能区的结构模型需要有一个可操作的范式来支撑。越城的教育主体功能区操作范式由"JTC"，即"二集二统二创"的波浪、联动、异步、循环等几个环节组成（见图3－2）。

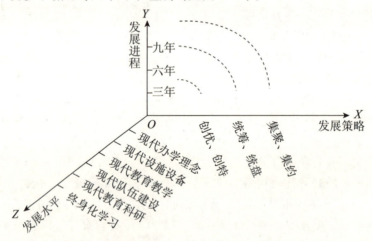

图3－2 "一体带三区"波浪、联动、异步、循环发展机制

O：原点，表示优质教育资源的核心区，也是教育部门统筹协调的起始点。

X轴：表示发展策略，教育干预机制随波涌动。

Y轴：表示发展进程，三年一个变化，六年一个台阶，九年一个品牌。

Z 轴：表示发展水平，根据教育现代化的要求，以学校为基础，从现代办学理念、现代设施设备、现代教育教学、现代队伍建设、现代教育科研和终身化学习六个方面出发，逐项分解，设定具体的、行为化的和可测定的既定性又定量的若干个项目，作为学校教育现代化评估的指标体系。

3. 教育主体功能区建设的推进机制

（1）以"集聚、集约"的方式推进教育资源的优化重组

一是基础设施建设工程。创新优质资源组合机制，发展名校教育集团、名校托管、名校联盟、优质教育品牌嫁接、新优质学校推进项目，名校（优质校）办分校、高等院校（教科研机构）合作办学等办学机制和发展模式，实施学前教育提升工程、小学优质教育资源拓展工程和初中学校发展工程，扩大优质资源受益面。

二是教育信息化提速工程。加快教育信息化基础设施建设、教育资源公共服务平台建设和信息技术应用能力提升工程建设，构筑教育信息化支撑体系。发挥网络在学习型组织建设中的功能，推动师生互动方式乃至教学观念的变化，为促进自主学习、优化教学流程、提升教育质量奠定基础，为实现教育现代提供技术支撑。

三是校长教师有序流动工程。创新机制，按照"相对稳定、统筹兼顾、遵循程序、合理流动、利益补偿、均衡发展"的基本原则，率先在全国实施教师流动"转会制"，使薄弱学校优质师资得到有效稳定。同时，按照"循序渐进和分类实施相结合、行政推动和政策激励相结合、配置调节和引领培养相结合"的原则，2012 年出台《越城区教育局关于义务教育学校教师流动工作实施意见（试行）》，2014 年完善出台《越城区义务教育学校教师校长交流工作实施办法（试行）》，规定城区学校教师到农村学校流动任教，以及城区和乡镇片区内流动的教师数每周期（或每年）达到每校教师总数的 5% ~8% 。截至目前，全区参与交流教师人数为 505人，占总教师人数的 15% ，其中参与交流的骨干教师已占全区应交流骨干教师总数的 26% ，同时向下延伸，启动《越城区幼儿教师交流制度试行意见》的起草调研工作。

（2）以"统筹、统盘"的方式激活教育智慧的柔性流动

坚持"立足全局、突出重点，远近结合、合理布局，统筹兼顾、有序推进，创新方式、多措并举"的原则，按照名校＋新校（普通学校）、名

园+新园（普通园）、高校（科研院所）+新校（普通学校）、科研院所+教改实验区、"名校联盟""名校托管"等办学模式，发挥名校的孵化孕育功能，实施"老城区+新区"四轮驱动的优质教育资源辐射行动计划。不同片区的具体推进模式在整体统筹的前提下，又基于其实际情况表现出不同的特征和做法。

镜湖新区实施"531+"行动计划，重点打造新的5所优质幼儿园、3所优质小学、1所优质初中、若干所民办学校。幼儿园学段一是创造条件，办好公办省一级幼儿园——绍兴市镜湖幼儿园金色滨江园区、东风艺术幼托中心金寨园区和山水名家园区、鲁迅幼儿园佳源广场园区；二是引入民间资金，创办北京大学附属实验学校幼儿园（绍兴镜湖园区）。小学学段一是进一步提升鲁迅小学教育集团陆游小学办学质量；二是由百年名校北海小学接管镜湖小学，高起点创办北海小学教育集团镜湖校区；三是争取2018年前建成并投用1所新的优质小学，届时采用名校集团化办学模式和著名高校（北京师范大学或华东师范大学）合作办学模式（双管齐下——既是名校的新校区，又是北京师范大学或华东师范大学的附属小学）。初中学段按照"名校+普通学校""高校+新校""名校联盟"等办学模式，努力打造新锡麟中学教育新品牌。民办教育实施高端民办教育引进计划，一是投资2.5亿元的高端民办学校——绍兴鉴桥国际学校的建设（幼儿园、小学、初中、高中十五年一贯制），确保2017年建成使用；二是引入民间资金，拟由上海曼海姆文化艺术发展有限公司投资5000万元，高起点创办北京大学附属实验学校幼儿园（绍兴镜湖园区），争取2017年建成使用。

高新区实施"331"行动计划。打造新的3所优质幼儿园、3所优质小学、1批（若干所）优质初中。幼儿园学段进一步办好省一级幼儿园——鹤池苑幼儿园秀水园区、鲁迅幼托中心世茂园区、鲁迅幼托中心迪荡御景华庭园区。小学学段一是进一步完善省级示范性小学——皋埠镇小，通过实施"一校二区、学部制"的办学模式，使更多的老百姓子女就近接受皋埠镇小的优质教育资源；二是由百年名校蕺山中心小学领衔高起点创办迪荡区域配套小学——蕺山小学迪荡校区（成章小学）或成章小学（蕺山小学迪荡校区）的办学平台，努力实现使更多的孩子能在家门口"上好学"的目标；三是创造条件，进一步办好以越城区教研室附小为代表的新一批优质项目学校。初中学段实施乡镇初中学校提质工程。一是深化东湖镇中、皋埠中学、陶堰镇中学（成章中学）、富盛镇中学等乡镇初中与杭州初中名校、绍兴文理学院外国语学院、绍兴市教育教学研究院合作办学机制；二是与市直建功教育集团、长城教育集团结成联盟学校，通过共建共享，提升办学品位；三是积极开展"勤练内功、外树形象"活动，提升办学内涵。

袍江新区实施"311＋"行动计划。打造新的3所优质幼儿园、1所优质小学、1批（若干所）优质初中＋袍江教育综合改革实验区。幼儿园学段一是进一步提升优质学前教育品牌；二是创造条件办好省一级幼儿园——鲁迅幼托中心江南名城园区。小学学段按照"一校三区、融合共享，总校（重心）南迁、优化结构，强强联手、名校托管"的办学模式，高起点创办新敬敷小学。初中学段实施乡镇初中学校提质工程。一是深化袍江中学、马山中学、孙端镇中与杭州初中名校、浙江师范大学等的合作办学机制；二是与一初教育集团、元培教育集团结成联盟学校，通过共建共享，提升办学品位。袍江教育综合改革实验区依托中国教育科学研究院教育综合改革实验区这一平台，借势借力，加强与中国教育科学研究院的紧密合作，使袍江区域内学前教育、义务教育等教育质量得到进一步提升。

老城区实施"431＋"行动计划，打造新的4所优质幼儿园、3所优质小学、1批（若干所）优质初中。幼儿园学段一是加强与高等院校的紧密合作；二是按照"名园＋新园"的办学模式，2016年秋季创办省一级幼儿园——元培幼儿园信达银郡园区；三是结合央企首创集团在城南投资开发的住宅小区，拟引进一所高品质配套幼儿园——宋庆龄基金会幼儿园；四是在浙化联地块周边合适地块（南首）规划建设一所配套幼儿园，届时采用"名园＋新园"模式，高起点办学。小学学段一是加强与绍兴文理学院的紧密合作，进一步办好绍兴文理学院附属小学，通过2～3年的努力，使之成为老城区新的优质教育品牌；二是按照"名校＋新校"的办学模式，由市区优质名校领衔，高起点创办好青甸湖配套学校；三是在浙化联地块周边合适地块（南首）规划建设一所配套小学，届时采用"名校＋新校"模式，高起点办学。初中学段是要打造鉴湖镇中教育新品牌。加快鉴湖镇中扩建工程建设，于2017年完成扩建工程。在与杭州初中名校合作办学的基础上，与长城教育集团结成联盟学校。

（3）以"创优、创特"的方式加强教育内涵的拓展提升

内涵发展是推进基础教育优质均衡的必然选择。众所周知，外延发展与内涵发展是基础教育均衡发展的两种不同方式、前者重在教育的外力，促进教育资源的均衡；后者重在教育的内力，促进教育质量的提高。随着基础教育资源均衡的逐步实现，基础教育均衡发展步入了质量提升的优质均衡阶段。实现学校的内涵发展，就是要通过学校教育教学的变革性实践，推动学校整体的转型升级，建设现代优质学校。就越城区而言，最具亮点的则是在教育机制创新引擎下的多元化办学（见图3－3），如果从学术的角度来审视，可以发现"集团化联盟、文化型嫁接、契约式托管和跨区域接对等模式"是其重要特征。

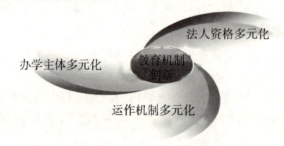

图3－3 教育机制创新的实践特征

①办学主体多元化（教育集团办学主体的多元）

一是以公办学校为单一主体的同一序列或不同序列的"名校＋新校"或"名校＋普校"等办学模式；二是以公办、国有民办、民办等多种不同性质混合体为主体的同一序列或不同序列的"名校＋民校""名校＋新校"等办学模式。2006年7月，越城区第一个教育集团——绍兴市鲁迅小学教育集团正式挂牌成立。2007年10月，越城区第二个教育集团——绍兴市北海小学教育集团正式挂牌成立。

②法人资格多元化（三种不同"法人资格"制度下的办学模式）

一是教育集团为唯一具有法人资格，下辖学校（校区）作为教育集团的教育分支机构，没有独立的法人资格（类似总公司与分公司的关系）；二是下辖学校（校区）为二级法人。如鲁迅小学教育集团和畅堂校区、鲁迅幼托中心；三是教育集团与下辖学校（校区）是一种混合型办学模式。教育集团与下辖学校（校区）既有按二级法人框架建构的，也有所辖学校（校区）只作为教育集团的教育分支机构，没有独立的法人资格。

③运作机制多元化

一是"紧密型"的集团化运作机制。按"多个校区、一套班子、六个统一、资源共享"的模式运作，如北海小学、胜利小学、龙洲双语实验小学。二是"名校托管"式的运作机制。相对薄弱的中小学校，通过签订契约的形式，由政府出资购买专业化的优质教育服务，委托给专业化的社会机构或优质教育品牌学校进行管理，如塔山中心小学托管鉴湖镇坡塘小学，鲁迅小学托管树人小学南校区和东浦镇中心小学南校区。三是"名校联盟"式的运行机制。按照"名校联盟、强强联手"的方式，实现借势合作、错位发展、合作谋双赢的目标，如少儿艺校（书画艺术特色）与塔山小学（民族文化特色）的合力打造，鲁迅小学（外语教育特色）柔性加盟，拓展少儿艺校世禾校区新品牌；两所名牌幼儿园东风幼儿园（艺术教育）和新风幼儿园（个性化服务）进行资源重组。四是"品牌嫁接型"的加盟式运作机制。按照"品牌加盟、独立运作"的模式，通过理念、流程和标准的输出，实现嫁接成功，如特级幼儿园东风幼儿园的清水分园。五是"跨区域架构"的结对式运作机制，如初中学校发展工程、农村完小提质工程及学前教育发展工程。

当然，这三波之间不是独立存在的，而是相互联系、相互作用、相互提升的。也就是说，在教育资源重组时，要考虑教育智慧的柔性流动，而在教育内涵的拓展时，也有教育资源的优化重组，从而不断地循环往复，修正完善。

四、越城区基础教育主体功能区建设的战略举措

在我国教育管理层级系统中，区县上承国家教育方针，下接教育教学一线实践，具有相对完整的教育政策设计权、教育资源配置权，是承上启下的关键性环节。如何因地制宜推动区域教育创新发展，满足人民群众不断增长的多样化教育需求，成为各区县面临的现实课题。2010年，在全面实现了绍兴市教育基本现代乡镇创建的"满堂红"之后，越城区委、区政府高瞻远瞩，审时度势，以打造义务教育优质均衡区为己任，做出了一系列功在教育、泽被社会的重大决策，在教育均衡发展、内涵发展、特色发展、生态发展的道路上，走出了一条富有"越城智慧"的区域教育现代化发展之路。

（一）构筑"一主两片"格局：优化区域空间结构，定位片区发展功能

1. 加强主城片区建设，着力提升核心城区品位

主城区主要包括绍兴市区二环线以内的区域。要以"倾力打造古城新形象"为总目标，彰显城区特色，提升城区品位。不断完善主城区居住功能。推进城市有机更新，对老住宅小区实施常态化改造，完善长效管理机制。加快城市基础设施建设，完善生活配套设施，改善居住条件，逐步解决在物业管理、社会治安、城市交通等方面存在的问题，提高城区宜居水平。深入推进城市精细化管理，加大市容环境整治和管理力度，提高城管综合执法水平，创建环境优美、生态良好的城市品牌。积极促进城市经济发展。通过实施"退二进三""腾笼换鸟"等举措，大力发展生产性服务业，全面推进产业功能转型。推动科技服务、金融商务、公共服务业等高端服务业的提升。加快绍兴家居商贸城建设，努力把家居商贸城打造成为以家私为特色，集购物、餐饮、休闲、娱乐、创意于一体的现代商贸综合体。大力弘扬古越文化，加大越文化遗产的搜寻和保护力度，做好古越文化的传承工作，全力打造高雅、文明、浓郁的文化氛围。

2. 加强东部片区建设，着力发展生产性服务业

东部片区主要包括皋埠镇和东湖镇区块。要以"倾力打造城市东大门"为总目标，加强东部片区建设。立足中心镇总体规划，大力推进皋埠中心镇建设和发展，突出抓好商贸居住核心区域地块开发建设，加快推进集镇基础设施建设，努力提升省级中心镇的形象和实力；依托铁路货运东站、绍诸高速接口建设等有利条件，大力发展生产性服务业，完善生态产业园的软硬环境，积极培育龙头骨干企业和高新技术企业，推进自主创新，争取把生态产业园区打造成为高新产业集聚区；以"大吼山"为依托，加大周边旅游资源的开发利用，提升吼山景区节会水平，打造乡村休闲旅游胜地。围绕打造生产性服务业集聚区和现代农业综合区目标，加快东湖镇开发建设。以杭甬运河绍兴中心港作业区和越兴路、袍中路等基础设施建设为契机，加快推进仓储、物流等现代服务业发展，发展运河经济，有序发展仓储业、城市物流业、服务业等配套产业。

3. 加强南部片区建设，着力发展生态休闲产业

南部片区主要包括整个鉴湖镇和城南街道部分区域。要以镇域控规和南部片区分区规划为指导，以"倾力打造城市后花园"为总目标，加强南部片区建设。积极配合省、市重点工程项目，做好拆迁征地工作，继续加快重点项目建设，大力推进镇域中心建设，提升南部片区品位。充分利用绍诸高速公路建设和解放路、中兴路南延带来的"南大门"区位优势，全力推进镇域中心交通路网等基础设施建设，配合抓好农民集聚区建设，大力推进集商住、休闲等功能于一体的房地产开发建设，突出抓好南闲物业大楼、养老服务中心、文体活动中心等一批公共服务设施以及商住项目建设，创造良好的发展氛围。加快"南闲"旅游资源开发，打造休闲旅游精品线路，积极发展休闲旅游经济。

（二）强化区域资源统筹：推进均衡发展，提升教育品质

如果教育均衡简单地等同于盖一样的教学楼，配一样的教学设备，那么推进义务教育均衡发展就是一个经济问题而不是教育问题。教育均衡必须体现教育的特质，采取符合教育规律的方式。越城区的教育均衡发展策略首先从消除义务教育城乡二元分割制度着手，强化资源统筹，实施学校网点布局科学规划机制和教育经费均衡分配机制，让每个孩子在人生起跑线上都拥有基本的公平。

1. 树立优先发展理念

区政府十分重视教育工作，把教育工作列入重要议事日程，确保教育的全局性、基础性及先导性地位。认真落实教育管理体制和义务教育投入保障机制，加大教育投入，依法落实保障教育经费，优先保证教育支出，确保专项教育资金按时足额拨付到位。2012—2014 年，越城生均预算内教育事业经费初中分别为 7839.78 元、7850.78 元、8113.40 元，小学分别为 6081.63 元、6088.63 元、6476.46 元，做到了生均预算内教育事业经费逐年增长；生均预算内公用经费初中分别为 782.18 元、788.49 元、865.92 元，小学分别为 593.91 元、600.67 元、661.63 元，做到了生均预算内公用经费逐年增长；预算内教育经费的增长比例和财政经常性收入增长比例分别为 11.84% 和 9.8% 、9.41% 和 8.97% 、26.5% 和 20.85% 。三

年中，预算内教育经费的增长比例均高于财政经常性收入增长比例；预算内教育经费占财政支出比例分别为45.34%、41.58%、52.11%，均超过省下达的比例；全社会教育投入增长比例和同期地区生产总值增长比例分别为11.63%和10.86%、12.99%和5.76%、22.2%和30.48%。三年中，全社会教育投入增长比例均高于同期地区生产总值增长比例。为落实国务院规定，2011年起从当年以招标、拍卖、挂牌或者协议方式出让国家土地使用权取得的土地出让收入中，按照扣除政府征地和拆迁补偿、土地开发等支出后余额的10%的比例计提教育资金，2012年共计计提3191万元，2013年共计计提369.28万元，用于全区教育事业发展，全面推进教育现代化建设。

2. 推进标准学校建设

以办学条件标准化、教师队伍建设标准化、教学管理标准化为目标，按照"东进、西延、南优、北拓、中兴"的工作思路，建新校、并弱校、撤旧校。制订出台《越城区农村义务教育学校布局调整专项规划（2013—2020年)》。"十二五"期间，共投入资金约8.56亿元，新建学校9所，改（扩）建学校18所，撤并学校14所，100%按时、高质完成中小学"校安工程"和幼儿园"园安工程"，全区小学校均规模1287.78人，初中校均规模1433.78人，列全市之首。全区中小学体育、音乐、美术、数学、科学实验仪器等教育配备达标率全部达到100%。中小学计算机台数为11841台，生机比为5.65∶1；图书达2417887册，生均图书36.2册，幼儿园图书达240945册，生均图书7.87册，塑胶化操场、升降型课桌、五常式食堂、清洁型厕所、高空防雷设施等基础设施的配备做到"全覆盖"。2014年起，越城生均年公用经费小学为800元，初中为1000元。省义务教育标准化学校创建率达95.1%，市标准化幼儿园创建率达81.9%，继续保持省市领先地位。

3. 提升教育装备水平

学校建设和维修、设备更新与添置列入财政预算，由教育附加费予以安排，列入当年附加费使用计划。2012年安排各类维修建设、设备经费7193.46万元，2013年安排各类维修建设、设备经费5943.42万元，2014年安排各类维修建设、设备经费8805.08万元，其中投入759万元新建录播教室2个、实验室32个、音美专用教室79个，新增教学多媒体110

套。完成省补课桌椅配备项目计划，更新课桌椅 8500 套。并持续开展"中小学教师实验改进与创新比赛、中小学学生实验操作考查、中小学学生音乐、美术欣赏与实践能力调测、教育装备管理示范校创建、书香校园工程、中小学阅读课例征集及图书实验室先进评比"等一系列活动，进一步发挥了教育装备的效益。

4. 加快信息化步伐

按照"三通两平台"标准，推进教育信息化建设。投入 1200 万元，于 2012 年 8 月率先完成了省教育厅下达的班班配备多媒体的年度工作目标；2013 年完成民办学校班级多媒体普及任务，全区多媒体班套比达到 1:1；投入 200 万元，于 2014 年 4 月完成"千兆网络校校通"工程；突出教育资源应用，投入 10 万元，改版教体网，建立新公文传输平台。2014 年浙江教育资源网空间开通率前十位县（市、区）数据统计表明，越城中小学教师个人空间的开通率为 100%，资源网应用情况统计在全省 106 个区县及地市政中列第 7 位，同时，先后开展"优秀教育视频征集""智能少年评比""少儿信息学竞赛""中小学电脑制作数字校园示范建设"等一系列活动，以"互联网＋"的方式提升教育信息的影响力。

5. 加强弱势群体保障

实行"绿卡入学"制度，通过撤并改制的方式，改造民办的民工子弟学校，随迁子女凭"入学绿卡"到指定中小学校注册入学。2014 学年小学阶段外来务工人员随迁子女 20826 名，初中阶段（市、区合并）外来务工人员随迁子女 5667 名，合计 26493 名，100% 按照相对就近原则安排到公办中小学校就读，充分保障随迁子女享有与本地学生同等的教育资源。实施贫困学生资助扩面和农村学生爱心营养餐工程，2014 学年下半年学校师生共筹措资金 290595 元，资助 407 人次，合计资助金额 232250 元，结对 755 人次，资助金额 62711 元，2014 年上半年农村营养餐享受人数为 1970 人，下半年享受人数为 1586 人，其他社会资助 201218 元，受助人数 2692 人。实施适龄残疾儿童随班就读制度，成立区特殊教育资源中心，配备充足的特殊教育师资，保障特殊教育独立经费，加快特殊教育基础设施建设。目前区内适龄残疾儿童总计 210 人，其中特殊学校就读 108 人，送教上门 51 人，随班就读 51 人，三残儿童入学率达到 99%，基本普及三类残疾儿童学前三年教育。实施"学习困难生"转化制度，坚持"转化一个后进生与输送一个优秀生同等重要"的教育价值观，积极进行"学习困难学生转化"研究。学校针对学习有困难学生建立了相应的帮扶制度。学校组织党员教师、骨干教师与学困生结对，开展心理辅导，温暖学生心扉，纠正其行为偏差，提高学习兴趣，提升学业成绩。

（三）增进教育科学研究：激发内在动力，促进内涵发展

教育科研是探索未知、发现教育规律的认识活动。随着教育改革的不断深入，注重教育科研已经成为促进教育改革和发展的重要途径。一个地区、一所学校的教育科研状况如何在某种程度上代表着这个地区、这所学校教育发展的水平。一所学校如果不搞教育科研，水平是无法提升的；一个教师如果不搞教育科研，也是不能成长进步的。一个课题可以成就一所学校，也可以造就一批名师。教育科研是教育的第一生产力，是促进教育可持续发展的动力，是教育内涵发展的源头活水。

1. 全面推进区域学校文化建设

一是登上制高点。全区中小学共同研究地域文化，通过对区域历史沿革、物化环境风貌、重大历史事件、古今重要人物等进行考察，结合"绍兴精神"大讨论活动，把"卧薪尝胆、百折不挠"的胆剑精神，"刚柔相济、外圆内方"的行为方式，"崇尚智慧、经世致用"的价值追求等，作为学校文化的核心内容，挖掘其内核实质，摄取其精神养分，实现学校文化建设理念的"嬗变"。二是调整着力点。总结已取得的学校文化建设成果，以图片的方式梳理环境文化建设的成就，以文本的方式梳理制度文化建设的成就，以文字描述的方式梳理精神文化建设的成就。然后在德育管理、体艺特长、课程开发、校本研修、社团建设、数字资源等方面寻找学校文化建设的着力点，形成推拉结合、方向自选、目标一致的局面。三是挖掘生长点。提炼学校主题文化，紧紧抓住"精神、理念、校训"等核心要素，通过内涵诠释的解读，进一步认识走廊、厅堂的意味，进一步理解理念、校训的意韵，进一步把握课程、教学的意义，进一步明确师生成长的意境，克服办学行为的浮光掠影和办学内涵上的凌空蹈虚，使内涵挖掘成为学校文化建设新的生长点。在全面推进学校文化建设中，越城区出现了一批成果。《学校主题文化建设的区域推进》获浙江省2015年优秀教育教学论文评比二等奖，专著《学在越城——区域推进学校主题文化建设的

实践研究》由宁波出版社正式出版。目前，全区大多数的学校办学主题一目了然，办学思想一脉相承，办学行为一以贯之。

2. 持续开展校本课堂建模行动

一是开展课堂建模专题视导，以实证的方式提炼操作模式。阳明小学的"静悟课堂"，一静二思三悟四行，大小结合、长短穿插、文理兼容的课堂组织形式颇具个性；皋埠镇中心小学的"情智课堂"，造境引情、问题激趣、互动解疑、赏识启智四个环节主题鲜明、层次清晰、步骤稳健，很有特点；富盛镇中心小学的"和美课堂"，和美激学、和雅探学、优美展学、和正评学、和悦拓学，"五环"二十字教学基本操作模式，彰显了"和而不同"的个性美，展现了"各美其美"的探究美，体现了"美美与共"的合作美。二是举行"情满课堂——第七届教师教学业务素质综合比武"，全区中小学共有73人参评，在活动过程中各学科积极倡导"手中有技术、脑中有智慧、心中有策略"，以此推进课堂模式的构建。三是主动对接教育理论。校本课堂建模是一项工作，更是一项研究。为此，项目负责人以教研员的职业敏感和学习者的理性分析，边实践、边学习、边思考、边感悟，并撰文引领。

3. 定期举办教育学术交流讲堂

绍兴是著名的书法之乡，每年农历三月初三的"兰亭"盛会，群贤毕至，一觞一咏、畅叙幽情的雅事，始终让人们钦羡不已。这不仅因为活动本身富有诗意和趣味性，更是因为兰亭诗人拥有的那种唯美的生活追求和纯净超然的精神境界。其实，教育学术也是如此，这就是我们在教育学术大讲堂前冠以"曲水流觞"的要旨所在。依据"自选主题、轮流承办、城镇联动、研修一体"的原则举办的"教育学术大讲堂"为树立学术意识、纯正学术动机、促进教育内涵发展搭建了平台。这个"教育学术大讲堂"呈现出以下几个特点。一是高端引领。邀请高校教授、科研机构研究员、教学一线特级教师等省内外知名教育专家做学术报告，先后邀请教育部基础教育一司司长王定华、浙江省教育厅副厅长张绪培、上海市教委基础教育处处长倪闽景等行政官员，中国教育学会原会长顾明远、北京师范大学教授裴娣娜、华东师范大学教授郑金洲、浙江大学教授盛群力等教育专家以及一大批特级教师做了学术报告，教育的新理念、新思想在此得到切实沟通，教育的新灵感、新思路在此得到酝酿迸发。二是成果推介。通过专题讲座，介绍成果的基本内涵、形成的过程以及适用环境等；通过课堂观摩，探讨研究过程与教学实际的关联程度，有效改进教育教学的方式；通过专著出版，系统呈现课题研究的真实性，凸显课题研究的学术含量。2011 年以来，先后有 2010 年区级课题成果评比一等奖获得者东风艺术幼托中心王薇、鲁迅小学教育集团柯民军、马山镇中屠小琴，2011 年区级课题成果评比一等奖获得者继昌幼儿园谢荣美、马山镇中屠美霞等，登上大讲堂，推广自己的课题成果。区教科室还将"十二五"以来获得绍兴市二等奖以上的课题成果结集，编著为《教苑犁痕》，印发给全区教师。三是专题论坛。针对浙江省教育厅下发的《关于全面加强中小学校园文化建设的通知》，举办"学校主题文化"微讲座；针对浙江省教育厅发布的《关于深化义务教育课程改革的指导意见》，举办"校本课堂建模"讲座；针对"越城区本土教育家行动计划"，举办"名师名校长"讲座；针对浙江省教育厅"一师一优课、一课一名师"活动，举办"微课制作的技巧"讲座，等等，以此让教育实践自觉有效地对接教育理论。

4. 不断完善选择性教育发展机制

一是加强开发，以"为每个学生提供适合教育"的理念，不断丰富"课程超市"的"商品"。截至 2015 年，全区开设校本课程共计 906 门，内容涉及知识拓展、体艺特长、综合实践和德育培元等方面，为学生自主选择喜欢的课程提供了强有力的保证。二是注重实施，以"促进每位教师专业成长"的理念，不断增加课程超市的"销量"。全区 37 所中小学校中，共有 1645 名教师参与"课程超市"校本课程教学辅导工作，这些聘任的教师分为两类：一是校内的优秀教师，这些有一技之长的教师是"课程超市"校本课程教学辅导的主力军，人数达 1500 名，占聘任教师总数的 91.2%；二是外聘教师，不少学校为拓宽丰富学生的知识面，积极开拓社会资源，聘请社会上有特长的热心家长、民间"非遗"项目传承人、志愿者等到校授课，人数有 145 名，占聘任教师总数的 8.8%。三是强化保障，以"发展学校特色"的理念，不断扩大"课程超市"的规模。不少学校在扎实开展校本课程的过程中，结合学校实际，探索出了有特色、有成效的做法。鲁迅小学、北海小学等在时间上做出巧妙安排，进行分层次、多时段教学；柯灵小学为奖励全科免试生创设期末福利"课程超市"；群贤小学、热诚小学、柯灵小学等学校以开设校级、年级、班级社团等形式，一定程度上缓解学校师资场地等压力；部分学校在搭建学生展示平台上动足了脑筋，少儿艺术学校为学生建立《学生艺术档案》，记录学生成长轨迹，秀水小学每学期期末举行学生成果展示，稽山小学为学生搭建星光大道，柯灵小学常态化开展"每月一节"，兴文小学、皋埠镇中心小学、镜湖小学等学校通过举办各类艺术节进行展示，其他学校也相继开展了形式多样、精彩纷呈的展示活动。

（四）推动学校个性发展：彰显区域特色，实现特色发展

区域教育的特色发展和品牌建设是一个动态的、螺旋式上升的过程，创建个性化学校是必由之路。所谓个性，就是强调更加注重从教育理念、办学精神和价值追求上来指导推动学校发展，更加注重发挥学校主题文化在办学、育人方面无处不在的巨大激励、感染和熏陶作用。个性化学校是学校建设和发展的较高境界，是各级各类学校都应该追求的理想目标，也是在为区域教育的特色发展创立品牌。越城区的个性化学校创建计划以优秀的地域文化资源为依托，坚持"因地制宜、因势利导、因循培育"的原则，按照"探寻文化基因、植入文化芯片，培育文化土壤、实现文化共享，积淀文化现象、打造文化品牌"的思路，构建具有浓厚地方韵味的管理文化、课程文化、教师文化和学生文化。目前，区级及以上特色学校覆盖率达100%，其中全国、省市级特色学校覆盖率达60%。

1. 凝练学校精神，推进新优质学校建设

对于新优质学校，持不同理念的人有不同的价值判断，因此，很难给新优质学校下一个定义。在越城区，新优质学校是指起点中等，在不挑选生源、不集聚资源的情况下，通过教育教学改革项目实验，提高综合办学水平，且较为稳定，逐渐成为老百姓家门口个性鲜明的优质学校。2013年以来，首批九所项目学校在区教研室牵头引领下，以新优质学校的导向机制、运行机制、动力机制和保障机制等为主要研究内容，每学期一个主题，每月一次活动，通过"学校精神提炼""精致校园打造""校本课堂建模""文化创意设计""微校视频展示"等专题研讨，学校主题文化建设风生水起，秀水小学的民间文学、阳明小学的名人文化、陆游小学的诗意校园、稽山小学的五水课程、培新小学的思维课堂、镜湖小学的绿色课堂、柯灵小学的百团览馆、元培小学的漫画教学、文理附小的适应教育等个性鲜明的办学特色已初露锋芒。

2. 坚持 "联盟借力"，推进初中学校发展

坚持"以生为本"的教育理念，通过初中校长圆桌论坛，探寻学校发展的新支点，全面落实生本理念，为每一个学生的个性发展提供适合的教育；坚持"联盟借力"的办学策略，借势借力，按照"学人之优、取人之长"的工作基调，通过多层对接，探索"管理联盟、教师联训、课堂联研"的新机制，把"结对帮扶备忘录"的各项措施纳入到学校工作思路中，为促进教师的专业发展提供新平台；坚持"扬长求优"的发展思路，提炼学校精神、厘清办学理念、践行特色校训，通过点上突破、线上推进、面上渗透的方式，强化学校的内涵特色，为提升办学品质增加原动力。

3. 追求 "一校一品"，提升农村完小质量

以提升农村完小教育质量为目标，以绍兴市农村完小教学规范达标活动为载体，全面贯彻《浙江省义务教育教学管理指南》，通过"视导发动、问卷互动、课题带动、城乡联动、文化推动"等策略，先后开展学科教学基本功比武、课堂教学评比、课题成果评奖及推广等一系列活动。在第一届绍兴市农村完小教师录像课评比中，越城区 2 人获一等奖，4 人获二等奖。在第二届绍兴市农村完小教学基本功比武中，越城区有 4 人获一等奖，5 人获二等奖，7 人获三等奖，获奖率为 60%，位居全市第一，小学科学获团体优胜奖。在第三届绍兴市农村完小教师基本功比武中，越城区有 3 人获一等奖，5 人获二等奖。历经 2012—2013 两年时间，越城区实现了农村完小教学规范达标的"满堂红"目标。2014 年伊始，该区又把"一校一品"提质工程的重要内容，按照"德育·人文""地域·文化""文学·墨香""工艺·美术""棋艺·球术"五大领域进行深入研究。东浦镇赏祊小学"巧手剪纸"、马山小学"十字绣"在绍兴市义务段优秀学校课程评比活动获一等奖，马山镇豆姜小学的《书法教育传统文化建设的探索与实践》刊登在《中小学校长》2014 年第 4 期上，马山镇安城小学校长冯文良被越城区教体局评为首届"教育因你而美丽"感动人物，其"扎根农村三十载，为伊憔悴永不悔"的优秀事迹刊登在《学在越城》2013 年第 4 期上，马山小学校长张剑还撰写了一本专著《聆听花开的声音》。如今，农村完小已成为越城区学校特色发展的一个品牌。

4. 实施 "体艺 2 +1"，发展学校特色项目

按照"校校精彩、人人成功"的创建目标，推进特色学校创建工作。

目前全区获全国、省市级特色学校占中小学校总数的60%，区级特色学校实现了100%全覆盖。成功创建为绍兴市首个浙江省校园足球试点县（市、区），成立了全省首个公办校园足球学校。形成"一静（国际象棋）一动（跳绳）"的区域学校体育特色，不断提高学生体质健康水平，在2015年的中小学生体质健康抽测中，小学合格率达96.9%，初中达92.8%，高于全市平均水平。

（五）提升教师专业水平：构建发展梯次，增进生态发展

教育和生态学在研究人与环境的关系上有许多一致性。优化教师培训就是应用生态学的原理，特别是生态系统、生态平衡、协同进化等原理与机制，研究教师培训的目标、内容、方法和策略，进而掌握教育发展的规律，揭示教育发展的趋势和方向，为区域教育的生态发展领航。

1. 提升教师专业发展水准

以《浙江省中小学教师专业发展培训若干规定（试行）》为标准，通过省教师专业发展管理平台进行分类组织实施。一是90学时集中培训，采用"区内与区外联营"的方式，按照区教体局与绍兴文理学院、教育学院战略合作协议进行合作培训。二是150学时区本培训，采用"区级与校级联动"的方式，在区级层面，借助"省教育厅教研室疑难问题解决"和"市教研院教学内容的理解和把握"等主题举办研修活动，通过课堂研讨、同行支招、专家点评等方式进行求解；在校级层面，以学科教改项目课题为载体，通过立项指导、中期点评、成果推介等形式，捕捉教学实践的智慧。三是120学时校本培训，采用"理念与文化联融"的方式，以教育品牌联盟、镇域教育共同体、农村小学委托管理、跨校教研组结对等为抓手，把学校精神、办学理念和教师文化融合在一起进行建设，深挖优点、强化特点、提升亮点。2014年全区共评出校本研修工作亮点27条，不仅使区域内优质的教育资源得到了统筹利用，而且还让校本培训的特色文化得到了传承创新。四是180学时新教师培训。以"师德师能"为主题，利用节假日，通过"领导、专家、校长、教研员、特级教师、同伴、学生对你说"及实践参观等专题，帮助学员迅速适应教育教学岗位。

2. 实施 "本土教育家计划"，突出骨干梯次培养

全面实施"本土教育家行动计划"，以学科新秀培养工程、"三名"

工作室奠基工程、卓越教师引擎工程为载体，截至 2014 年，组建了 11 个学科新秀班，共 129 人，8 个名师工作室，共 85 人，3 个名校长工作室，共 30 人，1 个名班主任研修班，共 26 人和 1 个卓越教师研修班，共 47 人，合计 317 人。这一计划自 2014 年 3 月 15 日启动以来进展顺利：2014 年 4 月 23—25 日，该区与浙江大学教育学院教育生态研究所联合举办的"本土教育家行动计划"高级研修班在杭州举行，开设了 5 个专家讲座和一个智慧论坛，在越城教育网刊发学习播报 6 篇。5 月 25—27 日，越城区名班主任工作室 26 名成员赴杭参加由浙江省实验学校研究会主办、杭州竞舟小学承办的首届浙江省"十佳智慧班主任"展示活动，在越城教育网刊发学习播报 3 篇。6 月 6 日，组织 3 个名校长工作室学员参加"鲁迅小学——热诚小学品牌联盟办学三年成果展暨陆游小学命名大会"，感受办学理念、考察办学业绩、学习办学思想。6 月 18—19 日，组织名校长工作室成员赴宁波市北仑区梅山学校考察，就如何建设一所接地气的学校进行研讨，为转变学校的发展方式提供了崭新的思路。10 月 26—28 日，与浙江师范大学教师教育学院联合举办越城区"本土教育家行动计划"高级研修班，开展 4 个专题讲座和一个互动论坛，在越城教育网刊发学习播报 6 篇。期间，3 个名校长工作室和 8 个名师工作室也纷纷开展培训活动，以结对帮扶、同课异构、课题点评、论文交流等形式，让骨干教师始终在研究状态下成长。

3. "区校联动，文化联融"，强化专业培养质量

一是健全组织。成立越城区中小学（幼儿园）教师专业指导委员会和越城区教师教育质量监控专家委员会，全面贯彻浙江省教育厅办公室发布的《关于进一步加强中小学教师培训质量管理工作的通知》，认真履行工作职责。配齐本足"双班主任"，为培训提供优质服务。二是创新措施。实施集中学习播报制度，培训期间，每天在越城教育网发一篇新闻稿件，不仅有描述性的特写，更有思辨性的感悟；实施培训结业考试制度，每期培训班结业，都对参与培训成员从专业道德、专业知识、专业技能三个方面进行闭卷考试；实施培训效益评优制度，注重培训显性指标的考核，把教师专业发展培训效益与教师评优活动结合起来；实施成果经验宣传制度，在越城教育网组建"90 学时培训"播报平台，在《学在越城》杂志开设"研修专栏"，在《绍兴教育》上发送新闻，在《绍兴日报》《教学月刊》和《中小学校长》等报刊上刊登培训成果，把教师专业发展培训中涌现出的人和事进行报道，形成自主学习的新风尚。三是抽查质量。按照省教育厅《教师培训质量检查情况汇总表》的要求，从以下内容着手，对培训项目进行质量抽查。（1）培训听课记录表；（2）课程申报方案；（3）课程表（含班主任姓名、电话）；（4）学员名单及考勤（网上名单、学员报到名单、学员签到表）；（5）专家资料（含专家个人简介、专家讲课 PPT）；（6）教学情况调查（教学统计软件、教学调查结果）；（7）班级管理日志（含主讲人信息、讲课主题、主要内容、学员到课缺课人数及姓名、学习纪律、学员反应等）；（8）学员作业（以学员个人为单位制作一个文件夹，内含学员学习日志、学员论文、学员教学课件及教学设计、学员论坛发言稿、学员生涯规划、学员总结、学员成果汇集、典型事例、学员播报）；（9）优秀学员名单；（10）90 学时实践环节安排表（包括专家和上课学员信息、日程安排）、上课教师的教学设计（教案）、上课 PPT、教研活动记录表。以上这些内容都旨在为激发教师自主学习潜能、展示教师培训智慧、再造教师学习文化创造条件。

五、越城区构建基础教育主体功能区的保障条件

（一）统筹城乡教育的一体化发展

"十二五"期间，越城区城乡义务教育一体化得到长足发展，呈现城乡教育齐头并进的良好局面。越城区采用城乡教育共同体结对互助模式，扩大优质校、优质资源共建共享，促进区域教育深度融合。目前，越城区 100% 的乡镇成功创建为省级教育强镇，100% 的乡镇提前创建为绍兴市教育基本现代化乡镇；60% 的乡镇成功创建为绍兴市教育优质均衡示范乡镇；81% 的乡镇学校为市级及以上示范学校；100% 的农村完小成功创建为绍兴市农村完小教学规范达标学校；100% 的乡镇建有中心幼儿园，并且均为省二级以上幼儿园。农村教育各项发展数据位居全市前列，全区基本实现城乡教育资源配置均等化。

"十三五"期间，在继续保持城乡融合发展的基础上，适应城市化发展和人口数量、人口结构、人口分布变化的趋势，越城区将进一步推进义务教育资源配置标准化，实现经费拨款标准、教师收入标准、学校配置标准、教师队伍配置标准"四统一"。根据经济社会发展、人口集聚及流动

趋势和人民群众的现实需要，推进校园标准化建设、校舍安全工程、实验室标准化工程、现代远程教育工程和书香校园工程，促进实验仪器、设施设备、图书、校舍等资源的均衡配置。建立健全干部、教师流动机制，鼓励支持干部、骨干教师到农村学校或相对薄弱学校任教。实施"新优质学校"推进行动计划，推动一般生源学校提升办学水平，实现转型发展。积极推广名校集团化、教育共同体、委托管理等方式，全力支持开发区中小学（园）发展，提升区域教育整体水平。同时，努力保障困难群体公平接受优质教育。贯彻落实《浙江省义务教育条例》，坚持以公办学校为主，为符合条件的外来务工人员子女提供简便快捷的就学服务，确保免试、免费、就近接受义务教育。通过集团化办学、教育共同体、师资培训、派遣管理干部和教学骨干、教育研讨等途径，指导和帮助流动人口子女定点学校提高办学水平，确保外来务工人员子女平等接受义务教育。构建形式多样、功能完善、机制健全、多元混合的教育资助体系，不让一个学生因家庭贫困而失学。从而，建立健全义务教育均衡发展和城乡教育一体化发展机制，在"实现高水平均衡发展"上取得新进展，不断满足人民群众接受高质量义务教育的需求。

（二）完善社会教育公共服务体系

发挥"市区同城"的体制优势，建立区域内普通教育、职业教育、继续教育之间的沟通机制；提升和整合各类教育学习资源，优化市民终身学习的公共服务设施布局，为市民提供便捷、丰富、可选择的学习机会和学习资源。

积极发展社区教育。统筹开发社会教育资源，继续推进街道乡镇成人学校和社区学校标准化建设和城乡社区教育一体化建设，完善全民终身学习三级学校网络，逐步构建"教育进社区、学习到家门"的终身学习服务体系。以贴近实际、贴近生活、贴近群众为基本原则，创设载体，开展活动，深化全国社区教育示范区建设。以创建学习型组织为抓手，以深入推进区域教育资源整合为突破口，打造具有越城特色、国内领先的社区教育模式，推进创新学习型城区建设，打造高品质全国社区教育示范区。建立社区教育人才智库，形成各类社区教育师资力量之间的交流与合作机制，为社区教育事业提供强有力的智力支持。开展社区教育资源共享认证工作，有效推进社区教育资源再整合，形成各类教育资源开放共享机制。加强与市级部门资源的共建共享，完善越城社区教育数字化学习平台，给市民提供全新的学习平台和途径。

建设特殊教育公共服务平台。依托省、市特殊教育学校和专门研究机构，建立由医院、残疾人联合会、学校等方面参与的特殊教育研究中心和资源中心。以区特殊教育学校为主阵地，加强区特殊教育康复指导中心建设。推进医教结合，加强残障儿童早期诊断，建立医教结合的信息资源共享平台。建立残障儿童的发现、鉴别、跟踪、评估机制，为残障学生培养提供科学指导。

（三）探索区域学校联动发展机制

进一步推进区域教育融合发展机制改革，理顺"市区教育行政管理体制"调整后相关的运行机制，实现教育资源优势互补最大化，优质资源共享最大化。完善"镇域教育共同体"建设，继续采取"镇中＋镇中心小学（下属完小）＋镇中心幼儿园（分园）"的方式，完善镇域教育发展共同体。本着"全面合作、整体规划、因地制宜、注重实效"的原则，积极探索"不同法人单位、统筹协调发展"的新机制，不断推进越城区教育整体优质均衡发展。围绕教育管理、教师培训、教学科研、资源共享、校园文化、实际成效6个方面，采用定性和定量相结合的考核办法定期考核，并纳入局对学校工作考核体系，按考核结果进行奖励。通过镇域教育共同体建设，努力实现镇域内教育发展规划的一体化制订、资源品牌的一体化共享和教育教学的一体化发展，合力打造乡镇教育资源共享圈，助推农村教育优质均衡发展水平进一步提升。同时，创新办学机制，稳步推进名校集团化办学，扩大优质教育品牌学校孵化效应；强化合作共享，完善城乡教育共同体建设，加大城乡校际结对帮扶力度；健全向农村学校倾斜政策机制，在新教师分配、评优评先、工资收入等方面给予优先倾斜；加强乡镇中、小、幼之间的沟通衔接，完善中、小、幼教育共同体建设，打造乡镇教育资源共享圈。

（四）建立教育质量监测评价体系

加快教育质量监测中心建设，充实专兼职监测研究员队伍，组织开展系统的通识培训和技术培训，逐步建立一支业务精、素养好的专业监测队伍。初步建立学生课业负担监测和公告制度以及区域教育质量信息公告制度，加强过程监控与指导，科学提升教育质量。形成具有越城本土特色、符合素质教育与教育现代化发展要求的区域教育质量监测评估体系，推动区域教育科学发展，打造区域教育质量监测样板区。

（五）推进教育决策咨询制度改革

推进教育决策咨询制度改革，主要举措有：成立由专家、人大代表、政协委员、社区工作人员和学生家长组成的教育决策咨询委员会，规范决策程序。健全学校、年级、班级三级家长委员会，完善家长委员会评议制度，主动参与学校管理。推进督导问责公开制度改革。建立健全督学与督政结合、督促检查与指导服务并举的督导工作模式，开展学校发展性督导，建立教育质量问责制度，完善学校质量报告书制度，定期发布区域教育质量监测报告。

六、越城区基础教育主体功能区建设的前景展望

教育是一个地区跨越式发展经久不衰的力量源泉，在区域发展中具有基础性和先导性作用，同时又与区域的发展紧密相连、息息相关。目前，绍兴市已全面实施新一轮城市发展规划，新一代绍兴人承载着继往开来、传承创新的重大历史使命。这对绍兴的教育既提出了新的要求和挑战，同时也提供了宝贵的发展机遇。越城区长期以来与绍兴市形成了"市、区同城"的特殊区位优势，在新的发展时期有望快速融入"龙头战略"，即加快确立市直教育在全市教育格局中的龙头地位，并全力推进教育治理能力和治理体系的现代化，为建设现代教育强市提供可靠保障，同时也为实现绍兴大城市融合发展提供强大动力。

（一）实施"龙头战略"，促进区域经济转型升级

当前，绍兴正处于经济转型升级的关键期，实现经济战略转型需要推动区域在高层次、创新型人力资源开发、增强科技创新能力上取得较大进

步，也需要在基础教育上推进改革、提高质量，为吸引人才和投资营造良好的教育环境。基于此，满足区域经济发展、产业转型对教育质量的共同需求，造就大批高层次创新型人才，增强区域创新能力，要求越城区实施教育领域综合改革，统筹优化市直教育资源，加快确立市直教育在全市教育格局中的龙头地位，这是增强教育服务于整个区域经济社会转型发展的迫切需要。

（二）实施"龙头战略"，推动大城市的融合发展

区域一体化发展是国际上许多国家、地区推动区域加快发展的重要战略。当前，绍兴区域经济的发展和行政区划的调整为全市有效整合城市空间资源、做大做强中心城市提供了重要机遇，为推进市直教育发展营造了良好的政策环境。同时，市直教育作为全市教育的重要板块和优质资源集聚区，是城市一体化发展的发动机。推进教育领域综合改革，实施市直教育"龙头战略"，是加快城市一体化发展，促进区域政治经济、社会和文化的大融合、大发展的必然要求。越城区作为绍兴市城市区域的重要板块，其历史地位、地理位置均属于绍兴市大城市发展的核心板块。因此，越城区的社会发展和教育发展状况将直接影响绍兴大城市的融合发展。

（三）实施"龙头战略"，提升城市的核心竞争力

教育发达是城市现代化的重要标志。优质名校以其优良的办学传统、先进的教育理念、独特的学校文化往往成为城市文化的源头和城市精神的象征，也是展示城市魅力的重要指标之一。也可以说，高质量的教育构成了一个城市核心竞争力的重要维度。当前，绍兴市教育影响力和竞争力与发达城市相比还有一定的距离。从教育内部来看，教育资源的丰富性和优质化程度也有待进一步提高。因此，实施市直教育"龙头战略"，是全面提升城市影响力和竞争力的重要诉求。而越城区教育将在市直教育的"龙头战略"中进一步抓住机遇，加快发展，从而提升总体质量。

第四章

"城乡统筹，优质均衡"的柯桥模式

柯桥区原为绍兴县，千年古县积淀了深厚的文化底蕴。绍兴县长期以来一直是纯农村地区，2000 年入驻柯桥，结束了"有县无城"的历史。2013 年撤县改区，与越城区和上虞区一起构成绍兴大城市的宏大格局，资源要素得到充分发挥，城乡统筹发展更有优势，区域经济竞争力得到加强，展现了绍兴城市建设和产业更加广阔的发展前景。多年的历史发展变迁，形成了柯桥区以乡促城、城乡统筹发展的特殊模式，面对城市新格局的形成，柯桥区基础教育改革与发展必须做出新的战略布局。

一、柯桥区区情分析

柯桥区位于浙江省中北部，地处杭州湾南岸，会稽山北麓。东与上虞区交界，东南和西南分别与嵊州市、诸暨市为邻，西部和西北部与萧山区接壤，北濒杭州湾，腹部横亘越城区。境内地势西南高、东北低，山脉、平原、海岸兼有。西南部多低山丘陵，中北部呈水网平原，东北部属滨海平原，自南而北由山脉—平原—海岸组成阶梯式地貌。柯桥区现今下辖 4 个街道、15 个镇，区域面积 1130 平方公里，户籍人口 71.5 万，暂住登记人口 61 万。

柯桥区具有特殊的成区背景，其前身为绍兴县的府治所在地。绍兴市早在春秋战国时即为越国都城，此后属地名称屡有更改，新中国成立后到 1983 年，经历了行政隶属关系的多次变更。1983 年 7 月 23 日，国务院批准实行市管县体制，恢复为绍兴县，驻市。同年 9 月 20 日，绍兴县城区被划入越城区，隶绍兴市，形成市、县、区同城而治的特殊格局。2000 年 10 月，绍兴县行政中心搬迁至柯桥镇试运行，次年 1 月，经国务院批准，县人民政府正式入驻柯桥，从此结束了柯桥"有县无城"的历史。2013 年 11 月，绍兴市柯桥区人民政府成立。这段复杂而特殊的历史表明，柯桥区是一块古老而年轻的土地，而其政府所在地柯桥城区则是一座年轻而充满活力的城市。

（一）区位优越，交通便捷

柯桥区西距杭州萧山国际机场 25 余公里，东距宁波北仑港 120 公里，北距上海 220 公里。柯桥城区离萧山国际机场约 33 公里，半小时左右即可到达，沪杭甬高速铁路直达，沪杭甬、杭金衢两条高速公路相交穿境而过，区内高等级公路平坦宽阔、四通八达。集装箱联托运市场发达，柯桥发往全国各地的公路联托运线路达 100 余条。城区北临沪杭甬高速公路，南接 104 国道，交通十分便捷，嘉绍跨海大桥的建成又将其纳入上海 2 小时经济圈。

作为地名，柯桥本身就含有水乡文化的印记。浙东运河穿境而过，东达宁波港，西连京杭大运河，内河航运相当发达。柯桥所在的绍兴又地处长江三角洲南翼，为平原水乡地区，河网密集，素有"东方威尼斯"之称，水资源及船文化非常丰富和发达。绍兴的水路客运，清末民初就已形成木帆船班线客运网络；新中国成立前，绍兴就先后出现多家轮船公司；到了改革开放前后，绍兴不仅有陆续新辟的客运航线，而且客运船只也有所增加，水运客流稳步增长；到 20 世纪 80 年代初，航运市场开放，客运量大幅增长，稳定在每年 500 万人次左右。但随着公路建设和公交事业的快速发展，绍兴水路客运逐渐萎缩，到 20 世纪末基本退出历史舞台。21世纪初，随着旅游业发展，水路旅游客运出现较大增长，同时，随着城市集聚、出行人员和车辆增加，城市道路拥堵已成为各大城市的顽疾，绍兴市利用水乡丰富的水运资源，建设水路客运系统，必将大大缓解城市道路交通压力。2015 年，《绍兴市区水路客运规划》正式得以批复实施，绍兴市将在 2020 年前规划建设 19 条水路客运航线，形成"一环三纵六横九支"的水上客运网络，这个布局将会使越城、柯桥、上虞三区的水路客运联系得更紧密。越城区居民乘船到上虞走亲访友，在柯桥工作的市民乘坐水上巴士回越城区家中，都有望成为现实。需要再补充说明的是，柯桥中国轻纺城的发源地就是河边的埠头和码头，它到 20 世纪 80 年代末才逐渐形成市场。

（二）以商兴市，轻纺城市场带动经济和社会发展的根本变革

柯桥区重商兴市有悠久传统。该区南接会稽山，北为平原水乡，山清水秀，气候温和湿润，自秦汉以来，一直是典型的"鱼米之乡"，从而奠定了好的发展基础。清宣统二年（1910 年），实行地方自治，柯桥始建镇，名柯镇，隶周围 58 个村。民国初期，柯桥区、镇建制，优越的区位和便捷的交通使其成为绍兴最大的一个集镇。民国时萧绍公路开通，之后

萧甬铁路通车，柯桥辐射四邻八乡的力量更强。据1936年统计，柯桥当时有各种商铺672家，其中钱庄8家，因此，民间有"柯桥500支撑竿"之说，被称为"金柯桥"，与绍兴东面的"银皋埠"遥遥相对。

柯桥区是纺织之乡。从清末开始，柯桥区西北部的华舍镇逐渐发展成绍兴丝绸的重要产地。当时有机纺七八百户，织机达三千台，旺季每天可出绸六七百匹，享有"日出华舍万丈绸"之誉。绸庄与钱庄林立，饭馆、茶馆、旅馆商贾盈门，曾有"小上海"之称。这一历史传统为后来柯桥的经济崛起打下了基础。

轻纺业成为柯桥区发展的"通灵宝玉"。1981年前后，柯桥还是绍兴县内一个普通的建制镇。柯桥轻纺城市场的不断壮大，带动了轻纺业的发展，1985年在镇西建"柯桥轻纺市场"，1992年更名为"中国轻纺城"。正是成为支柱产业的纺织业的发展，才使绍兴县经济二十年保持全省经济总量第一，两度跻身全国综合经济实力十强县。全球四分之一的面料在这里成交，形成了一个全球规模最大、经营品种最多、成交金额最高的纺织品专业市场，被称为"世界布市"。它所带动的大纺织产业（纺织产品、纺织机械及制造、纺织原料及染料、纺织物流以及纺织设计等）占柯桥全区经济产值的60%以上，轻纺市场成交额也是连年增长（见图4-1）。截至改区前的2013年，全县纺织企业共有员工129213人，其中非本地员工29306人，占全部员工数的22.68%，围绕着纺织业衍生出来的餐饮、酒店等第三产业扮演着越来越重要的角色。

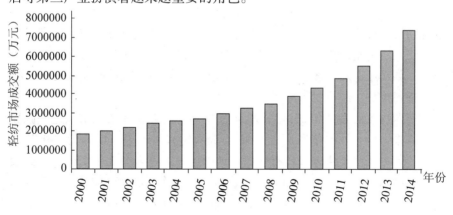

图4-1 柯桥区轻纺市场历年成交额

柯桥区从一个传统的农业大县、资源小县，发展成为一个现代城市型的经济巨人，一共经历了五次革命。

第一次革命发生于 20 世纪 80 年代，国内的纺织业进入了化纤纺织时代，这可以说是一次面料革命。1978 年以后，随着家庭联产承包责任制的推行，绍兴县开始了工业化过程。勤劳、智慧的绍兴人民发扬千辛万苦、千方百计、千言万语、千山万水的"四千精神"，使乡镇企业异军突起，但当时的计划经济体制束缚了绍兴人的手脚。织丝绸，绍兴的桑蚕产量远远不够；织棉布，国家实行原料配给制。只有化纤原料不受国家计划限制，而且"的确良""开丝米"（面料名称）这类不必凭票购买的面料十分紧俏。20 世纪 80 年代初，绍兴的企业家在这个市场缝隙中抓住了历史性机遇，大批乡镇企业迅速崛起。短短几年时间，绍兴以化纤为主的纺织工业已初成气候，到 20 世纪 80 年代中期，绍兴年产化纤纺织品已经超过亿米。但是市场滞后，布料交易仍然在船上、埠头和码头进行，规模不大。

第二次革命发生于 20 世纪 80 年代中后期，这一时期的轻纺业特点是规模型轻纺市场形成。1986 年，柯桥建成占地 3500 平方米的棚屋式轻纺市场，场内设门市部 77 个，摊位 89 个。1988 年 10 月，柯桥轻纺市场改名为绍兴轻纺市场，建筑面积 23000 多平方米，营业用房 600 间。1991 年，轻纺市场一期扩建 33500 平方米，成为国内规模最大的现代化轻纺产品专业批发市场，市场经营户 1548 户。

第三次革命发生于 1993 年，特点是市场的集团化体制革命。1992 年，"中国轻纺城"的更名使柯桥轻纺市场成为全国首家被冠名"中国"的专业市场。1993 年 5 月，全国第一家以大型市场为依托的股份制企业——中国轻纺城发展股份有限公司宣告成立。这时的轻纺城已发展成为亚洲最大的纺织品贸易集散中心，它又带动了市场内及周边地区另一批专业市场的崛起，如纺织原料市场、服装市场、鞋革市场、皮件市场、小商品市场、服装辅料市场、装饰材料市场等。

第四次革命发生于 20 世纪 90 年代中期，特点是无梭化纺织这一高新技术带来了轻纺业的革命。自 1995 年起，绍兴发动了一场"无梭化"革命，三年中淘汰了 4 万余台有梭织机，引进了 2 万多台无梭织机，使无梭化率达到 50% 以上。这是绍兴纺织发展史上一次脱胎换骨的革命，绍兴的纺织企业装备水平达到了 20 世纪 90 年代中期世界发达国家水平，产品的国际竞争能力大大增强。

第五次革命又被称为"外贸"革命，特点是营销策略的革新。1998 年，受东南亚金融危机影响，绍兴市纺织业受到沉重打击。几经市场洗礼的绍兴人从全球范围的比较中找到了症结：绍兴的纺织品出口率太低，仅占3%。当年，政府适时出台了鼓励扩大自营出口的一系列配套政策，企业立即抓住了"提高产品档次，打向国际市场"的巨大商机，在纺织企业中掀起了一场外贸革命。1998—2003年，全市纺织品自营出口年均增长速度超过50%。在国内纺织行业不景气的情况下，绍兴纺织业依靠开拓国际市场，保持了生机和活力。

中国轻纺城地处国内人口最密集、经济发展最快、社会购买力最强的长江三角洲"金南翼"，依靠全国经济十强区支撑，接受经济强省辐射。杭州湾跨海大桥建设产生的区位新优势和长三角经济一体化进程加速的经济新优势，使中国轻纺城在以上海为中心的长三角城市群崛起过程中受益极大。中国轻纺城已经不是一个一般意义上的区域市场，而是一个交易发达的全球性市场。目前，中国轻纺城按照"提升实体市场、做大网上市场、打造品牌市场、建设和谐市场"的总体思路，致力推进"南北中西"四大主体市场区及东部物流配套区协调发展，即南部的传统交易区、北部的市场创新区、中部的国际贸易区、西部的原料龙头区和东部的物流配套区。

柯桥区大纺织产业的五次革命是该区经济不断转型升级以求得长远发展的缩影。柯桥区的其他支柱产业如装备制造、建筑业以及旅游业等都经历了类似的发展轨迹。可以这么说，柯桥区是一块经济发展的沃土，也是中国民营经济与市场经济最活跃的地区之一。柯桥区域综合经济实力多年位居全国十强，2014年，实现财政总收入145.1亿元，实现地区生产总值1137.6亿元，自营出口110亿美元，2014年国内生产总值约是2000年的6倍（见图4-2）。

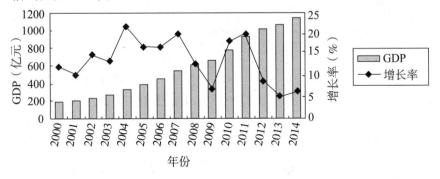

图4-2 柯桥区2000—2014年GDP和GDP增速变化

2000—2014 年间，柯桥经济结构调整趋势为，第一、第二产业比重下降，第三产业比重大幅度提升（见表 4 - 1）。

表 4 - 1　柯桥区 2000—2014 年历年生产总值及其构成

年份	第一产业		第二产业		第三产业	
	生产总值（亿元）	比重（%）	生产总值（亿元）	比重（%）	生产总值（亿元）	比重（%）
2000	120709	6.51	1194874	64.48	537571	29.01
2001	130838	6.40	1311890	64.20	600837	29.40
2002	137500	5.85	1515127	64.45	698229	29.70
2003	141687	5.20	1792082	65.83	788621	28.97
2004	150925	4.55	2147755	64.80	1015500	30.64
2005	169133	4.36	2505023	64.64	1201050	30.99
2006	179432	3.96	2925360	64.56	1426522	31.48
2007	189520	3.49	3510145	64.60	1734201	31.91
2008	224477	3.66	3876097	63.19	2033701	33.15
2009	240505	3.67	4056180	61.85	2261098	34.48
2010	287871	3.71	4733967	61.00	2739254	35.29
2011	332052	3.56	5548751	59.55	3437193	36.89
2012	356485	3.51	5893289	58.08	3897938	38.41
2013	325525	3.05	6131030	57.37	4230019	39.58
2014	329185	2.89	6306940	55.42	4744668	41.69

注：2000—2012 年为绍兴县，2013 年后更名为柯桥区。

在 2013 年绍兴县撤县改区之前，柯桥区一直保持着全国百强县的前十位，其 GDP 和人均 GDP 值都位于前列（见表 4 - 2）。2015 年 11 月 23日，《人民日报》公布了由中国中小城市科学发展评价指标体系研究课题组、中国城市经济学会中小城市经济发展委员会等推出的"2015 年中国中小城市科学发展评价指标体系研究成果"，柯桥区位居全国综合实力百强区（全国科学发展百强区）第 15 位，钱清镇和马鞍镇分别位居全国综合实力百强镇（全国科学发展百强镇）第 39 位和第 81 位。

表 4 - 2　浙江省、江苏省部分全国百强县市指标比较（2010 年）

城市	全国百强排名	人口（万人）	GDP（亿元）	人均 GDP（万元）	社会消费品总额（亿元）	固定资产投资（亿元）	财政总收入（亿元）	进出口总额（亿美元）
江阴市	1	120	2000.92	16.6	381.38	626.52	382.02	158.49
昆山市	2	145	2100.28	14.45	354.26	530.69	480.42	821.24
慈溪市	7	104	757.1	7.31	289.77	251.41	104.88	82.02
绍兴县	8	72	776.1	10.78	119.4	316.8	93.50	108.82
余姚市	11	83	567.17	6.8	219.86	219.2	82.07	66.56

区域经济的繁荣带来了柯桥区居民收入的提高，柯桥区统计局的分析报告显示，2013 年柯桥区城镇居民人均可支配收入 44821 元，农村居民人均纯收入 24173 元，具体表现为工资性收入稳步上涨，经营收入占比提高，财产性收入快速增长，以及转移性收入稳步提高。该区居民收入总量继续位居全市第一，其中农村居民人均纯收入位居全省 17 个经济发达县（市、区）首位。[①]

（三）人口积聚，社会和谐

20 世纪 80 年代之前，柯桥区的人口结构基本稳定。轻纺市场形成之初，规模外来人口主要是以经商人员为主，随着轻纺城的发展以及轻纺产业的崛起，外来农民工和技术人员成为外来人口的主力。

据"公安年报"统计，2013 年柯桥区户籍人口为 64.29 万人。此外，2013 年也是柯桥区流动人口服务管理局成立后正式运行的第一年，这一年柯桥区登记发证流动人口 85.82 万人，超过常住人口数量，同比增长 3.1%，流动人口总量位居全市第一。

以柯桥中心城区为例，从人口数量和人口结构来看，根据第五次（2000 年）、第六次（2010 年）全国人口普查数据显示，十年间中心城区常住人口由 32.65 万人增长到 48.46 万人，年平均增长率为 4.03%。户籍

---

① 资源来源于《2013 年柯桥区城乡居民收入分析报告》（柯桥区统计局，2015年 6 月）。

人口在十年间变化不大，由 26.82 万人增长到 27.05 万人，增加 0.23 万人，年均增长率仅为 0.09%。暂住半年以上人口由 7.21 万人增长到 26.21 万人，十年增加了 19 万人，年均增长率达到 13.78%。2010 年暂住半年以上人口占常住人口的比例超过一半，达到 54.08%。2010 年外出半年以上人口由 2000 年的 1.95 万人增长到 4.8 万人，与流入人口相比，数量规模不大（见图 4-3）。

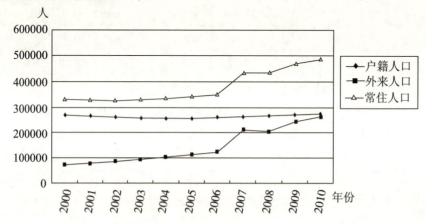

图 4-3 柯桥区人口结构变化

从人口产业结构来看，2010 年中心城区常住人口中有从业人口 30040 人，若按三次产业划分，其中第一产业 597 人，第二产业 15084 人，第三产业 14359 人，三次产业从业人员比例为 1.9∶53.4∶44.7。与 2000 年相比，第一产业从业人员比例下降明显，第二产业略有上升，第三产业明显增加（见表 4-3）。

表 4-3 常住人口劳动力结构

年 份	2000	2010
就业人口（人）	19135	30040
第一产业（人）	1961	597
第二产业（人）	9792	15084
第三产业（人）	7382	14359
从业人员比例	10.2∶51.1∶38.6	2.0∶50.2∶47.8

数据来源：绍兴县第五次、第六次全国人口普查资料。

从人口素养方面看，柯桥常住居民的文化程度普遍较高。以公民科学素养为例，国家统计局柯桥调查队在中国科普研究所组织实施的中国公民科学素质调查基础上，对该区抽中的 100 名 18～69 岁的成年公民问卷调查进行了整理分析。分析显示：随着全区公众的文化水平逐步提高，公民科学素质水平得到了稳步提升，电视和报纸等传统媒体是公民获取科技信息的主要渠道，但互联网等现代媒体成为柯桥公民特别是年轻一代公民获取科技信息的重要渠道。[①]

从江南小镇到初具规模的现代化城市，柯桥区在大力构建新型城市蓝图的同时，社会事业发展也一直走在前列。早在 2003 年，柯桥区政府已开始启动被征地农民养老保障工作，惠及农民达 17 万余人。2007 年，柯桥区又率先实施被征地农民与城镇职工养老保险并轨政策，截至 2015 年 9 月，柯桥区共有近 7 万名被征地农民享受城镇职工养老保险。除了提供失地农民的养老保障，柯桥区在养老、卫生、教育等社会事业方面层层加码，各项工作逐步推进。目前，全区共建成 130 个居家养老照料服务中心，17 个养老机构；还花大力气建设区、镇、村三级医疗服务体系，全区共规划设置村级医疗机构 288 家，按照"一村一室"要求，全面构建农村"20 分钟医疗服务圈"；通过医疗、医保、医药等联动政策，初步建设分级诊疗体制，方便市民在家门口享受优质医疗资源。

（四）文化兴盛，底蕴深厚

柯桥区地属水网密集的杭绍平原，位于杭州湾南翼两大国家历史文化名城杭州和绍兴之间，历史文化底蕴深厚，山水资源绝佳。自古以来依水建镇，因水兴市，留下了安昌国家级历史文化名镇、柯桥省级历史文化名镇、多个古镇空间及很多街、巷、桥、屋等历史遗迹，形成了独具特色的水乡古建筑群落。柯桥区有着深厚的历史积淀孕育，它传承了水乡、桥乡、酒乡、石文化、名士文化、商贸文化、师爷文化等地方特色文化。

经过长时期的发展，柯桥区的文化事业取得了显著的成就。该区早在 2005 年 12 月就成立了文化发展中心，由区文化馆、图书馆、博物馆和文物保护管理所四家文化事业单位以及明珠文化广场合并组建成为人、财、

---

① 资源来源于《柯桥区公民科学素质调查报告》（柯桥调查队，2015 年 7 月 23 日）。

物统一的独立事业法人。该中心总占地面积 17 万平方米，建筑由三馆一广场组成，总面积为 31000 平方米。中心拥有 1 个 440 座的音乐剧场、1个 300 座的多功能报告厅、3 个大型展览厅、10 间文化艺术培训教室、7个钢琴房、1 个专业舞蹈排练厅、投资 20 余万元的音乐录音棚及拥有 15万册藏书的图书馆。同时吸引社会力量开设了社区教育学校、健身中心、跆拳道馆、乒乓球馆、文印中心等文化教育、健身休闲场所。以图书馆、博物馆、非遗馆为代表的一系列展馆，基本实现免费对外开放。区域公共文化事业正日益凸显"公益"二字。

近年来，柯桥区还大力推进文化产业融合发展、集聚发展和转型发展，呈现出快速发展态势。截至 2014 年年底，全区共有文化产业单位5006 家，从业人员 3.85 万人，其中文化产业实现增加值约 60 亿元，居全市各区、县（市）首位，占 GDP 比重超过 5%。全区基本形成了以文化制造、文化旅游、文化创意、影视演艺、出版发行、广告会展等为主导产业的发展格局。随着柯桥城市品位提升和现代服务业发展，工业设计、电子商务、影视动漫、手机游戏等一批新兴业态正在集聚，逐渐成为新的增长点。规模达 50 万平方米的 F5 创意园、科技园、中国轻纺城创意园"三大园区"建设基本完成，以纺织产品创意设计、纺织技术科研创新、现代服务业集聚发展的创意大平台初步形成，文化产业成为带动柯桥区经济转型升级的"新引擎"。2015 年 8 月，柯桥区被列入浙江省 10 个省级文化产业重点县（市、区），这标志着该区文化产业发展进入浙江省第一方阵。

（五）建城历史短，城市化发展迅猛

柯桥是一座新兴城市，随着轻纺业的发展，集镇面积急剧扩大。2001年 3 月，绍兴县行政中心迁至柯桥，该区非农人口从 8 万左右扩展到 20多万，城市化率由 2001 年的不到 20% 上升到接近 70%。至 2013 年撤县设区，柯桥区域面积达到 1040 平方公里，下辖 4 个街道、12 个镇，户籍人口 64.29 万，暂住人口 65.29 万（见图 4-4）。作为一座功能齐全的新城市，柯桥进一步呈现出突飞猛进发展的新局面。

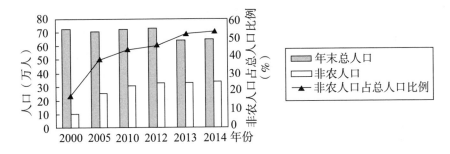

图4-4 柯桥区人口变化

（六）民间财富积累，生活服务与消费水平滞后

绍兴县民间财富不断积累，2010年城镇居民可支配收入32223元，在长三角县市中位居首位，远超出全国百强县市之首江阴，可谓"藏富于民"。

从消费水平来看，绍兴社会零售品总额位于几个对比城市之末，消费品总额占GDP比重仅为15.38%，远远低于几个对比城市，尚不足余姚市一半，人均消费品零售额16585元，仅为江阴市一半，可见，绍兴县消费水平与民间财富并不相符（见表4-4）。

表4-4 浙江省、江苏省部分全国百强县市服务业发展相关指标分析（2010年）

城市	三产比重（%）	GDP（亿元）	社会消费品总额（亿元）	消费品总额GDP占比（%）	城镇居民可支配收入（元）	人均社会消费品零售额（元）
江阴市	39	2000.92	381.38	19.06	30184	31640
昆山市	35	2100.28	354.26	16.87	30923	24373
慈溪市	34.4	757.1	289.77	38.27	30896	27978
绍兴县	35.29	776.1	119.4	15.38	32223	16585
余姚市	34.08	567.17	219.86	38.76	29670	26360
诸暨市	35.1	621.52	165.35	26.60	31413	15484

从三产内部结构来看，三产过度集中于轻纺市场（轻纺城贸易产值占三次产业比重约40%，加上金融、物流等相关服务，产值超过三次产业70%），生活服务配套设施严重滞后（绍兴县城市公共服务行业占三次产

业比重的 15.95%，仅为浙江平均水平的 2/3），导致民间财富与消费水平严重不符。

2014 年，柯桥区经济转型升级步伐加快，实现地区生产总值 1137.6 亿元，财政总收入 145.1 亿元，自营出口 110 亿美元，城镇常住居民人均可支配收入 46809 元，农村常住居民人均可支配收入 26743 元，城镇登记失业率 2.65%，人口自然增长率 3.8‰。

此外，柯桥区也积极实施"工业强区"和"服务业兴区"战略，推动经济结构调整，"十二五"期间，柯桥区三次产业结构比例调整为 2.9：55.4：41.7。着力加强项目建设，"五大千亿工程"全面启动，完成工业投资 291.8 亿元、服务业投资 284.1 亿元，分别增长 17.1% 和 18%，引进投资 5 亿元以上项目 10 个，落实浙商回归项目 49 个，到位省外资金 55.2 亿元。提升发展现代农业，新建粮食生产功能区 1.25 万亩，成功创建省级现代农业综合区、省出口茶叶质量安全示范区。加快工业转型升级，实现规模以上工业产值 3493.5 亿元，其中战略性新兴产业产值 868.6 亿元。印染产业集聚升级工程累计 13 个项目竣工投产。创建成为省"两化"深度融合国家综合示范区，完成"机器换人"项目 677 个。科技园、创意园基本建成，实现创意设计营业收入 7.6 亿元，增长 16.4%。新增国家高新技术企业 13 家，中国驰名商标 2 件，授权专利 3735 项，其中发明专利 116 项，制订和参与修订国家标准、行业标准 58 项，引进省级以上"千人计划"人才 8 人。积极做大做强服务业，实现服务业增加值 474 亿元，增长 8.7%，占生产总值比重提高 2.1 个百分点。新建电商产业园区 2 个，新增电商应用企业 500 余家，实现旅游总收入 141.5 亿元，增长 16.2%，大香林二期、金沙·东方山水等项目进展顺利。完成建筑业产值 1866 亿元，增长 16.6%。轻纺城西市场启动改造，轻纺城市场群实现成交额 1238.1 亿元，增长 12%，"网上轻纺城"实现成交额 112.7 亿元，增长 89.8%。第六次被评为"中国全面小康十大示范区"。2014 年全年财政性教育经费拨款 14.5 亿元，教育总投入 16.4 亿元。

自此，柯桥区社会固定资产投资逐步从工业往城建、民生倾斜，大型公共建设快速发展，品质楼盘陆续开发，生产生活服务、旅游休闲功能不断完善，尤其是近几年，城区工业退二进三、城中村拆迁安置进一步优化了功能空间，"因市兴城"的发展路径逐渐明晰。

2013 年从县转区后，柯桥区以"聚神聚力、提标提速，勇争一流、走在前列"的行动准则，深入实施"服务业兴区"和"工业强区"两大战略，全力推进经济转型升级、城乡转型升级、社会转型升级，致力于打造"时尚柯桥、印象柯桥、幸福柯桥"。"时尚柯桥"就是要致力于经济结构调整，以发展城市经济为核心，加快现代服务业、新型工业化和新型城市化融合发展，让时尚成为柯桥的鲜明特征。"印象柯桥"就是要致力于生态环境改善，加快"品质新城、魅力集镇、美丽乡村"建设，让"空气清新、水体清澈、环境清洁"的江南水乡成为人们对柯桥的美好印象。"幸福柯桥"就是要致力于人民福祉提升，最大限度提高人民群众安全感、幸福感和自豪感，让柯桥成为全国幸福指数最高的地区之一。

全区经济、社会发展的主要任务一是着力发展城市经济；二是着力推进新型城市化、城镇化；三是着力深化生态建设；四是着力推进改革开放；五是着力保障改善民生。促进"品质新城、魅力集镇、美丽乡村"建设，柯桥教育必须为之服务。

二、柯桥区城乡教育一体化发展的探索与实践

柯桥区的前身绍兴县是一个没有城区的农业县。改革开放初期，该县基础教育随地域经济发展大力改善办学条件而实现了"让每个孩子有学上"和各个乡镇之间学校的均衡发展。20 世纪 80 年代末 90 年代初，横跨 3 个乡镇 70 多所学校、历时 8 年的"柯桥实验"给柯桥教育质量的提高带来了快速发展的契机，初步实现了区内乡镇学校之间的均衡和优质并重发展，使柯桥由区域教育质量低位的均衡发展到高质量的均衡，在竞争中处于整体领先地位。在近二十年发展历程中，柯桥教育孕育形成了独特的"城乡统筹，优质均衡"的城乡一体化发展模式，即"柯桥模式"。

（一）柯桥教育发展历程的审视

柯桥区教育既符合我国教育发展的基本脉络，又有其独特的发展轨迹。作为城乡教育一体化进程的先行探索地，其经验具有现实性和典范意义。柯桥区发展历程从 20 世纪 80 年代初至今可分为三个阶段。

1. 第一阶段：1979—1984 年，普及初等教育

1983 年前的绍兴城区属于绍兴县，此县的教育发展格局表现为城乡

二元的割裂。在城区，优质教育资源高度集中，农村地区的教育则十分薄弱。此时的绍兴县教育处于县域乡镇教育时代。

20 世纪 70 年代末，《光明日报》一篇题为《鲁迅故乡文盲多》的报道深深刺痛了绍兴的广大教育工作者。绍兴县委、县政府决心发扬"胆剑精神"，像抓经济那样抓教育，一定要改变地区教育落后的现状。

1981 年 2 月，县委、县政府做出"把普及教育列入区社干部岗位责任""农村 15 岁以下青少年小学未毕业不得入社队企业工作"等四项规定，要求 1983 年全县实现普及小学教育。当时小学教师除了教学工作外，还有一项任务，就是和乡干部、村干部一起走村访户确保"普及率"。1984 年 5 月，省教育厅公布"绍兴县基本普及初等教育"。

2. 第二阶段：1985—2000 年，普及九年制义务教育

1985 年，绍兴县按照"实事求是、积极稳妥、因地制宜、分期分批"的原则，以乡（镇）为单位，全县 62 个乡（镇），分三批实施九年制义务教育。1986 年，开始在柯桥镇实施义务教育工作试点。

1987 年，县政府把"争取在 1989 年有 1/3 的乡（镇）普及九年制义务教育"作为该届政府三年内着重办好的 10 件实事之一，颁布了《绍兴县九年制义务教育实施办法》，大大加快了全县实施九年制义务教育的步伐。1993 年 4 月，经检查评估，省政府授予绍兴县"基本普及义务教育、基本扫除青壮年文盲县"称号。1997 年，绍兴县分别被国家教委和省政府评为全国和省"两基"工作先进县；1990 年，绍兴县在柯岩进行智力残疾儿童随班就读试点，随后规定：绍兴县所有残障学生的学习费用都由政府全额"买单"。2001 年 6 月，绍兴县荣获"全国'两基'工作先进地区"称号，全县九年制义务教育入学率和完成率均达全国最发达县水平。2002 年，全县 19 个镇（街）均成为市高标准普及九年义务教育镇。

1987 年 8 月，浙江省教委决定，在时辖 9 个乡镇、约 14 万人口的绍兴县柯桥区组建农村区域教育改革实验区。以全面贯彻党和国家的教育方针，克服片面追求升学率的错误倾向，以能积极适应、服务和促进社会主义新农村的经济社会发展为主题，以探索社会主义新农村教育的典型经验和模式为目的，开展教育实验，简称"柯桥实验"。"柯桥实验"从整顿学校教育秩序、改善校园氛围和改革中考办法入手，进行多方位的改革尝试，整个实验持续了八年。

这一次教育改革的目的在于寻找农村基础教育适应、服务并促进农村社会发展的有效途径，将调整课程设置和教学内容、沟通学校和社会的联系作为改革的核心内容。该项改革确立了两个着力点：一是建设丰富多彩的校园文化，活跃学校气氛；二是建立学校主动为社会服务和社会参与学校管理的新机制。同时，提出了改革的保障条件，主要是取消统考，建立新的考试和招生制度，为教学改革"松绑"。实验由省、市、县教委共同领导，从而保证教育改革的正确方向。

为期两轮、历时 8 年的实验，使柯桥 3 个乡镇 70 多所农村学校的面貌发生了很大变化，形成了不同的办学特色。校内外广大干部群众树立了正确的办学指导思想，教育职能观、质量观、人才观等发生了积极而深刻的变化；学校和社会的关系进一步得到加强，学校之间和师生之间的关系更加融洽，形成了互相信任、互相帮助、共同进步的良好氛围，学习由苦差事变成了乐事，学校变得生动活泼而有吸引力；小学和初中的流失生绝迹，已辍学流失的学生也重返校园；毕业生对现实生活的适应、生存和发展能力比过去明显增强。一个初具特色的社会主义文明学校群涌现于柯桥三镇。

"柯桥实验"的独特价值表现在：一是转变教育观念的实验，确立以提高学生全面发展水平为宗旨，逆片面追求升学率的潮流而动，突破分数唯一的工具理性价值观；二是扎根于农村基础教育改革的实验，是在中国实现教育现代化最薄弱的农村地区进行的改革探索，为我国农村基础教育的改革提供了重要经验；三是区域性整体推进的实验，实验覆盖了当时整个柯桥区 9 个乡镇、14.2 万人口，包括实验区内所有小学、初中、职校、成人教育机构和幼儿园共 70 多所学校；四是由上而下、由省、市、县教育行政领导策划主持下的全方位实验。以上这四个方面不仅表明该项实验改革力度大，而且表明这四点特质从根本上确定了柯桥实验所具有的开拓性、引领示范性及创新性，在中国教育改革史上写下了重要的一页。

1990 年 7 月和 1996 年 4 月，全国教育科学规划领导小组办公室分别邀请以张健和卓晴君两位同志为组长的专家组，对课题进行了两次鉴定，他们对实验给予了高度评价。实验成果结集成《一个有深远意义的农村区域教育实验》一书，于 1996 年由教育科学出版社出版，总体上较为清晰地反映了柯桥教育实验区探索的足迹。

通过柯桥教育实验，柯桥实现了第一个阶段学校教育的优质均衡发展。

3. 第三阶段: 2001 年至今,高标准、高质量普及十五年优质教育

2001 年 3 月,柯桥区(原绍兴县)行政中心迁至柯桥,由于柯桥城市空间快速扩张,与南北部安昌、湖塘、柯岩呈空间连绵态势。以"大柯桥"为重心,扩大城市用地空间规划"一核两区"的总体布局结构,引导"北工中城南闲"的功能结构,并提升城市性质为"国际纺织中心""江南水乡名城"。国际纺织中心以国际化、品牌化、专业化为建设目标,以一年两次的国际纺织博览会为交流途径,吸引境内外参展企业和购买商来柯桥交易与交流。随着经济产业的转型升级,柯桥区城市发展的重点逐渐从经济实力的增长转向城市服务、品质提升和魅力、特色的打造。

伴随城市化的不断推进和柯桥新城的崛起,绍兴县基础教育突破了原有的平衡。从 2000 年到 2014 年,柯桥农业人口从 60 多万下降到 20 多万,非农人口从 7.21 万增加到 26 万,再加上居住在柯桥的流动人口超过 30 万,这些都对柯桥新城的教育提出了巨大的需求。城市新增的教育需求对柯桥全区的教育资源产生了虹吸效应,优质教师资源和学生生源都被吸引到城区集聚。农村地区的基础教育受到很大影响,很多地区停滞不前,甚至出现了萎缩和倒退。伴随地域经济的发展,缩小城乡差距成为一个亟待解决的重要课题。

城乡教育之间日益扩大的差距要求政府做出有力的应答。早在 2003 年,绍兴县就率先提出"城乡教育一体化"的战略思路。以"让全县每一个适龄孩子都能接受普及优质十五年教育"为目标,以"内涵发展、质量提升"为主题,通过城乡统筹发展,走新型城市化道路,由单纯的办学硬件投入改善向重视教育均衡公平转变;由"规范、普及、均衡"向"均衡、内涵、特色"转变,从而实现教育发展目标、发展重点、发展方式三大转轨。2007 年,县委、县政府提出《关于实施"六个所有"民生计划的意见》,其中包括了"大力发展群众满意、走在前列的现代教育",让绍兴县所有适龄孩子都能享受十五年的优质普及教育。至 2009 年,全县的省示范初中学生覆盖率为 89%,省示范小学学生覆盖率为 73%,省等级幼儿园学生覆盖率为 90%。通过不懈努力,在城市化和市场化飞速推进的同时,柯桥区很好地预防和克服了基础教育在城乡之间经常出现的两极分化现象。

这个阶段的主要改革举措归纳为以下几方面。

一是推进城乡教育均衡发展。

在绍兴县，教育是推进城乡一体化进程中的重要基石。为提升教育内涵发展的硬实力，绍兴县始终将山区与农村教育发展作为重点，2003年10月，在全县教育工作会议上，绍兴县委、县政府宣布：从2004年起，山区义务教育阶段学生免交杂费、课本费，同时公布从山区到平原、从农村到城市义务教育免费推进的"时间表"。2006年，绍兴县率先贯彻中央关于农村义务教育免杂费、免课本费的决定，全县10万中小学生共计免交杂费金额达1000万元。读书家庭平均每户每年减轻负担近700元；2007年，实行"以县为主"的义务教育经费保障机制，政府为教育全额"买单"，这一系列举措比全国提前了整整两年。2004年，全县村完小实现教育网校校通；2005年，为全县每一所村完小配备一套移动多媒体设备，2006年，对山区学校以每生20元标准专项配备了体艺设备等；2007年，全县资助家庭经济困难学生1.8万人次，补助461.5万元；享受爱心营养餐学生6760人次，补助70.5万元；对全县131名孤儿进行专项补助；对山区小学住宿生实行免费住宿，并提供每天1.5元的餐费补助。实行农村教育优先政策，建立了全县性的以生均和师均为基数并向山区倾斜的经费分配原则，四个山区镇成立了教育管理办公室，促进了山区教育与城区学校同步优质发展。

实现城乡教育一体化均衡发展还必须解决外来务工人员子女的教育问题。随着绍兴县经济的快速发展，外来务工人员占全县常住户口的三分之一左右，他们子女读书难的问题越来越突出，让外来务工人员子女享受同本地孩子一样的教育是一种更本质的公平。绍兴市政府坚守"让外来孩子同在一片蓝天下快乐成长"的理念，努力让外来学生享受同等的免费教育。2002年9月，绍兴县在打击取缔非法开办的外来民工子女学校的同时，建成了绍兴市第一所公办外来民工子弟学校——蓝天实验学校，500多名来自新疆、四川、湖南等10多个省的民工子女高兴地跨进了崭新的校门。至2009年，全县非营利性公办民营民工子女学校达到16所，解决了近万名外来民工子女的入学问题。与此同时，全县通过开放本地公办学校、实行优惠收费、发放"教育绿卡"等途径，积极拆除各种"门槛"，让全县3万余名外来民工子女在绍兴背起了幸福的书包。此外，县教育局还出台了《绍兴县外籍人员子女就学实施办法（试行）》，为30余名外国籍学生提供了良好的教育服务。2008年，残障学生十五年基础教育全部免费，2015年，绍兴县教育高标准普及提前实现。

　·　二是调整学校布局。

21 世纪以来，绍兴县政府先后投入近 15 亿元，新建改建学校 70 多所，中小学校从 223 所调整为 131 所，省标准化学校创建率达到 95％，全县 19 个镇街全部成为绍兴市教育基本现代化镇街。短短几年间，建成了一大批高标准的学校。

2000 年前后，由于县内高中教育资源有限，绍兴县初中升高中升学率一直在 80％左右徘徊，高中段成了制约绍兴县教育进一步发展的"瓶颈"。2003 年 3 月，县委就全县高中教育发展问题做出重要决策，批准县教育局关于调整高中布局规划的建议：撤并齐贤中学、钱清中学，新建鉴湖中学；扩建职教中心，迁址工业学校，扩建柯桥中学、鲁迅中学、越崎中学。规划中新校舍扩建投资达 3.5 亿元，其中财政投入近 8000 万元，其余均由学校自筹。2005 年 4 月，鉴湖中学落成，齐贤中学和钱清中学两校学生迁入就读，全校学生总人数达 3974 人，成为全县规模最大的高中学校。同时，柯桥中学、鲁迅中学、越崎中学扩建工程基本完成，并成功创办国有民营柯桥中学笛扬分校和鲁迅中学豫才分校，扩大了两校招生规模。2006 年，绍兴县"初升高"升学率一举达到 98％，解决了学生上高中难的问题，促进了绍兴县基础教育体系合理结构的形成。

三是改革创新，实现学校优质发展。

改革创新是学校发展的重要动力，在义务教育阶段着力推进"新教学革命"的同时，县政府提出将"校有特色、教有特点、生有特长"的学校文化建设作为学校办学的最根本建设，要求各校根据孩子们的需求，通过挖掘地方文化这个丰富的课程资源库，积极主动开设绍兴县地方课程、校本课程，倡导名人文化、地域文化、民俗文化、艺术文化和科技文化，让学生的成长留下独特的地方烙印。其中，绍兴县所有中小学校都开设了书法课，每周一节，列为学生素质考评内容；组织编写的《书法》一书，由县长亲自作序，作为浙江省第一本书法地方教材走进了全县中小学课堂。

努力培育特色，形成特色，至 2009 年，在绍兴县 35 所中心级初中、小学中，有 17 所省示范初中、16 所省示范小学、8 所省体育艺术特色项目学校、15 所市体育艺术特色学校、15 所全国和省级绿色学校，每一所学校都亮出了响当当的特色"名片"。文化自觉凸显了教师发展的主体性地位，绍兴县的"教师素质提升工程"使全县教师把提高自身素质变成一种自觉行为，在成就学生的同时实现自己的成长，从个人的成长中创造属于自己的幸福。

2008 年，县教育局实施高中教育发展战略转移，全县普通高中教育发展重点从硬件建设转移到软件建设，从外延扩张转移到内涵提升。高考质量持续上升，2008 年重点大学上线人数首次突破 1000 人大关，达到 1014 人，上线率达到 91.5%，超出省平均 7.5 个百分点。大学毛入学率已达 50%，远远高于全省 38% 的平均水平。

四是建立健全相应的运作机制。

（1）资源配置机制。2003 年，绍兴县创造性地建立了"四个统筹"工作机制，即统筹教育发展规划、统筹教育经费管理、统筹师资配置、统筹网点调整和学校建设。其中，教育经费全部由政府统一"买单"，教育局集中核算管理和监督，使城乡教育均衡发展得到根本保障。2007 年 4 月，全县义务教育全面纳入政府公共财政保障范围。

为推进高水平普及十五年基础教育，绍兴县教育经费高水平保障：2003 年 5.81 亿、2005 年 7.81 亿、2007 年 8.51 亿，而且大部分经费都投向了山区。"没有山区教育现代化，就谈不上全县的教育均衡发展"，这是绍兴县教育人的共识。

资源配置机制包括资源配置的方向、结构、方式及对资源深层次的开发利用等。根据农村义务教育实行"在国务院领导下，由地方政府负责，分级管理，以县为主"的管理体制，县级政府及其教育行政部门，在增加教育资源的总量的同时，还要盘活教育资源的存量，建立现代教育资源配置机制。绍兴县政府坚持按照义务教育均衡发展的要求，把面向每一所学校、把每一所中小学都办合格为准绳来配置教育资源，同时利用资源配置机制引导学校办出特色。

（2）教育评价机制。首先是改革高中招生制度，2000 年以来，全县普高招生指标按办学水平、办学规模和办学质量分配到各初中，实施优秀生、特长生免试直送重点高中。2005 年，又出台了《绍兴县初中毕业生综合素质评定实施意见》，积极构建科学合理的学生综合素质评价机制。高中招生制度改革，引导学校全面提高办学水平，促进学生全面发展。坚持教育质量为中心，坚持科学规范抓质量，依靠内涵发展，常规管理，实施教学过程规范化、标准化、最优化。

（3）监督激励机制。县政府出台一系列文件，规范全县各级各类学校的办学行为。围绕规范办学、学籍管理、体艺卫开展情况、心理健康教育、综合实践活动等专题，由相关职能科室开展经常性的、多种形式的调研和督查，定期召开教学质量分析会议，以"规范、轻负、高质"为取向的质量评价机制在实践中不断完善。2005 年，绍兴县教育局组织上规模的初中校长以端正办学思想、规范办学行为为中心议题的研讨会，与会校长做出 14 条承诺，并向全县各校发出倡议。

（4）政策保障机制。为保证教育内涵发展，教育行政部门出台系列指导性政策。如对山区学校帮扶的教师政策，县财政每年安排 50 万元资金，对在山区工作的名优教师每月发放 100～600 元的特殊补贴。全县义务教育阶段学校教师收入额纳入财政保障，实行统一发放。

应该看到，柯桥在从县转区前的三十年，经过探索和积累，底蕴丰厚。正如 2009 年 12 月 28 日《中国教育报》发表的《一个"市场大县"的兴教之道——浙江省绍兴县向现代教育成功转型透视》一文中所说，柯桥教育在推进基础教育区域性发展中正走出自己的独特之路。

目前，柯桥全区经济、城乡、社会发展现阶段的主要任务：一是着力发展城市经济；二是着力推进新型城市化、城镇化；三是着力深化生态建设；四是着力推进改革开放；五是着力保障改善民生，以促进"品质新城、魅力集镇、美丽乡村"建设。为完成这些任务，柯桥教育必须为之服务。

（二）柯桥教育发展模式的特点分析

柯桥教育模式的内涵集中体现在以下几方面。

1. 教育管理体制创新：建立"以县为主，政府承责，统筹协调" 的体制

针对城乡教育资源不均衡、教育优质资源稀缺的问题，柯桥区建立了以区为主，实行统筹教育发展规划、统筹教育经费管理、统筹师资配置、统筹网点调整和学校建设的机制。

（1）统筹教育经费管理。建立区镇两级政府分项目、按比例分担的义务教育经费保障机制，将义务教育全面纳入公共财政保障范围，落实教育经费的"三个增长""两个提高"。"三个增长"即教育经费增长高于财政

经常性收入的增长，生均预算内教育事业费增长和生均预算内公用经费增长。"两个提高"指国家财政性教育经费支出占国民生产总值的比例随着国民经济的发展和财政收入的增长逐步提高，各级财政支出总额中教育经费所占比例应当随着国民经济的发展逐步提高。教师工资福利、月岗位奖、年终奖等工作津贴全额纳入区财政。全面实施教师绩效工资改革，教师收入待遇实现大幅提高。

（2）统筹师资优化配置。优先配备山区学校教师。新教师分配原则上安排在山区学校，确保山区学校开足、开齐课程；确保山区学校音乐、体育、美术及英语、计算机等专业教师优先满足。积极推进城乡师资合理流动。调整建立了 19 个区级教育联盟和 14 个镇（街）教育联盟，义务教育阶段实现教育联盟、教育集团全覆盖。教师待遇向农村山区倾斜，鼓励优秀教师向山区流动。山区教师享受每月 100～200 元补贴，农村教师享受每月最高 400 元的任教津贴，农村教师平均收入高于城区学校教师。

（3）统筹网点调整和学校建设。整合城乡教育资源，推进高中段学校向主城区集聚，初中和镇中心小学向城镇集聚，完（村）小向集镇和中心村集中。2003—2012 年间，全区义务教育段撤并教育网点 227 个，小学从 259 所调整到 63 所，初中从 50 所调整到 19 所。为配合之江学院落户柯桥，2012 年调整高中教育网点布局，迁建职教中心、鉴湖中学，新建钱清中学。2011 年以来，区镇两级财政共投入 11.5 亿，新建扩建学校 41 所，建筑面积 37.9 万平方米，校舍条件进一步得到改善。

2. 关注公共事业，推动教育公平，调整教育发展格局

实现教育公平，基础条件是实现城乡居民生存状况、生活水平的公平。柯桥区采取多种措施缩小城乡反地域之间居民的贫富差距。在教育方面，柯桥区主要通过实施贫困学生、残障学生、外来人员子女教育助学制度以及加强学前教育统筹发展等系列措施，率先实现所有适龄孩子都能享受十五年优质普及教育的目标。此外，关注公共事业，协调教育结构，柯桥区也营造了推进城乡教育一体化的良好文化生态，使近 10 万名学生享受到免费教育，为 95 万外来人员子女创办 16 所公办民营非营利性民工子女学校，妥善安置了 3.6 万名外来人员子女入学，其中符合条件的 2 万余人享受了免费义务教育的"同城待遇"。

教育发展格局的调整主要体现在两个层次。

第一个层次是以追求区域性空间整体效益最大化为目标，以"国际化""城市化""多元化""数字化"为特色构建教育区域性主体功能区。这一层次的策略是要"突出重点，形成群体"，形成"一主、二区、三城"不同的功能区域教育协调发展的结构模式。

第二个层次是学校教育现代化发展。以"变革、超越、发展"为理念，以"提升办学品质、创新教育模式"为特色。这一层次的目标是实现学校的文化价值、教师的精神追求、学生的个性三个发展，推进学校办学力提升，形成具有"深厚的文化积淀、开阔的国际视野、鲜明的办学个性"的优质学校群体。其重点是育人模式的创新（人人成才、多样化成才），具体可以从目标价值、课程开发、教学改革、德育创新、管理创新方面实现学校教育的现代化发展，内容如下。

（1）课程结构与教学创新改革实验工程，实现学生个性差异发展。提高课程开发能力，探索合理的课程结构；推进学校的教学改革，构建发展性教学系统。

（2）学校信息化工程，探索建立信息化教育新模式。提供更加开放、便捷的学习环境，为每个人提供个性化和无处不在的教育。在数字化学习设施上集成教学内容、学习共同体，学习工具、学习档案，作业、学习诊断与补救，学习资源、虚拟实验。在数字化学习方式上探索建立未来的学习模式，探索网络支持下的多元、共享、交互式的教学文化。

（3）学校文化建设工程。以绍兴的地域文化、民俗文化、名人文化、艺术文化、科技文化为基础，建设不同区域的学校文化，形成学校的文化个性与品牌。

（4）教育家型校长与智慧型教师原创力提升工程。提升校长的领导力，即战略性谋划能力、领导者品格等，形成一支教育家型校长队伍；提升教师的课程创生能力与教学原创能力，形成一支智慧型教师队伍。同时创建具有生成性的学校生态制度与管理系统，营造内外部良好的育人环境。

3. 教育发展机制优化：推进四项工程建设

教育体制的创新是推进城乡教育一体化的关键。绍兴县以工程学的方法，通过镇域管理一体化工程、城乡教育共同体工程、学区制管理工程以及薄弱学校提质工程"四大工程"的实施解决了城市学校、乡村学校改革创新中共同的基本问题。

一是"以人为本"的办学目标。在学校教育中，关注学生的文化生存环境和活动方式，关注学生的生存状况和生命价值，尊重学生的主体地位和主体人格，培养学生自主性、主动性和创造性，使他们在掌握人类优秀文化基础上学会学习，学会创造。这一价值目标定位从根本上反映了学校教育创新发展研究主题从工具理性到价值理性的转化。

二是优质高效的学校教育发展模式与育人模式的构建，形成学校办学个性与特色。无论是城市还是农村的学校，依据学校的培养目标及办学方略，重点工作在于育人模式的创新，这就是学校课程、教学及德育三方面的改革创新。通过研究的聚焦，有效促进学校领导者科学的质量意识、特色意识的确立，提升他们对学校办学特色和学校潜在的创新能力的认识。正是学校现代发展视域的形成，有利于学校教育进行结构性调整从而实现功能、形态上的根本性转变。

三是追求差异均衡和内涵发展均衡。绍兴县教育决策者认识到，由于历史和自然的原因，城乡之间和区域之间的发展差异是一个现实客观存在。推进城乡教育一体化发展，一是不能搞形式均衡和去个性化，二是尊重城乡不同的发展主体的需求、遵循城乡教育不同的发展规律和特色，防止用城市发展模式简单地代替农村发展模式，更要防止农村教育被边缘化。差异本身就是一种资源，面对差异应关注均衡和协调各种教育诉求，积极构建利益共同体，促进教育整体水平的提升，达成实质性的教育公平。

整体来看，柯桥教育在推进城乡教育一体化发展过程中的创新点主要有以下几方面。

（1）城乡教育一体化发展的思路是城乡统筹。城乡教育一体化实际上是一个区域性基础教育改革与创新全局性的战略部署问题，是对特定区域城乡教育一体化发展有关全局性、长远性、关键性问题做的筹划与决策，不仅仅是解决农村教育问题。城乡教育一体化既不是以城市文明为中心的对农村教育的"拯救"，也不是城市教育被农村教育的平均和拉低，而是城市教育和农村教育在各自内涵和特点得到发挥的基础上的互相补充和促进，达到的目标是高位、优质、均衡的基础教育的建设。

柯桥的城乡教育一体化发展走的是"城乡统筹、优质均衡"之路，从而颠覆了"中国农村教育是愚昧、落后的被改造和被拯救的对象"这一流行的基本假设，探索了解决城乡两极分化的新路径。

柯桥区在推进城乡教育一体化过程中边探索边实践，自觉地把自身的活动建立在以下观点的基础上：①城乡教育一体化发展必须坚持"以人为本"的科学发展观，以实现人的全面而自由的发展为目的；②"内涵发展、均衡发展、特色发展、生态发展"是城乡教育一体化发展的内涵；③城乡教育一体化呈现多样化的存在形态及发展模式，且是一个具有自我更新、自我发展的生态系统，柯桥区的城乡教育一体化必须从自身实践出发，并且以自身问题的解决为归宿；④城乡一体化水平是城乡教育一体化发展的基础，政府的责任担当是实现中国城乡教育一体化发展的基本保障。

（2）城乡教育一体化发展的方法是全面协调。要破解城乡教育二元化难题，必须选择正确的方法路线。柯桥教育展现的思路是，从区域性经济体制的深刻变革、社会结构的深刻变动、多元文化的深度整合和思想观念的深刻变化中把握城乡教育一体化的内涵实质以及发展的内在机制问题。以经济变革和政治、社会、科技、文化发展需求为立论点，在深入分析总结区域性已有变革实践基础上，探讨适应社会发展和优质高效的区域性城乡教育一体化发展模式。遵循这一思路，从所在地域的实际情况出发，在总结历史经验及实践探索基础上坚持科学和理性。

（3）重新界定城乡教育一体化发展的研究域。依据对城乡教育一体化研究的定位，坚持城市教育、农村教育在各自内涵发展基础上寻求一体化的当代形态这一立论点，重新界定研究域。如：①改革开放以来，特别是近十五年以来基础教育城乡一体化发展的特征；②基于全球化、信息化、工业化、市场化、城市化对基础教育未来发展的影响，基于对我国政治、经济、文化、科技、社会发展对基础教育改革发展的需求，分析基础教育城乡一体化发展的内涵和特征；③基于柯桥的地域特色，构建具有自身特色的基础教育城乡一体化发展实施状态、类型、模式和机制；④深化学校教育创新的实践探索，改变师生生存状态和生活方式，促进学生和教师的发展，形成学校的品牌文化并提升学校的办学力。

三、柯桥区的城市功能定位、思路与对策

（一）城市发展的机遇挑战和矛盾

柯桥区未来经济社会发展面临三大战略机遇。一是区域重大战略的实

施为柯桥区打造了更高层次的发展平台。区域性重大战略既表现在作为
"一带一路""长江经济带"战略的沿线区域，柯桥将迎来开放发展的历
史新机遇，也表现在上海自贸区的建立、杭州都市经济圈转型升级综合改
革试点的推进，给柯桥制度创新、总部经济集聚、产业重构和外贸发展带
来的"辐射"效应。二是绍兴大城市建设为柯桥新型城市化发展奠定了坚
实基础。区划调整，柯桥区由县域城市转变为中心城市的战略性新城区，
城市能级进一步提升，有望依托经济和商贸等核心功能，提升城市化水
准，在绍兴大城市建设中发挥引擎作用。三是大型区域交通设施规划建
设，给柯桥的区位优势带来了实质性提升。

柯桥区在大三区地域中的交通区位优势明显，规划中的杭绍台高速铁
路（又称杭绍台城际铁路客运专线）、杭绍城际铁路都将柯桥纳入其中一
站，根据《绍兴市城市轨道交通首期建设规划（2016—2021 年）》，绍兴
市区将成为继杭州、宁波之后，浙江省第三个拥有地铁的城市。

柯桥地处长三角区域南端，接轨上海，承接产业转移，致力于打造长
三角先进制造业基地。柯桥基本融入杭州都市发展的第二圈层，杭绍一体
化发展格局明晰。

柯桥全面对接杭州都市区，一是道路交通进一步无缝对接，二是打造
现代纺织生产服务中心。加快对接长三角、融入沪杭都市圈的进程，柯桥
在长三角城市群中具有重要的区位和竞争优势。

在面临机遇的同时，柯桥区发展也面临一些主要矛盾。

2013 年，柯桥区的城镇化率已达 65.3%，高于全市（60.1%）、全省
（64%）的平均水平，即将进入稳态城市化阶段。因此，如何推动城市发
展由"提速"向"提质"转化，从"拓展"向"优化"转型，从"规模
型扩张"向"精致型发展"转变，柯桥区正面临着深度发展的诸多矛盾。

1. 优越的自然地理位置与不进则退的经济地域格局之间的矛盾

柯桥区具有优越的自然地理位置，但是如果从地域经济格局来看，柯
桥的发展需要考虑绍兴大城市、杭州都市圈、宁波都市圈的辐射影响力。
这就要求柯桥必须不断调整发展思路以主动对接大城市圈发展的要求。在
绍兴市行政区域调整之前，柯桥区就有意识地开始依托杭州都市圈平台促
进城镇化。在稍早前制订的《绍兴县域总体规划》和《绍兴县城乡新社区
布局规划》中就反复强调主动对接杭州都市圈，主动承接杭绍城市群资源要
素和产业转移，着力打造特色鲜明、宜居宜业的临杭经济增长带门户城市。

2. 经济转型升级的压力和挑战

近年来，面对整体产业和整个区域经济的转型升级的难题，绍兴市确立了从县域经济向都市经济，从轻纺产业下游向上游的转型战略，为地方经济和产业转型指明了方向。最近几年，柯桥经济尤其是轻纺产业面临着产业升级的巨大挑战。轻纺行业是劳动密集型企业，随着劳动力成本的提高、环境生态压力的加大，原有的竞争优势迅速消失，产业单一，高资源消耗模式难以维持，柯桥轻纺行业面临着转型升级的挑战。要让高污染、劳动密集型的轻纺产业顺利转型升级，实现环境友好型的发展，必须向产业上游的研发设计等高附加值产业链升级。要突破县域经济发展的瓶颈，寻求经济持续创新的动力，就必须发挥区域融合的优势，向都市经济发展转型。

3. 城市发展历史短，基础设施不健全

柯桥是一个新兴的城市。十多年来的快速发展，柯桥非农业人口迅速增长，城市化率由2001年的不到20%上升到2015年接近70%的高城市化水平。伴随着城市化的快进，柯桥基础设施仍然不健全，城市公共交通建设相对滞后，交通拥堵问题愈演愈烈，城市社会呈分化现象也日益凸显。柯桥区的未来发展需逐步从工业往城建、民生倾斜，快速跟进大型公共建设，不断完善生产生活服务和旅游休闲功能。

4. 城市人口承载的问题

一是随着产业转移和城市改造，城市人口存在急剧减少的风险。作为现实城市人口的主要构成，从事第二产业的外来人口流动性大，常会随着产业转移而迁移，因此，中心城区人口存在急剧减少的风险。

二是随着产业结构升级，区域产业对第三产业从业人员需求持续增加。未来社会，人们对于生活质量的高要求将促使第三产业也向高技能方向转化，以商务服务、科学研究和技术服务、批发和零售业服务为主体的第三产业，将是高素质服务型技能人才就职的主要领域。同时，区域产业对从事劳动密集型的初级技工和中级技工的需求量将下降。如何提供高素质人才以满足现代服务业、高新技术产业、文化创意产业集群发展的多元化产业格局的发展需求，是区域战略规划中的重要问题，而现实问题是从业人员结构明显不合理。表4-5显示的是2006—2010年部分行业从业人员的变化情况。

表 4-5　2006—2010 年部分行业从业人员变化情况

年份	工业（人）	建筑业（人）	批零贸易业（人）	住宿餐饮业（人）
2006	70629	6961	10234	1940
2007	89709	9419	12202	2583
2008	97196	10938	17698	3542
2009	105553	10608	18057	4189
2010	111245	11794	18626	4444

三是人口老龄化发展趋势。截至 2014 年 12 月底，柯桥区总户籍人口 64.88 万人，其中，60 周岁及以上老年人口 13.87 万人，占全区总人口的 21.38%。人口老龄化程度的不断加深对该区社会养老服务体系建设提出了新的要求，加强新型社会养老服务体系建设，提供社会养老基本公共服务将成为政府的一项重要工作。

5.“江南水乡名城”的各项功能发展和空间支撑相对滞后

柯桥目前仅鉴湖风景名胜区开发相对成熟，城市内部丰富的山水资源、历史载体、文化资源尚未得到充分的挖掘和开发。同时，从柯桥区人口、经济、土地的增长协调性分析来看，人口城市化滞后于空间城市化，同时，市民文化素养、城市生活配套服务也有待完善。如何构建公平、民主、法治、人文、科学的区域文化形态，也是必须应对的问题。

（二）城市发展的总体思路与对策

1. 柯桥区“十三五”时期经济社会发展的总目标

打造“时尚柯挢、印象柯桥、幸福柯桥”，率先完成经济转型升级、率先建成美丽乡村、率先全面建成小康社会是柯桥区“十三五”期间经济社会发展的总目标。

2. 柯桥区的城市功能定位

柯桥城区与越城区（含镜湖、袍江、高新区）共同组成绍兴市主城片，属于优化提升区域。柯桥区要发挥中心城市要素集聚优势，整合资源，强化中心城市综合发展轴，错位发展，提升中心城市的综合竞争力。促进越城、柯桥、上虞三区相互融合、提升发展，增强城市的集聚力和辐射力，带动周边城镇发展。

柯桥是中心城市的重要组成部分，是城市能级提升的战略性新城区，是绍兴成为世界纺织业制造、贸易、创意中心的主要基地，要着力打造国际纺织之都、现代商贸之城。柯桥经济技术开发区要重点发展高端纺织装备、纺织新材料、新型建筑工业化等产业，积极拓展以商贸、休闲为特色的旅游业。柯桥滨海工业区重点发展纺织新材料、机电机械装备等产业，配套发展现代服务业，建设绿色印染基地、纺织新材料功能区、机电机械装备功能区等平台。

柯桥区经历了近十多年的迅猛发展，已经初具绍兴西部区域中心地位，下一步柯桥区要把组团式结构与一体化发展紧密结合起来，增强中心城市的集聚力和辐射力。以区域规划一体化为统领，使各片区目标定位、功能布局、产业发展、基础设施等与城市发展战略全方位对接。以产业发展一体化为重点，加强联动协作，实现良性互动、共赢发展。以基础设施一体化为先行，着力建设布局合理、保障有力、安全低碳的重大市政设施体系。依托中心城市体系建立覆盖城乡、网络化、扁平化、高品质的城乡公共服务设施体系，依托城乡社区体系完善片区集聚、同城共享、覆盖城乡、集中与分散有机结合的公共服务网络。把城市发展与实施"重构绍兴产业、重建绍兴水城"战略部署紧密结合起来，发挥比较优势，挖掘城市特色，提升城市品质。

3. 柯桥区的城市空间布局

全区城乡总体空间结构为"一带一轴一环"。

一带是北部产业经济带。空间范围包括柯桥经济开发区和滨海工业区，功能是发展绿色印染、纺织新材料、机电机械装备的产业主平台。

一轴是中部城镇发展轴。空间范围包括柯桥主城、钱杨新城、福兰新城和平水新城四个区块，功能是打造以城镇建设为重点、城市经济为特色的城镇发展轴。

一环是南部生态休闲环。空间范围包括夏履镇、湖塘街道、柯岩街道、漓渚镇、兰亭镇、稽东镇、王坛镇等山区部分，功能是发挥南部山区生态空间开阔、生态资源丰富的优势，建设生态休闲、健康服务、文化旅游等特色基地。

四、柯桥区整体推进区域基础教育发展的思考与实践

（一）教育发展面临的挑战

柯桥区现有小学 63 所，在校学生 54468 人；初中 19 所，在校学生 24339 人；普通高中 6 所，在校学生 16655 人；职业高中 4 所，在校学生 12332 人；特殊教育学校 1 所，在校学生 80 人，共计约 10.79 万人。幼儿园 107 所，在园幼儿 2.84 万人。成人文化技校 16 所，电大 1 所，少体校 1 所。全日制普通高校 2 所——浙江工业大学之江学院和浙江树人大学。全区已形成从学前教育到义务教育、从职业教育到成人教育、从高中教育到高等教育结构完整、门类齐全、发展协调的现代教育体系。全区省示范初中学生覆盖率为 89%，省示范小学学生覆盖率为 73%，省级幼儿园学生覆盖率为 90%。

柯桥区经济社会加速现代化的发展，要求基础教育进行相应的改革，柯桥教育的发展面临诸多严峻的问题与挑战。

1. 城市化进程对优质教育资源和一流办学质量的需求

作为全国百强县之一的柯桥区，建城历史短，城市教育相对滞后，尚未形成成熟的城市教育文化，在区域内的引领功能和对外的品牌影响力尚显不足。在集聚城市人口、繁荣商贸三产、助推经济结构调整、加快产业转型升级、建设人才资源强县方面有待创新提高。区内各级学校内涵、学校特色发展有待深化，名师、名校建设还相对薄弱，职业教育吸引力有待提高。

2. 农村、山区和偏远地区基础教育优质均衡发展的需求

由于地理分布和先天禀赋的原因，柯桥南部的教育水平一直与优质尚有相当的距离，农村、山区学校发展还相对滞后，校际之间发展的档次和水平差距还比较大，如何推进这些地区的基础教育，实现优质均衡的发展是一大难题。如何进一步统筹各类教育规模、结构、质量、效益的协调发展，扩大优质教育资源覆盖率，促进教育个性化、多样化、特色化发展，建设人民满意的优质教育、公平教育、多样化教育和终身教育，真正满足人民群众接受更多更好优质教育的强烈愿望仍任务艰巨。

3. 复杂的人口结构和社会分层导致教育需求的差异性和复杂性

作为绍兴市人口第二大县（市、区），柯桥区人口结构复杂，对教育的需求差异巨大。柯桥区居民结构大致有四个层次：（1）稳定居民：有固定的住所和稳定良好的工作，其教育需求以优质和个性化为主；（2）半稳定居民：有暂住的居所，有稳定良好的工作，其教育需求以规范和特色化为主；（3）不稳定居民：既无固定的住所，也无稳定良好的工作，其教育需求以实用和便利化为主；（4）特殊居民：主要来柯桥区投资、创业的外籍人士，其教育需求以品牌和国际化为主。由居民结构层次所形成的复杂多样的教育需求结构要求柯桥构建优质、特色、开放、多元的教育结构体系，只有这样才能办好人民满意的教育。

4. 区域教育激烈竞争的新形势

区域经济竞争必然导致区域教育的激烈竞争。在加强经济建设的同时，要更加注重对绍兴文化的传承以及居民综合素质的整体提升，从而形成新的发展趋势。如何发挥柯桥区教育优势，扬长避短，创新创优，围绕着长三角区域教育改革和发展制高点，科学把握柯桥区教育改革发展的重难点，始终把学前教育、均衡教育、城市教育、高等教育作为教育改革发展的增长点，把柯桥区教育改革发展和经济社会发展打造成为全市、全省乃至整个长三角区域教育的排头兵显得尤为重要。

（二）基础教育主体功能区建设的指导思想及目标

1. 基础教育主体功能区建设的指导思想

（1）对接柯桥区城市发展的新要求

本着发展建设"时尚柯桥、印象柯桥、幸福柯桥"的战略新定位，柯桥区委、区政府提出"产业结构更具竞争力、城市发展更具吸引力、生态环境更具承载力、人民生活更具幸福感"四大目标，努力建设经济繁荣、生活富裕、风尚文明的现代化生态城市，共享品质生活，这从根本上决定了柯桥教育发展的方向和格局。

按照打造"三个柯桥"和实现"两富两美"（物质富裕、精神富有，美丽柯桥、美好生活）的区域目标，需要科学规划柯桥教育的方向功能、结构规模，统筹教育的速度规模与质量效益的协调发展。

（2）功能区建设的总体要求

依照功能区区域功能定位调整区域内教育结构，创新教育方式方法，凸显特色，强化功能适应；根据功能区人口特点、社会分层和教育基础整合教育资源，合理规划布局，新增教育资源，实现资源优化升级和区域资源利用最大化。

（3）城乡一体、功能适应、特色凸显、全面促进的基本原则

城乡一体——在城乡每个组团内发展优质学校，进而辐射本组团内的区域，带动组团内其他学校发展，促进城乡一体化发展。

功能适应——依据产业功能的相似性配备高端职业教育，提高学生的动手实践能力和现代服务意识。

特色凸显——进一步突出柯桥基础教育的信息化、优质化、国际化，为柯桥区建设人才资源强县提供保障。

全面促进——以社区教育促进区域人口素质的全面提升，全面推动学习型社会的建设。

2. 柯桥教育主体功能区建设的目标与任务

（1）柯桥教育的发展目标

构建结构协调、布局合理、特色鲜明、质量一流、开放多样、充满生机活力的现代柯桥教育体系，推进柯桥教育的信息化、优质化、国际化，率先建成全国领先、全省一流的现代教育示范区、创新区和特色区，教育主要发展指标达到中等以上发达国家水平，这是柯桥教育的发展目标。

现代教育示范区的主要标志是：①在实现教育的公平和普及方面，率先在全省实现高中教育、学前教育、"三残"少儿十五年教育普及率均达到100%，高等教育毛入学率达到78%以上，率先实现教育公共服务均等化，城乡学校办学条件整体差异系数指标位居省内领先水平；②在优化教育的质量与结构方面，深度构建尊重个性的优质教育品牌，高中教育质量核心指标领先，建成国家级精品、特色、示范学校10所，建成国家级学前教育改革示范区、国家级义务教育发展均衡区、国家级职业教育成人教育示范区；③在条件与保障方面，义务教育标准化中小学校、学前教育等级幼儿园、学校数字化资源和智慧型校园100%全覆盖。

现代教育创新区的主要标志是：①推进"三区"融合发展，拓展优质教育资源，实现区域性统筹协同创新；②推进课程与教学改革，实现人才培养模式创新；③探讨多种办学形式，实施选课走班制和绿色评价制，实

现学校制度与政策创新；④改革现行学校管理体制，为学生学习发展和教师专业成长搭建平台，实现学校治理创新。

现代教育特色区的主要标志是各级各类教育的特色发展，各学段学生的个性差异发展，智慧型教师教育风格与特色的形成。

（2）柯桥教育的主要承责

①构建结构协调、特色鲜明、质量一流、开放多样、充满生机活力的现代柯桥教育体系；

②实现更高水平的普及教育，形成更加广泛的公平教育；

③提供更加全面的优质教育；

④构建更加有效的教育技术支撑基础；

⑤建立更加多元开放的教育体制和机制。

（3）柯桥教育的总体特征

柯桥教育的总体特征表现为优质、均衡、多元，具体含义如下。

优质：推进各级各类学校优质发展。城区中小学：优质教育资源聚集区；乡镇中小学："乡镇教育"典范区；职业技术校：高端职业教育发达区；社区学校：文明和谐社区教育示范区。

均衡：推进各级各类学校均衡发展。从管理体制上，开展城乡联盟学校结对，开展乡镇内紧密型教育共同体建设；从师资配备上，对农村山区学校进行特岗教师配置，设定服务期限，保证农村山区学校师资充足；从经费保障上，出台小规模学校学生公用经费保底政策；不足200人的，按照标准班额数计算学生数，安排生均公用经费；专项经费倾斜政策及优先保证等政策。

多元：推进各级各类学校多元发展。各级中小学校，围绕柯桥区区域性教育办学目标——"城乡统筹、优质均衡"，根据本镇（街）、本校实际创办各具特色的各级各类学校。

（三）柯桥区基础教育主体功能区的存在形态与定位

柯桥教育的未来发展将以柯桥区域整体规划为基础，适应柯桥区基础教育综合办学条件由南向北呈现的梯级发展状态，在空间分布上，着力培育小城镇（扩权强镇），体现多样化、个性化发展，以回应城市化进程的要求。按"突出重点，形成群体、差异均衡、区域协作"的策略，建构柯桥区"一主二区三城"的空间结构布局(见图4-5)。

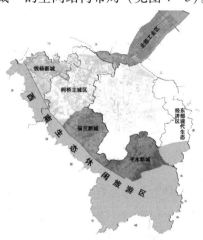

图4-5 "一主二区三城"空间结构布局

注:此规划图为2013年10月制作,因2013年12月撤县设区,在规划调整时将东部三镇(东部现代经济示范区)划入越城区,故定位调整为"一主二区三城"。

"一主二区三城"总体空间结构的一主即柯桥主城区;二区即北部工业区、西南生态休闲旅游区;三城即按照小城市定位发展的钱杨新城、平水新城和福兰新城。这一空间结构是与柯桥区城市空间布局、经济发展结构布局相一致的。

1."一主"——柯桥主城区

主城区的教育功能定位是形成完善的城市教育体系,使之成为名校集聚的高地,形成全国性的教育影响力与引领力,在课程教学等领域扮演探索者、研究者、集成者的角色,形成柯桥区基础教育高位发展的引领性力量,其主要的目标任务如下。

(1)提升功能:形成完善的城市教育体系,教育服务民生功能进一步增强,破解城市发展过程中为流动人口提供优质教育的难题及个性化教育难题。进一步强化城市教育的辐射与引领功能,对"二区三城"教育发挥指导和示范作用。

(2)制度创新:在名校培育、教师培养上形成具有特色的制度。积极实施"双十双百双千"培训工程,每年投入近2000万元专项资金用于10名名校长、10名省级名师,100名学科带头人、100名优秀班主任,1000

名初中小学骨干教师、1000 名高中骨干教师的培训工程。出台了《柯桥区青年教师素质提升行动计划》，着力提升青年教师的职业精神和专业素养。积极推动学校品牌创建，实现学校的文化价值、教师的精神追求、学生的个性发展协同推进，形成具有"深厚的文化积淀、开阔的国际视野、鲜明的办（教）学个性"的名校群体和名师群体。

（3）文化融合：基于柯桥"国际纺织之都"的发展定位，不断推进教育信息化、国际化水平，拓展国际视野，不断融合绍兴文化，提升教育内涵品质与影响力，提升品牌关注度。

（4）内涵提升：在课程教学等领域扮演探索者、研究者、集成者的角色，注重原创教学经验的提炼，注重教学思想的输出与交流，构建教学研究平台，发布教学研究前沿信息，提升城市教育的"软实力"。

2. "二区" ——北部工业区、 西南生态休闲旅游区

"二区"的教育功能定位是形成特色新型农村教育格局，形成高质量、有特色的优质农村学校群，努力使之成为"乡村教育"的典范，在城乡一体化的大背景下继续保有农村特色并形成个性化的发展之路，其主要的目标任务如下。

（1）提升质量：提高农村教育质量，更加关注农村教育的文化背景，更加注重发挥农村教育的优势与禀赋，更加关注提升农村教育的内涵品质。

（2）形成特色：坚持新型农村教育发展之路，保持"乡村教育"特色，形成与工业时代农村社区、村落发展相适应的农村教育新格局，服务于村落文化传承，致力于形成农村教育人才的培养模式。

（3）文化融合：主动对接外来文化，提高办学开放性，注重在交流互动中不断积淀并致力于形成新型的农村学校文化，建立起现代学校制度。

（4）内涵提升：注重以人为本，发挥乡村教育的自然、情感之美，推进课程的校本实施，更加注重人与自然、人与环境、人与历史等教育因素，研究更具个性的教学方式变革。

3. "三城" ——钱杨新城、平水新城、福兰新城

"三城"的教育功能定位是形成新兴城市教育体系，办学实力大幅度提高，形成新兴小城市活力滋养下的优秀学校文化、办学个性鲜明的优质学校群，积极推进城市化，使之成为柯桥区基础教育的中坚力量和改革的有力助推器，其主要的目标任务如下。

（1）突出个性：教育发展应主动适应"三城"的个性发展，钱杨新城定位为接轨杭州大城市门户、柯桥区域副中心城市，平水新城定位为南部山区统筹示范区、绍兴休闲宜居后花园，福兰新城定位为区域组团式城镇群、绍兴市区卫星城市，教育发展应主动适应地域发展定位，突出个性。

（2）主动转型：城市化进程的推进使教育对象的结构、性质、分布、文化背景等均发生了变化，学校教育应主动转型，适应变化，致力于形成优质学校群，建立现代学校制度，实现优质教育全覆盖。

（3）文化融合：新兴的城市文化与原有的乡村文化的冲突、原有居民与外来务工人员之间的文化冲突、经济发展与教育环境的快速变化等文化问题将冲击新兴城市，学校教育需要在应对多元利益阶层的不同教育诉求中促使学校文化的融合与创生。

（4）内涵提升：高质量实施课程教学，形成课程实施与教学方面的鲜明地域特色与学校模式，大幅度提升学校教学研究能力，形成具有探索性的教学改革经验。

对于三类不同功能的教育区域，要探索其不同的类型及构建模式，不同的标准以及实践举措（见图 4-6）。

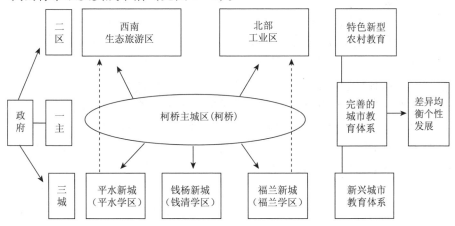

图 4-6　一主二区三城、城乡一体的柯桥基础教育区域发展模型

（四）柯桥教育的发展策略

1. 坚守现代教育发展观

观念的变革是根本的变革。面向未来的柯桥教育要坚守可持续发展观，体现以人为本、科学发展，平衡和谐、结构优化，主动作为、创新驱动，质量为基、开放多元的内涵特征。

一是政府主导，促进公平。

公平是教育的应有之义。国民经济发展靠人才，人才培养靠教育。教育必须优先发展，在学校标准化、教育信息化、办学现代化等方面予以充分保障，在教育资源配置上实现公平与正义，同时关注各区域间资源配置的动态均衡和区域协调，在办学绩效评估上实行分类要求，促进不同人群教育需求的满足，促进不同的教育对象获得最大的、最适合的发展。

二是差异均衡，个性发展。

由于历史和自然的原因，城乡之间和区域之间的发展差异是一个现实客观存在。应尊重城乡不同发展主体的需求，遵循城乡教育不同的发展规律和特色，防止用城市发展模式简单地代替农村发展模式，更要防止农村教育被边缘化。

此外，由于城乡之间和区域之间发展路径的区别，一体化发展应追求差异均衡和内涵发展均衡，不能搞形式均衡和去个性化。差异本身就是一种资源，面对差异应关注均衡和协调各种教育诉求，积极构建利益共同体，促进教育整体水平的提升，达成实质性的教育公平。

为此，在不同的历史发展阶段，都应突出重点发展区域与区域内重点发展项目，既注重城市教育优质资源的辐射与引领，又注重农村教育向现代化方向发展。

三是区域协作，文化互补。

积极推进教育区域协作，建构"一纵一横"的区域教育协作机制。"一纵"即以"名校集团化办学"与"城乡教育共同体"的方式，推进城市优质教育资源与农村学校的互动，实现文化互补，促进协同发展；"一横"即以"学区"的方式，推进相似地区内教育资源的共享，形成教育地缘发展的格局，实现教育的个性化、区域性发展。

在教育管理体制上，针对柯桥区城乡教育资源不均衡和优质教育资源的稀缺问题，以区为主，实行统筹教育体系内在结构、统筹教育经费管理、统筹师资优化配置、统筹网点调整布局。

四是创新体制，城乡同步。

通过学校制度创新提升学校的办学水平，促进以人的发展为宗旨的现代学校教育体系的构建，这是推进城乡教育一体化发展的核心内涵和根本动力，同样是一种战略性思考。

2. 依据"三力模型"，对柯桥教育进行整体战略策划

柯桥教育发展存在三个层次发展格局的构建。

第一个层次是柯桥区基础教育区域性战略决策的制定。基于柯桥区的地域特色、历史文化传承以及资源和环境，以"三个柯桥"以及"信息化""优质化""国际化"为目标，进行谋划和运筹，构建柯桥区教育区域性主体功能区。这具体包含两个方面的内容。

一是与柯桥区地域城市空间结构、形态功能相符合，形成"一主、二区、三城"不同的功能区域教育协调发展的结构模式。发挥主城区的龙头引领作用，培育小城镇（扩权强镇）多样化、个性化发展，回应城市化进程的要求。深化教育体制改革，提高教育管理水平。

二是重在柯桥区各类教育的优质均衡发展，不仅统筹布局与数量，更要关注水平与质量。

（1）全面建成国家级学前教育改革示范区，让儿童平等享有优质快乐的启蒙教育。强化政府学前教育管理职责，加强学前教育统筹规划和投入，增加普惠性学前教育资源覆盖面，形成政府主导、公办民办并举的学前教育服务体系，满足学龄前儿童"有园入、入好园"的需求。为此，要做到"五个全面"：全面普及学前三年教育、全面推进园舍提档升级、全面提升教师队伍素质、全面扶持民办幼儿园、全面提升保工教质量。

（2）持续深化国家级义务教育均衡区建设，使孩子们平等获得优质的义务教育。统筹城乡义务教育发展，优化中小学教育资源配置，推进名校办分校、学区化管理、学校联盟、委托管理、对口合作等办学形式创新，加强农村完小管理，做好特殊群体教育，努力缩小校际、区域办学水平差距。推动课堂教学改革，倡导启发式、探究式、参与式、分层式教学，加强社会实践教育，全力建设体艺柯桥，完善教育评价制度，推进义务教育优质化，让所有孩子共同成长进步。

（3）形成全国知名、质量一流的特色示范高中群体，推进普通高中个性化育人、特色化办学。增加优质高中教育资源，深化高中阶段课程改革，加快学科基地建设，鼓励学科错位发展，满足不同潜质学生的发展需求。强化核心质量考核，积极创建特色示范，推进普通高中与职业教育的衔接和融通。探索建立高中和大学的有效合作机制，为部分学有余力的高中学生开辟学习发展的新途径。

（4）深化国家级职业教育、成人教育示范区建设，紧密结合产业需求发展现代职业教育。加强职业教育统筹管理和规划，完善职教网点布局，积极探索发展中高职贯通培养模式，深化"教学做一体、产学研合一"的中职人才培养模式，以选择性教育思想引领中职课程改革，赋予学生更多的课程、专业、学制选择权。建立"政府主导、行业指导、企业参与"为特质的多元、开放的职业教育办学机制，优化学校布局和专业结构，创建特色优势专业和品牌课程体系，增强服务产业发展能力。建立与经济社会发展水平相适应、产教深度融合、教育体系相互融通、充分展现专业品牌优势的现代职业教育体系。

（5）推进高等教育布局结构优化，创新完善多元化高等教育办学体制，提高人才质量和服务社会能力。建设多元开放的终身教育，建设数字化学习平台，完善各种公共服务体系，让学习成为每一个柯桥市民的生活方式。

作为对柯桥教育进行战略规划和宏观调控的柯桥区政府及各级行政部门，结合本地区实际，要分层推进、分类指导，发挥独特优势和责任担当。①建立并不断完善公共服务机制，加强公共服务机构能力建设，创新社会管理，改善基本民生，做到区域内基本公共服务均等化；②调整教育经费及相关教育资源的配置；③统筹各类学校布局，科学分配教育资源，搭建区域统筹、均衡发展、有序竞争的平台，实现区域内各级教育的协调发展；④建立多样化办学体制，满足不同人群对教育的需求；⑤建立完善的教育管理和监测系统。

第二个层次是学校教育的现代化发展。

以"变革、超越、发展"为理念，以"提升办学品质、创新教育模式"为特色。构建优质高效的学校教育发展模式与育人模式，形成学校办学个性与特色。无论是城市还是农村的学校，都要依据学校的培养目标及办学方略，把重点放在育人模式的创新上，这就是学校课程、教学及德育三方面的改革创新。通过研究的聚焦，有效促进学校领导者科学的质量意识、特色意识的确立，提升对学校办学特色和学校潜在的创新能力的认识。正是学校现代发展视域的形成，有利于学校教育进行结构性调整，从而实现功能、形态上的根本性转变。

创建一批名校、特色学校，打造"学在柯桥"的教育品牌。这就要求在区域内各级各类学校中，创办示范精品、特色学校，使柯桥区成为名校集聚地。突出城区名校创建重点，扩大办学自主权，建立发展性考核评估体系，鼓励管理创新和个性办学。通过承办学术交流活动，举办大型教育实践活动，加强与高校、科研机构的合作，建立一批高层次的教改实验基地和柯桥教育品牌。

学校教育现代化发展的目标是实现学校的文化价值、教师的精神追求、学生的个性发展三个方面的发展，推进学校办学力提升，形成具有"深厚的文化积淀、开阔的国际视野，鲜明的办学个性"的优质学校群体。

学校教育现代化发展的重点在于育人模式的创新（人人成才、多样化成才），包括目标价值、课程开发、教学改革、德育创新、管理创新方面。

未来柯桥教育的学校发展前提是不断凝练办学理念，形成学校发展的共同愿景。办学理念是学校的办学方向，也是学校的特色之源。校长领导力的重要体现就在于理念上的领导，就在于其对教育有没有深刻的理解，对学校的愿景有没有说服力，能不能把个人的办学理念、学校的发展前景变成师生团体的共同愿景。办学理念需要凝练，需要历史的积淀，为全体教师接受，并自觉践行，不仅需要时日，更需要校长领导力的发挥。在这个前提的基础之上，要抓好以下几个工程。

（1）课程结构与教学创新改革实验工程，实现学生个性化、差异化发展

近年来，柯桥区的几十所中小学均启动了对学校课程顶层设计的探索，旨在为学生自主选择学习搭建平台，同时促进学校个性化办学特色的形成。具体包括：整合学校各类课程，建构学校立体多元、整合的课程体系，为学生提供多样自主选择；提高课程开发能力，探索合理的课程结构；推进学校的教学改革，构建发展性教学系统。这是柯桥区学校创新改革实验工程的主要内容，重组后的学校课程结构具有整合、选择、开放和减法的特色，学生根据自己的学业基础和兴趣特长进行选择性学习，以课程的多样性适应学生的差异性和学业的个性化需要。

以柯桥中学为例，柯桥中学以桥为比喻，把柯桥中学要培养什么样的人、怎么培养人的办学理念形象地表达出来。为实现"培养具有博雅素

养、阳光心态的社会公民和国际素质、创新品质的时代精英"，柯桥中学把创设学生发展平台作为桥基，把构建高效的教师培训与管理体系，提高课程开发能力和开设能力作为桥梁，把开发类型多样、内容广泛的课程作为桥面以满足不同类型学生对课程的需求，把学生文化、教师文化与课程文化相互交融作为桥魂。

学校根据学生的不同个性、兴趣爱好和专长特点，开设了学科竞赛、信息学、无线电、智能车、电子制作、美术等课外兴趣活动；成立了体育俱乐部，开辟了多种多样的体育活动项目；开放了电子阅览室、图书室、实验室、学校天文台；建立了涵盖学术类、实践类、文化类、艺术类、服务类、专业类、技能类等多种形式的课外活动，打造了柯亭文学社、健美操等三十多个特色社团，建立了乒乓球、清华美术班等特色基地。每学期参与的学生数达到千余人。

以学生文化、教师文化和课程文化为三角支撑点，柯桥中学构筑出富有地方特色和时代象征的"桥文化"。桥的学校文化和学校办学理念深入广大师生人心，校长的领导力就变成了学校师生的行动力。

（2）学校信息化工程，探索建立信息化教育新模式

各级学校在高标准完成千兆网络校校通、优质资源班班通和个人网络学习人人通工程的基础上，积极推进各级学校数字化建设。以柯桥区"数字化校园"建设为起点，构建效益评估机制，科学规划省、市、区各级数字化校园建设，推进各级学校的互联互通，缩小城乡差异。提供更加开放、便捷的学习环境，为每个人提供个性化和无处不在的教育。在数字化学习设施上集成教学内容、学习共同体、学习工具、学习档案，作业、学习诊断与补救，学习资源、虚拟实验。在数字化学习方式上探索建立未来学习模式；探索网络支持下的多元、共享、交互式的教学文化。利用教育信息化促进各级学校互联互通，促进教育、教学模式的转变。加快网络优化升级，提升对网络教研、远程教学、课堂质量监测、视频会议、考场巡查系统等大流量应用的支撑能力，逐渐实现各级学校无线网络全覆盖。

（3）学校文化建设工程

以绍兴的地域文化、民俗文化、名人文化、艺术文化、科技文化为基础，建设不同区域的学校文化，形成学校的文化个性与品牌。通过合作办学、集团办学及联盟学校办学等多元化的办学体制改革，建设学校的文化品牌，打造各组团有区域影响力的文化名校。

（4）教育家型校长与智慧型教师原创力提升工程

提升校长的领导力，即战略性谋划能力、领导者品格等，形成一支教育家型校长队伍；提升教师的课程创生能力与教学原创能力，形成一支智慧型教师队伍。同时创建具有生成性的学校生态制度与管理系统，营造内外部良好的育人环境。

校长首先是优秀的教师，在德行上是教师的表率，在业务上也应该是教师学习的榜样。同时，在工作方式上，既有原则，又能变通，领导全体教师自觉实践办学理念，不断打造学校办学特色。

综上所述，柯桥区在未来基础教育主体功能区建设中，除了教育领导的决策力以外，校长的领导力也是一个关键因素。校长要有较高的理论素养，要有对教育很深刻的理解，还要有很强的践行能力和领导能力。校长要明确学校定位，找准学校发展方向，打造学校特色。要构建促进学生个性差异发展的学校课程结构，形成学校发展特色；推进社会大课堂和学生实践基地建设，改革人才培养机制；以学习科学和信息技术为依托，深化教学方式变革，促进学生个性的真实发展。同时，要开展校本课程、试验校课程与学习力教学改革研究，不仅带动一所学校，还要带动全区中小学课程改革工作的蓬勃发展。

三是加强学科建设，提升学生的学习力。

现代教育的本质在于解决人自身的发展与价值问题，是人的发展的潜在可能的现实实现，而不是把人作为社会的被动客体来塑造。人的个体与群体的发展是现代教育的出发点和归宿，是使学校实现跨越式超常发展的生命力，是激发教育工作者潜在创造力的原动力。也就是说，教育的终极目标是实现人的生命自觉，实现学生全面而有个性的发展。

因此，现代教育要从人的发展这一原点出发，重构中国基础教育的理论和实践体系。

学生学科学习力是一种综合学习能力的表现，是在学习过程中达到的一种状态。要提高学生的学科学习力，建设高水平的学科是重要途径。建设高水平的学科需要做到以下四个方面。

（1）调整学科课程内容

学科课程内容的调整主要涉及以下几个方面。

①学科核心知识的学习与掌握。做好与义务教育阶段知识、教育理念与核心素养的衔接，要求学生认认真真学好每一门课。

②学科课程群的构建，分层推进，体现差异。学科课程要分层分类整体设计，体现学科内拓展和学科间交叉整合，搭建由基础类、拓展类、研究创新类（大学先修）学科组成的学科群，实现学生分层及自主选择，同时表明学科课程发展水平和教师的课程创生能力。

③通过知识模块重组、内容合并与增删，体现课程内容的层次选择性。从学生实际出发合理处理降低内容"难度"和扩展知识"广度"的关系，主动开发校本教材。结合学科特点，整合方式应多种多样。

（2）建设适合学生自主选择学习的教育资源基地和学习资源系统

目前包括以下几种主要方式：①教师课程创生；②建设人文与科学实践基地；③"社会资源课程化"与"课程资源信息化"；④分层分类，创建不同功能的发展性实验室；⑤加强与社会教育场馆、实践和活动基地的联系，结成联合培养的资源同盟。

（3）引导学生学会自主选择，自我负责，主动发展

在对学生生存状况进行分析的基础上，进行学生发展需求及学生高考选考学科选择意向调查。构建由"人生生涯规划""专业发展规划""三年的学业规划"三个层次组成的结构系统，全面系统地实现对学生人生发展规划的指导，促进学生认识自我，规划人生，积极主动地发展。

其中"人生生涯规划"指的是人生发展规划，包括正确认识自我、认识他人、认识社会，它解决的是价值观问题和学会做人的问题。"专业发展规划"解决的问题是学会选择和学会生存。"学业规划"解决的问题是学会学习。基于各校前期研究的经验积淀，在以上三个不同层次上形成各自的目标、内容及实施举措。

这里的生涯教育不仅是培育、塑造，更在于学生的自我生成和发展，要关注过程中的理解、规划、实践和体验，以专题研究形式和多种途径方式，建立开放的生涯教育体系，包括设立生涯课程、建立生涯实践基地、生涯讲坛、咨询指导、学科渗透以及项目研究等。

（4）学校建设的制度与管理

对以"班"为核心要素的传统教学组织形式的挑战（"班级授课制"从产生起就带有了以知识传授为目的的烙印），现在寻求的是如何为学生的自主发展搭建平台。当下关于"行政班"与"教学班"并存的提法是一个折中的思路。如何重新构建学生学习与发展的共同体，并赋予新的功能，这是一个具开拓意义的问题。

此外，学生的综合素质评价涉及思想品德、学业水平、身心健康、艺术素养和社会实践五个方面的内容，如何确定观测点以及形成简明有效的、操作性强的测评方法，有待在实践探索中积累经验。

教育领导的决策力、校长教师的领导力、学生的学习力可以说是三位一体的关系。提高区域基础教育的整体水平，构建基础教育主体功能区是重要途径，在功能区以内调整各级各类学校的相互关系，互相补充，精耕细作，这是宏观层面。中观层面需要校长充分发挥其领导力，在功能区中找准本校的定位，统筹学校的各种资源，领导本校教师建设学科、开发课程，最终的立足点还是人才的培养，还是学生素质和能力的提升，尤其是学科学习力以及综合学习力的提升。

3. 进一步完善"城乡统筹、优质均衡"的柯桥城乡教育一体化模式

城乡教育一体化最终要达到的目标是建设高位、优质、均衡的基础教育，它包含几个方面的含义。

（1）推进办学体制现代化

按照浙江省教育厅关于"高中向县城集中，初中向重点城镇集中，小学向乡镇集中"的农村学校布局调整战略，柯桥区在"十二五"期间，撤并教育网点 25 个，新建、扩建、改建初中、小学 17 所、高中 3 所，新建校舍建筑面积 252000 平方米，总投资 6.5 亿元，使初中、小学教育网点分别调整到 25 所和 80 所左右，进一步优化了学校布局，2015 年义务教育标准化学校（新标准）创建率达到 95% 以上，在全区形成了一大批设施先进、环境优美、绿色生态、文明和谐的标准化、现代化学校。

柯桥教育的未来发展应从规模调整走向内涵发展。一是通过学区建制，在办学体制、课程改革、学生活动、教师研修、质量考核、教育管理等方面实施多校协作、学段衔接，促进优质教育资源共享共建，全面提升区域教育教学整体水平。二是通过"名校＋新校""强校＋弱校""城区校＋山区校"模式组建区域性教育集团和教育联盟，推进城乡教育联盟和紧密型共同体建设，提高相对薄弱校办学档次，扩大优质教育资源，加快实现区域教育的均衡化。三是加强教育内部行政事务管理，优化区域学前教育、完小建设、流动人口子女教育、安全管理及教科研活动，深化结对学校干部、教师对于管理、教学和文化的互动交流，提升帮扶和捆绑考核，推进共同体学校管理一体化，促进区域教育均衡协调发展。四是促进社会力量办学，鼓励和引导民间资本进入教育领域，创新政策、创新管

理，积极发展混合所有制或民办学校，大力扶持有特色、高水平的民办教育。

（2）推进学校办学个性化

通过课程改革促进学校个性化办学，走的是内涵发展之路。柯桥区通过学校课程顶层设计构建立体多元、分层开放的课程体系，推进学科课程及课堂教学改革，以及课程建设的制度与管理改革，为学生自主选择和主动学习搭建了平台。

（3）推进教育管理规范化

一是遵循教育教学规律和学生身心发展规律，切实减轻学生过重的学业负担，把规范办学行为的要求落实到课程、教学、评价、管理各个环节，全面推进素质教育。二是坚持德育为首、育人为本，转变育人模式，完善学校德育规范，改革德育考评机制，深化德育导师制，推进心理健康教育，建立预防青少年违法犯罪机制，培养学生健全人格。三是深化"阳光体育"工程，规范体艺"2＋1"活动，开展体育节、艺术节、科技节、读书节"一年四节"活动，完善"实验操作、信息技术、书法艺术、综合实践"等综合素质评定，打造活力校园。四是强化教学常规管理，规范备课、上课、作业、辅导、评价等教学环节，深化学区教研训活动和备课组建设，改革课堂教学模式，倡导启发式、探究式、讨论式、参与式教学，完善教学质量监控体系，促进学生全面发展。

（4）推进优质均衡示范化

一是深化"优质轻负"工程。坚持行政推动、示范引领、专题研讨、重点培育，以完小为重点优化小学素质教育运行机制，以农村初中为重点培育"优质轻负"示范典型，开展规范办学示范学校和示范教师评选活动，深入开展教育部"我国基础教育未来发展新特征"重点课题研究，构建区域素质教育特色品牌，保持全省示范领先。

二是实施小班化教学工程。坚持高水平普及、高质量普惠和稳步推进的原则，研究探索小班化教学最优化策略途径。目前柯桥区域内小学、初中、高中班额分别控制在 40 人、45 人、48 人以内，全县学校小班化率达到 100％。

三是推进教育创强创优工程。全面开展省教育强县现代化水平评估试点，率先成为全省第一个教育现代化水平达标县，争创全国义务教育均衡发展示范县。推进义务教育学校省、市示范、特色、品牌学校创建，进一步扩大优质教育的城乡覆盖率，全面提升区域教育优质均衡发展的整体水平。

4. 柯桥区构建基础教育主体功能区的保障条件

（1）组织与管理保障

健全的组织架构和管理制度是教育事业持续稳定发展的保证，也是打造"学在柯桥"品牌的立足点之一。因此，如何进一步完善教育行政部门的组织人事和管理结构是柯桥区建设教育主体功能区不可回避的重要问题。破解好这个难题，关键在于两点：一是进一步增加编制和人员，完善教育行政部门的正常职能；二是进一步理顺区政府、教育局和所属学校之间的管理关系，明确各自层面的职权责：区政府负责教育经费和政策的确立；教体局负责统筹、规划、协调、执行和评估工作；适当放权到学校以提高学校行政自主性。

（2）经费与政策支持

柯桥区教育主体功能区要想有一个大的发展，健全以政府投入为主、多渠道多形式筹集教育经费的体制，大幅度增加教育投入是必不可少的前提条件。具体而言，应做好以下四件事。

一是严格按照教育法规规定，保证教育财政拨款和公用经费增长，加大对中小学校的软硬件投入，进一步提高教师工资；二是充分调动社会资源进入教育途径，多渠道增加教育投入，鼓励和支持民办学前教育的发展；三是完善人才引进机制，重点攻关选拔考核和奖励，保障高素质教育人才的引进，促进人才引进和培养工作的良性循环；四是设立鼓励与创新精神、高新技术、生态科技、创新实验等主题有关的活动和课程的专项奖励经费，大力推动柯桥教育的特色发展。

（3）人才引进与培训

确立名校长建设工程，实施任期目标管理，培养一支政治过硬、素质优良、务实创新、充满活力的校级干部队伍，并引进一批在绍兴市乃至全省都有影响的学校管理人才；开展有利于拓宽干部、教师国际视野的研修和专业培训；制定一系列有利于人才引进的政策，加快优秀人才的引进。

确立名师建设工程，建设一支师德高尚、业务精良、身心健康的现代教师队伍。一方面，通过名师工作室、青年教师成长工作室等平台，充分发挥区域名师引领、示范和带动作用；通过教师培训基地的专题研修和专业培训，对在编教师开展卓越培训、精准培训、作坊培训、影子培训，引导教师加强对先进教育理论、教育思想的学习和创新，精心培育取长补短、共育共荣的学术环境，提升专业能力和信息化能力。另一方面，制定有利于人才引进的政策，加快优秀人才引进力度，通过"培养""塑造""引进"等机制推进"名师工程"建设，使柯桥区成为名师荟萃之地，为提高全区整体教育水平做出贡献。同时，建立和完善教师支教与交流制度，建立农村偏远山区薄弱学校师资倾斜制度，新增教师编制优先用于补充农村偏远学校紧缺学科师资力量，有效解决师资结构性短缺。推进镇内英语、信息技术、音、体、美等学科教师支教、走教、跑教、带教制度，确保农村学校开齐开好国家规定课程。总之，建立高素质的教师专业化梯队，提高教师地位，维护教师合法权益，改善教师待遇，是教师人才建设的根本保证。

（4）推进考试招生制度和评价制度改革

探索建立分类型、可选择的初升高考试招生制度，进一步完善外来务工人员子女入学政策。推进评价制度的改革，以学校发展性评价为抓手，科学认定学生综合素质与学业水平成绩、学校教育质量与办学水平。科学运用大数据，探索建立市域教育现代化监测评价考核体系，推动教育行政工作方式、教育研究方式和教育督导监测评价方式的变革。

第五章

"政府主导，多元协同"的诸暨模式

诸暨是越国古都，文化教育底蕴深厚。诸暨基础教育在区域推进过程中逐渐形成了"政府主导，多元协同"的典型模式。这一模式的形成依托于三大战略举措：立足城市化发展，打造"城乡一体、整体发展"的教育格局；分类发展、优质均衡、信息化引领区域教育整合发展；调动社会力量，政府主导，公办民办协同共生。诸暨基础教育区域推进模式的形成得益于区域决策力的落实，并形成了基础教育区域推进的独特路径。

一、诸暨市市情分析

（一）历史变迁

诸暨为我国古越民族聚居地之一，早在新石器时代就有先民在此繁衍生息，是浙江省最古老的县（市）之一，也是中国于越文化的发祥地之一。

史传，禹至大越，上苗山大集诸侯，驻跸于此，爵有德、封有功，因定此境为"诸暨"，意即天下诸侯到达驻留议事之所。夏朝中期，夏帝少康封庶子无余于越，诸暨属越。至春秋时，越国先后建都于境内埠中、大部、勾乘等地。吴越之争中，越王勾践曾以境内勾乘山为休养生息、图谋复国之所。

秦王政二十五年（公元前 222 年），以越地置会稽郡，设诸暨县。西汉时，属扬州刺史部会稽郡。新始建国年间，更名疏虏。东汉建武初，复原名。东汉兴平二年（公元 195 年），分部分地入丰安、汉宁二县。

三国吴时，改汉宁为吴宁。西晋属会稽郡。东晋属会稽国。南朝复属会稽郡。隋文帝开皇中，属吴州。隋开皇九年（公元 589 年），吴宁县废，原诸暨地复归诸暨。大业中，仍属会稽郡。唐时，属会稽郡及越州。高宗仪凤二年（公元 677 年），划诸暨、会稽部分地置永兴县。武后垂拱二年（公元 686 年），复分诸暨县之吴宁故地入东阳县。光启三年（公元 887 年），诸暨改称暨阳。

五代属吴越国越州东府。吴越王天宝三年（公元 910 年），复名诸暨。

宋初，属两浙东路越州。南宋绍兴元年（公元 1131 年），属绍兴府。孝宗乾道八年（公元 1172 年），分东北 10 乡置义安县，治今枫桥。淳熙元年（公元 1174 年），废义安，其地复入诸暨。元属江浙等处行中书省绍兴路。成宗元贞元年（公元 1295 年），升为诸暨州。至正十九年（公元 1359 年），改名诸全州。二十六年，降州为县，仍复旧名。

明、清时，均属绍兴府。

民国元年（公元 1912 年）废府，直属浙江省。民国三年省下设道，诸暨属会稽道。民国十六年废道，直属浙江省。民国二十四年九月至民国三十七年四月，属浙江省第三行政督察区；民国三十七年四月至民国三十八年，属浙江省第二行政督察区。

1949 年 5 月 6 日诸暨解放，至 6 月 22 日，诸暨属中共萧绍诸杭临时委员会管辖。6 月 13 日—11 月 16 日，归第十专署管辖。其后，诸暨属绍兴专区。

1952 年 1 月，绍兴专区撤销，直属浙江省。1953 年 2 月，划归金华专区。1957 年 9 月，划归宁波专区。1964 年 9 月，复属绍兴专区。1968 年 5 月，属绍兴地区。1983 年 7 月起，属绍兴市。1989 年 9 月，经国务院批准，撤销诸暨县，设立诸暨市，由绍兴市代管。

（二）地域特点

诸暨是越国古都、西施故里，位于浙江省中北部，北邻杭州，东接绍兴，南界义乌—金华，区域面积 2311 平方公里，下辖 3 个街道、24 个镇乡，常住人口 150 万左右，是浙江省城乡体系规划和"十二五"规划确定的环杭州湾城市群大城市培育对象。

"七山一水两分田"的自然禀赋，造就了诸暨一方秀丽山水。多年来，诸暨坚持保护与开发并重，获得了国家园林城市、国家环保模范城市、浙江省首批生态县市和中国优秀旅游城市、浙江省旅游经济强市等称号，"西施故里""五泄胜景""千年榧林""东白山水"等在长三角有很高的知名度。

诸暨民营经济发达，块状特色明显，共有工商登记注册的个体工商企业 10 万余家，形成了 15 大重点块状产业，其中五金管业、袜业、织布业年产值超过 200 亿元。

诸暨是中国袜业之都、珍珠之都和香榧之都，也被誉为"中国无公害茶叶之乡""中国名品衬衫之乡""中国民间文化艺术之乡"和"浙江省建筑之都"。全市现有工商企业 10 万余家、规模企业 3000 多家、上市企业 14 家，境内上市企业数量居全国县市区第三位，居浙江省第一位。

诸暨城乡协调，统筹发展。按"一大一新 X 特色镇"市域格局，诸
暨加快新型城市化进程，旧城改造、城西新城和城东新城建设协调推进，
是国家园林城市、卫生城市。店口镇成为全省首批小城市培育对象，大
唐、枫桥、牌头和次坞等镇被列入省级中心镇。

诸暨文化繁荣，社会和谐，是全国基础教育先进县（市）、全国科技
进步先进县（市）、全国文化工作先进县（市）。2013 年 9 月，浙江农林
大学暨阳学院的建成开学，圆了诸暨人多年期盼的大学梦，开启了诸暨高
等教育新时代。诸暨已荣获全省平安县（市）九连冠和平安创建最高荣誉
"平安鼎"，被列为全国社会管理创新综合试点县（市）。

（三）发展现状

1. 经济发展现状

据统计部门初步核算，2014 年，诸暨全市实现地区生产总值 980.48
亿元，按可比价格计算，比上年（下同）增长 8.8%（见图 5 - 1）。其
中，第一产业增加值 49.09 亿元，增长 1.9%；第二产业增加值 532.91 亿
元，增长 9.1%；第三产业增加值 398.48 亿元，增长 9.3%。三次产业的
比重由上年的 5.4 : 55.2 : 39.3 调整为 5.0 : 54.4 : 40.6。按户籍人口计
算，全市人均生产总值为 90917 元，增长 8.5%，按 2014 年平均汇率 1 :
6.1428 折算，为 14801 美元。

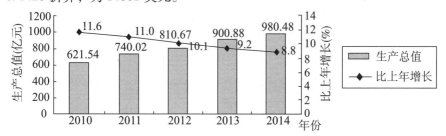

图 5 - 1　2010—2014 年诸暨市地区生产总值及其增长速度

财政收入稳步提升。2014 年全年实现财政总收入 109.54 亿元，增长
9.5%（见图 5 - 2），其中上划中央四税 43.20 亿元，增长 6.9%，公共财
政预算收入 66.34 亿元，增长 11.3%。财政支出突出民生，全年公共财政

预算支出 74.14 亿元，增长 10.6%，其中财政民生支出 58 亿元，增长 14%，占公共财政预算支出的 78.2%。

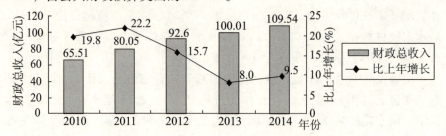

图 5 - 2　2010—2014 年诸暨市财政总收入及其增长速度

居民消费水平增幅趋缓。2014 年居民消费总水平比 2013 年上涨 1.9%，较前一年同期回落 0.4 个百分点（见图 5 - 3）。其中食品类上涨 2.1%，烟酒及用品类下降 1.1%，服饰类上涨 1.2%，家庭设备用品及维修服务类上涨 4.0%，医疗保健和个人用品类上涨 1.8%，交通和通信价格类上涨 0.5%，娱乐教育文化用品及服务类上涨 2.3%，居住类上涨 2.6%。

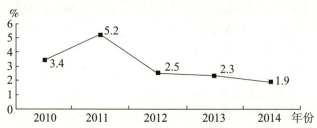

图 5 - 3　2010—2014 年诸暨市居民消费价格涨跌幅度

2. 人口发展现状

据第六次全国人口普查统计，诸暨全市常住人口为 115.79 万人，同 2000 年第五次全国人口普查时的 107.07 万人相比，十年共增加 8.72 万人，增长 8.14%，年平均增加 0.87 万人。诸暨全市常住人口中市外流入人口为 22.77 万人，占 19.66%。

家庭户人口方面，诸暨全市常住人口中共有家庭户 38.95 万户，家庭户人口为 101.88 万人，平均每个家庭户的人口为 2.62 人，比第五次全国人口普查的 2.92 人减少 0.3 人。

性别构成方面，诸暨全市常住人口中，男性人口为 58.06 万人，占

50.14%；女性人口为57.73万人，占49.86%。总人口性别比（以女性为100，男性对女性的比例）为100.55，与第五次全国人口普查的100.18相比略有提高。

年龄构成方面，诸暨全市常住人口中，0～14岁人口为15.02万人，占12.97%；15～59岁人口为82.77万人，占71.48%；60岁及以上人口为18万人，占15.55%，其中65岁及以上人口为11.69万人，占10.1%。同第五次全国人口普查相比，0～14岁人口的比重下降4.95个百分点，15～59岁人口的比重上升2.19个百分点，60岁及以上人口的比重上升2.74个百分点，65岁及以上人口的比重上升0.5个百分点。

人口受教育程度方面，诸暨全市常住人口中，具有大学（指大专及以上）文化程度的人口为5.86万人；具有高中（含中专）文化程度的人口为16.73万人；具有初中文化程度的人口为52.97万人；具有小学文化程度的人口为32.25万人（以上各种受教育程度的人包括各类学校的毕业生、肄业生和在校生）。

同第五次全国人口普查相比，每10万人中具有大学文化程度的人口由1706人上升为5060人；具有高中文化程度的人口由10759人上升为14446人；具有初中文化程度的人口由40793人上升为45747人；具有小学文化程度的人口由34832人下降为27851人。

诸暨全市常住人口中，文盲人口（15岁及以上不识字的人）为2.15万人，同第五次全国人口普查相比，文盲人口减少2.07万人，文盲率由3.94%下降为1.86%，下降2.08个百分点。

城乡构成方面，诸暨全市人口中，居住在城镇的人口为60.66万人，占总人口的52.39%；居住在乡村的人口为55.13万人，占总人口的47.61%。与第五次全国人口普查相比，城镇人口增加了13.76万人，乡村人口减少了5.03万人，城镇人口占总人口的比重上升了8.58个百分点。

3. 社会民生情况

人民生活持续改善。抽样调查显示，2014年，城镇居民人均可支配收入45790元，增长9.2%，生活消费支出24935元，增长9%；农村居民人均可支配收入25583元，增长10.8%，生活消费支出16992元，增长13.5%。

社会保障不断完善。全市企业职工和城乡居民医疗保险总参保人数达

108.46 万人，净增 1.09 万人；工伤保险参保 34.88 万人，净增 2.09 万人；生育保险参保 20.18 万人，净增 1.91 万人；失业保险参保 18.49 万人，净增 1.31 万人；职工养老保险和城乡居民社会养老保险总参保人数达 79.86 万人，净增 3.4 万人，共有 81.14 万人参加城乡居民医疗保险，占应参保人数的 99.7%。城乡居民基本医疗保险人均筹资标准提高到 700 元；城乡居民医保"省市一卡通"开通，社会化服务率达到 100%。

福利事业惠及民生。2014 年年末，全市共有最低生活保障对象 13367 人，其中城镇 482 人，农村 12885 人；全年最低生活保障资金支出 7245 万元，其中城镇 321 万元，农村 6924 万元；农村"五保"和城镇"三无"对象集中供养达 100%。全市共有收养性社会福利单位 40 个，床位 6659 张，在院人数 1220 人，全年共落实救灾资金 240 万元。全市共对 1510 人实施了重度残疾人托（安）养补助，对 3308 名困难残疾人实行了生活补贴，对 2326 名无固定收入残疾人进行了生活补贴，按比例就业 3171 人，结对帮扶残疾人 4667 人。

就业形势基本平稳。2014 年，全市两年共组织各类招聘活动 97 场次，参加招聘企业 1415 家次，提供岗位 19707 个，达成就业意向 5500 人次。开发公益性岗位进村 431 个，新增城镇就业人员 23800 人，下岗失业人员再就业 8047 人，其中就业困难人员实现再就业 2162 人，失业保险新增参保人数达 13100 人，城镇登记失业率 2.91%。全市共引进各类人才 8503 名，其中高层次人才 351 名。

4. 教育基本情况

诸暨人杰地灵、文教昌明，素有耕读传家、崇文重教的优良传统。凭借深厚的教育底蕴和良好的发展基础，伴随着改革开放的步伐，诸暨的办学条件、办学设施得到明显改善；学校管理体制、办学机制改革不断深入，办学活力进一步增强；素质教育整体推进，各类教育协调发展，教育质量稳步提高。多年来，诸暨教育一直保持持续、快速、健康发展的良好势头，先后获得"全国基础教育先进县（市）""全国特殊教育先进县（市）""全国幼儿教育先进县（市）""浙江省首批教育强市""绍兴市义务教育均衡发展先进市""绍兴市学前教育先进县（市）"等殊荣，27 个镇乡（街道）已全部成功创建为"浙江省教育强镇"和"绍兴市教育基本现代化乡镇"。

目前，诸暨全市有各级各类学校 289 所，其中幼儿园 136 所，小学

105 所（含特殊教育），初中 31 所（含九年一贯制初中 4 所），高中 17 所（普高 13 所、职高 4 所）。全市在校学生有 18.72 万人，其中学前教育 2.64 万人，义务教育阶段 11.03 万人，普通高中 3.85 万人，中职学校 1.2 万人。诸暨市还有民办学校 9 所，其中十二年一贯制 3 所，在校学生 2.7 万人。

（四）优势与特色

1. 综合实力基础好

诸暨素有农业大县市之称，传统的粮食、生猪、茶叶、蚕茧、香榧五大拳头产品，生产总量居全省前列，新兴优高农业如珍珠、板栗、草莓等发展十分迅速。特别是诸暨的水利建设一直处在全省前列，获浙江省首届"大禹杯"金奖。

诸暨民营经济发达，块状特色明显，共有工商登记注册的个体工商企业 10 万余家，形成了 15 大重点块状产业。自改革开放以来，诸暨市委、市政府因地制宜，正确决策，引导、扶持个体私营经济发展，形成了大唐袜业、店口五金、山下湖珍珠、枫桥衬衫、陶朱贡缎、草塔弹簧、暨阳电瓶灯、直埠鞋业、璜山螺帽和次坞包装十大区域性专业块状经济，成为诸暨农村经济和社会发展的重要支柱，其优势和特征十分明显。其中五金管业、袜业、织布业年产值超过 200 亿元。

诸暨市被评为"浙江省首批教育强市""浙江省首批科技强市""浙江省首批体育强市""浙江省首批生态县市"，荣获"全国基础教育先进县（市）""全国科技进步工作先进县（市）""全国农村中医工作先进县（市）""全国粮食生产工作先进县（市）""全国环境综合整治优秀市""全国卫生先进城市""全国社区建设示范市""国家园林城市""国家卫生城市""国家环保模范城市"，以及"长三角最具投资价值县市"等称号。

2. 城市发展机遇好

"一带一路"等国家战略为诸暨市带来了参与国际产业分工、扩大对外投资的新机遇。随着全球化的加速，国家、地区和企业间的交往与合作日趋紧密，生产要素全球化流动加快，产业国际化程度不断提高，国内企业有更多机会参与国际产业的调整分工。诸暨制造业具有一定的先发优势，部分特色产业在全球产业体系中具有一定的地位，民间资本对外投资活跃，随着自由贸易实验区（园）、"一带一路"等国家战略的推进实施，诸暨对外开放面临着新的空间和机遇。

新一轮科技革命与产业变革为诸暨新型工业化和创业创新带来了发展新动力。互联网、云计算等新一代信息技术正加速催生新的生产方式和商业模式，"工业 4.0""中国制造 2025"正逐步开启以智能制造为主导的新工业革命大幕。诸暨产业基础扎实，产业链条完整，配套能力比较强，新兴工业化具有相对优势。同时，经过多年的发展，诸暨民间资本丰裕，企业家精神相对具备，创业创新环境和氛围相对较好。诸暨将成为科技革命和产业变革不断发酵孕育的"温床"。

杭州和金华—义乌两大都市区的全面建设给诸暨县域经济向都市区经济转型带来了重大机遇。当前，浙江省经济发展空间结构正加快由县域经济为主导向都市区经济拉动转型，都市区和城市群日渐成为经济空间集聚的主要载体。尤其是杭州"自主创新示范区""中国（杭州）跨境电子商务综合试验区"、义乌国际贸易综合改革试点等国家战略的相继实施，都市区对周边区域的辐射带动作用将日益明显。作为浙江县域经济发展模式的典型代表之一，诸暨地处杭州都市区和金华—义乌都市区的连接地带，具有"左右逢源"的先天优势，在县域经济转型发展中将面临重大的发展机遇。

3. 教育文化基础扎实

诸暨是越国古都，西施故里，素以重教为共识，尊师为时尚，兴学为义举，耕读传家的优良民风代代相传，文化教育事业底蕴深厚。历史上，诸暨曾出过王冕、陈洪绶、杨维桢等书画名家；近现代以来，又涌现出俞秀松、汪寿华、张秋人等一大批为革命献身的志士仁人，孕育了十余位两院院士和 130 多位将军。

近年来，诸暨教育一直保持着持续、健康、快速发展的良好势头。1986 年被命名为"全国基础教育先进县（市）"；1990 年在全省率先普及"九年义务教育"；1993 年首批通过省"两基"工作验收；1996 年和 2001 年两度被评为"全国特殊教育先进县（市）"；1997 年被评为省"两基工作先进县（市）"；2000 年被评为首批"省教育强市"；2002 年成为浙江省第一个所有镇乡通过"高普九"验收的县（市）；2003 年除荣获"全国幼儿教育先进县（市）"称号外，又成为全省率先实现所有镇乡通过"省教育强镇"验收的县市。"十一五""十二五"期间，诸暨教育继续保持良好的发展态势，实现了持续进步。在市委、市政府的正确领导下，诸暨市深入实施科教兴市战略，以"推进基础教育均衡协调发展，率先基本实现教育现代化"为目标，深化教育改革，推动教育创新，事业发展整体水平和综合实力有了新的提高。

目前，全市已实现十五年教育普及，各类教育全面发展。学前教育进入优质普及阶段，城乡幼儿园建设布局基本完成，学前三年入园率达96.99%，省等级园覆盖率达91.8%。义务教育加快均衡发展步伐，入学率、巩固率和"三残儿童"入学率均为100%，全市27个镇乡（街道）全部创建成为绍兴市教育基本现代化乡镇，城乡、校际之间的教育差距呈缩小趋势。普通高中教育保持质量领先优势，12所普通高中已有9所成为省级重点中学，高考成绩保持高位稳定。中等职业教育迎来历史最好时期，4所国家级重点职业学校并驾齐驱，成立市职教中心，掀开了职业教育集团化办学新的一页，现已拥有中央财政扶持的实训基地2个、省级示范实训基地4个、省级示范专业8个、绍兴市示范专业21个，校企合作办班发展到60余班。全市初中毕业生升入高中段学校比例已达99.25%。

二、诸暨市面对的挑战与定位

（一）城市发展的挑战与定位

经济新常态下，我国经济发展表现出速度变化、结构优化、动力转换三大特点，增长速度要从高速转向中高速，发展方式要从规模速度型转向质量效率型，经济结构调整要从增量扩能为主转向调整存量、做优增量并举，发展动力要从主要依靠资源和低成本劳动力等要素投入转向创新驱动。在这样的背景之下，诸暨也面临适应变化、结构优化、动力转换的巨大挑战。诸暨能否在中高速发展的前提下，推动"四换三名"① 和"两化融合"，取得转型升级组合拳的实效，实现创新驱动发展，将是一个巨大挑战。

在县域经济发展格局中，作为浙江县域经济发展的典型代表之一，长期以来，诸暨取得了显著的成就，跻身全省17个工业强县之一，综合实

---

① "四换"指腾笼换鸟、机器换人、空间换地、电商换市。"三名"即着力培养名企、名品、名家，打造行业龙头。

力总体保持领先。然而，从工业强县（市、区）综合评价来看，总体呈现"标兵渐行渐远，追兵越来越近"的特征。如 2014 年，诸暨在工业强县（市、区）综合评价中，位居第六，较上年退步一位，乐清后来居上。同时，工业销售产值增速、工业利润总额增速等重要指标排名均有所回落。"十三五"时期，诸暨如何通过对内转型升级、对外开放融合，提升县域经济发展质量，保持县域经济发展优势，具有一定的挑战。

新型城市化下，诸暨面临城市管理和社会治理的巨大挑战。随着诸暨市经济社会发展水平的不断提高，城镇规模不断扩大，流动人口不断积聚，社会发展中的利益诉求和矛盾不断增多，城市科学管理难度和维稳压力日渐加大。城东新城等新区建设过程中，各类商贸文化娱乐配套设施仍难以满足群众的更高生活需求。农业转移人口市民化过程中，城乡管理体制、城乡基本公共服务提供机制等诸多领域存在障碍。外来人口向城区、大唐、店口等地抱团集聚的趋势带来了社会稳定和社会融合的问题。

在全面建成小康社会的进程中，诸暨面临有效补足社会发展短板、实现共享发展的重大挑战。长期以来，我国发展的重心一直在经济领域，而社会领域则受到不同程度的忽视。诸暨同样存在这样的问题，城乡发展不协调，社会事业发展、生态环境保护、民生保障等方面多有欠账。共享发展是全面建成小康社会的基石，也是其基本内涵。"十三五"时期是我国全面建成小康社会的收官时期，也是诸暨全面建成高标准小康社会的收官时期。如何加快补齐社会发展这一短板，增强全体居民对诸暨经济社会发展的获得感，是一个重要挑战。

"十三五"时期，诸暨市要紧紧围绕国家"两个一百年"的奋斗目标，继续体现全国百强县的龙头示范作用，响应区域融入和转型发展要求，彰显导向性和引领性作用。在全面建成更高水平的小康社会、努力打造国内一流的现代化幸福实业之都发展总目标的指引下，诸暨重点要围绕创建"四大示范"的目标要求，深化具体的发展建设。

示范一：我国强县经济转型示范。以诸暨县域经济为主体，借力义乌等近域中心城市，全力融入杭州都市区，借外力、宽视野、提能级，逐步实现向都市经济转型，成为全国经济强县转型的典型示范。

示范二：省新型工业化发展示范。把握新一轮科技革命和产业变革导向，推动工业经济向"全链条"提升、向"中高端"迈进，在更高水平上推动诸暨工业现代化进程，实现以工业新突破带动发展新跨越，成为浙江省"工业强市"建设典范、先进智造的"领头羊"。

示范三：省宜人城市建设示范。围绕山水生态和历史文化特色，积极打造"好美诸暨"品牌，使之成为浙江省生态人文资源出众、宜居宜业宜游的城市建设示范区。

示范四：平安中国社会治理先行示范。深化创新"枫桥经验"，在社会治理方式和成效上走在全国前列，实现更为安定富足的社会生活。平安社会建设更富成效。

"十三五"时期，诸暨要立足于区域发展背景，整合放大自身的区位优势、产业优势、生态优势和人文优势，继承延续"创新之城、人文之城、生态之城"的主要内涵，进一步突出"区域融入、转型提升、创新谋划、时代引领"的导向要求，确立"四城"的发展定位（见图5-4）。

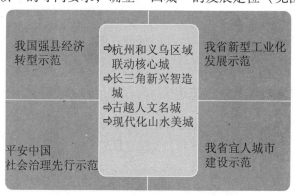

图5-4　诸暨市"四城四范"示意图

——杭州和义乌区域联动核心城。围绕杭州都市区深化区域整合、放大辐射效应，以及义乌国际陆港等开放平台建设，加快"北承南接"，深化快速交通和服务联动，推进产业分工协作和资源共享，搭建杭州与义乌联动的廊道枢纽和平台载体，成为杭州都市区紧密联系圈层中综合实力最为强劲、板块发展最为多元、人文底蕴最为深厚、生态环境最具特色、发展活力最为强劲的现代化核心城市。

——长三角新兴智造城。基于上海全球城市及长三角城市群建设对于制造业区域化分工的战略需求，突出工业经济基础优势，以铜加工、环保装备、珍珠、袜业等产业基础为重点，大力推进特色产业集群，全面实施"四换三名"，加大技术创新，鼓励成名创牌，联合现代服务业的牵引、运作、谋划，引导企业优化产业链、拓展市场链、提升价值链，推动诸暨传统"制造"向新兴"智造"转型，打造长三角一流的先进智造基地。

——古越人文名城。挖掘深厚的古越文化底蕴，发挥陶朱西子、僧儒贤良、技艺术学等古人古风的历史效应，融合耿介豁达、创业务实的新时代精神，赋予历史文化新内涵、历史遗产新空间，营造鼓励创新、善于谋划的发展氛围，发扬名人经济、时尚经济、美人经济效应，打造具备深远历史纵深感又兼具新时代人文精神，富于生机、充满活力、敢于创新的国内知名人文城市。

——现代化山水美城。深化演绎"两美"战略，以原生态自然山水为依托，以现代城市和古村落、古民居、古遗址为载体，推动市域湖光山色、乡野风情与现代城市的交相辉映，塑造可识别性强、特色风貌显著、内涵丰富的多元城乡空间格局，积极创新"枫桥经验"的新时代内涵，丰富完善公平、和谐、人本的社会治理体系，打造社会管理创新的全国示范，建设山清水秀、城乡交融、文明富足、平安健康的宜人幸福城市。

（二）教育发展的挑战与定位

教育方面，诸暨虽然继续保持良好的发展态势，但仍然面临一系列新的挑战，并存在着诸多薄弱环节，主要表现在：教育外延与内涵还不够协调，特别是人才培养理念、模式尚不能适应时代发展和学生成长的需要，重"育分"、轻"育人"现象还一定程度存在；优质教育资源总量仍显不足，城乡、校际间教育资源配置还不够均衡，教育均衡发展任重道远；教育体制机制改革还相对滞后，学校的自主发展能力、办学个性和活力有待进一步增强；教育投入与事业再发展之间的矛盾仍然突出，传统的教育投入结构随着教育形势的发展已面临挑战；知识创新和知识服务能力还相对较弱，教育的竞争力和影响力需随着经济社会的发展同步跟进。

诸暨教育发展定位更加明确，即建立更加完善的教育体系，实现更高水平的普及教育，提供更具活力的优质教育，形成更为广泛的公平教育，构建更有效的教育技术支撑基础，健全更加开放、多元的教育体制和机制。确保于2017年通过省教育现代化县市评估，提前三年全面实现教育现代化。

——教育普及化水平全面提升。学前三年幼儿入园率提高到99%以上；义务教育阶段完成率保持100%；率先普及高中教育；职校毕业生

"双证率"达到99%以上；高等教育毛入学率达到70%以上。

——教育均衡化水平全面提升。学校办学条件差异系数缩小至0.3以内。100%的镇乡（街道）成为绍兴市教育优质均衡示范镇乡（街道）；100%的义务教育学校成为省标准化学校；95%以上的幼儿园成为省等级幼儿园；80%以上的普通高中成为省特色示范学校；国家、省级职校覆盖率保持100%。

——教育信息化水平全面提升。教育云项目覆盖全市义务教育学校。100%的中小学校和90%以上的幼儿园实现宽带到校、到教室；全面实现教学班班通、人人通。在所有高中段学校和85%的义务教育段学校、70%的幼儿园建成"智慧校园"。

——教育个性化水平全面提升。高中段学校和义务教育阶段学校小班化授课比例分别超过60%和70%；高中段学校主干课程90%以上实行分层走班教学；高中段、初中段、小学段学校选修课比重分别超过35%、20%、15%；高中段以上学校全面建立和实行学分制。

——教育终身化水平全面提升。终身教育资源更加丰富多样，各类教育纵向衔接、横向沟通的格局基本形成，15岁以上常住人口识字率保持在98%以上，主要劳动年龄人口平均受教育年限超过12年，常住老龄人口中享受老年教育的人口比例超过60%。

——教育国际化水平全面提升。80%以上的高中段学校和50%以上的义务教育段学校与国外学校开展教育教学交流活动；20%以上的高中段专任教师和5%以上的义务教育段专任教师拥有3个月以上的留学访学等经历。

三、诸暨市基础教育区域推进的典型特征

（一）立足城市化发展，打造"城乡一体、整体发展"的教育格局

1. 诸暨主体功能区的城市化建设思路

诸暨市坚持走新型城市化道路，举全市之力推进大城市建设，强化主体功能区引导，优化空间开发格局，加快形成"一主一副五组团"网络化城镇体系，不断提升城乡一体化水平，努力把诸暨建设成为具有古越文化底蕴的现代化山水园林城市。

（1）诸暨市主体功能区

诸暨市分为优化开发区、重点开发区、生态经济区、生态保护区四个分区。

优化开发区为中心城区。中心城区应充分考虑环境容量有限、自然资源供给不足、经济相对发达等因素，优先发展现代服务业，大力发展高新技术产业，提高城市建设水平，优布局、拉框架、强功能、提品质，着力提高中心城区的承载力、辐射力和带动力。

重点开发区为城西工业新城、重点镇街园区和各类经济功能区。该区要充分考虑环境容量相对充足、资源较为丰富、发展潜力较大等因素，实行重点开发，加强基础设施建设，引导产业集聚发展，严格控制污染物排放总量，为发展六大主导工业和城镇发展提供承载空间。

生态经济区为五泄镇、同山镇、马剑镇等生态环境脆弱的地区和重要生态功能保护区。该区要在坚持保护优先的前提下，加强生态环境整治与建设，加强生态公益林建设，适度发展生态农业、休闲旅游等符合生态环境功能的特色优势产业，确保生态平衡。

生态保护区为东白湖镇、岭北镇、赵家镇、东和乡等饮用水源保护地、各类自然保护区和具有特殊保护价值的地区，要依据法律法规进行强制性保护，严禁不符合规定的开发活动。

（2）诸暨市空间布局

按照"南北工、中部城、东西游"的空间开发格局，推动空间拓展、产业集聚、人口集中、资源节约、生态优化。沿店口—诸暨—安华南北主通道和浦阳江流域"沿路沿江"南北向优化开发，进一步加快工业化、城市化步伐，协调好南北产业、中部城区和东西片生态资源的关系，精致开发，有序引导产业、人口合理分布，加快形成北接杭州、南延义乌的发展主干线。把中心城区和诸北新城拓展建设作为带动全域城市化的主引擎，中心城区打造成为市域经济社会发展中心和城市功能主核心，诸北新城培育提升为市域副中心。在做好生态保护的基础上，合理利用东部和西部区域的丰富生态资源，区别对待，有序开发，适度发展特色农业、休闲旅游等生态型经济，着力打造全市最重要的生态涵养区和新型生态经济区。

（3）"一主一副五组团"城镇体系

构建"中心城市—诸北新城—中心镇—特色镇—中心村"梯次衔接、功能配套、以大带小、集约发展的网络化、组团式城镇体系，形成以中心城区为极核，店口诸北新城为副中心，枫桥、牌头、次坞、璜山、五泄五个中心镇为城镇组团的"一主一副五组团"格局（见图 5-5、表 5-1）。

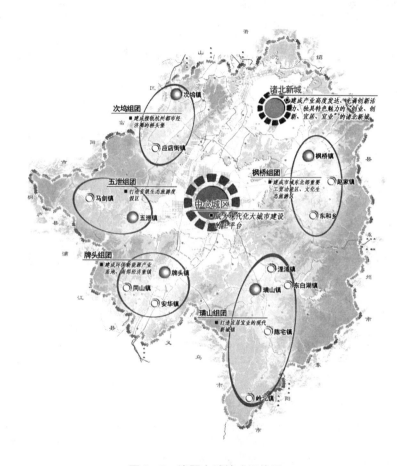

图 5-5 诸暨市城镇建设格局

表 5-1 "一主一副五组团"城镇体系架构

城镇体系	组 成	范 围	发展目标和功能定位
一主	中心城区	控制在三环线内，包括大唐、草塔、王家井镇、街亭部分区域	建成现代化大城市建设的主平台，努力建设"山水生态、和谐人居、时尚都市"

城镇体系	组 成	范 围	发展目标和功能定位
一副	诸北新城	以店口为重点，辐射山下湖、阮市镇等北部区域	建成战略性新兴产业集聚地、宜业宜居宜游的现代化小城市和全国小城市建设样板
五组团	枫桥组团	以枫桥为重点，辐射赵家镇、东和乡	建成市域东北部重要工贸功能区、文化生态旅游区、和谐发展示范区
	牌头组团	以牌头为核心，辐射同山、安华镇	打造国际化环保新能源产业基地，建成市域南部工贸文教重镇
	次坞组团	以次坞为重点，辐射应店街镇	建成接轨杭州都市经济圈的桥头堡
	璜山组团	以璜山为重点，辐射浬浦、东白湖、陈宅、岭北镇	打造宜居宜业的现代新城镇
	五泄组团	以五泄为重点，辐射马剑镇	打造长三角著名旅游度假胜地

全力推进中心城区建设。坚持"大城市、现代化、可持续"的发展定位，编制实施大城市发展规划，科学布局大城市空间和产业发展，切实增强与大城市地位相适应的载体功能、服务功能和综合保障功能，努力建设"山水生态、和谐人居、时尚都市"。坚持"东扩西联、南北延伸"，全面启动三环线建设，拓展城市发展空间。坚持彰显特色、突出重点、通盘谋划、有序实施，优化重点地区、重要地段城市设计，按照"提速建设、拓展提升、融合发展"的要求，统筹推进城西、城中和城东三大区块建设，做大做精中心城市。城西新城以先进制造业为主体、现代服务业为先导，加快商务区建设，集聚商气人气，着力建设特色鲜明、功能完善的创新型现代化工业新城，打造城市新门户。城中区块要重核心、推两翼，高质量

完成老城核心区域改造，进一步完善生活性服务配套设施，实施城区风貌整合工程，打造城市新坐标，充分展现集"山水、人文、活力"于一体的城市新形象。城东新城要作为新一轮城市开发建设的重中之重，以城东中心区块为核心，结合三环线建设，统筹推进沿线拆迁改造，着力拓展发展空间，加快楼宇设施、服务窗口、商贸网点的基础设施建设，完成一批公共文化设施工程，着力打造成集行政、文化、商务等主导功能于一体的现代城市综合中心。推进城市更新调理，加快城中村改造，建设现代化新型社区，不断提高城市净化、绿化、亮化、序化水平，精心打造整洁舒畅、清新亮丽的优美城市。同时，要有序推动基础设施建设向大唐、草塔、王家井、街亭等镇点状空间延伸，逐步纳入主城区统筹开发范围。

提升发展店口诸北新城。诸北新城要全面实施城市化带动战略，围绕打造城市副中心的发展定位，抢抓全省首批小城市培育契机，以店口为核心，统筹推进山下湖、阮市镇等诸北片区发展，优化产业发展布局，加快店口诸暨省级高技术产业园区、山下湖珍珠产业园区建设，着力实施白塔湖"十百千"保护工程，完善集镇区域公共配套设施，不断做强实力、做优功能、做美环境、做高品位，努力打造以先进制造业为支撑，融商贸、物流、居住、办公、休闲旅游等功能为一体的战略性新兴产业集聚地、宜业宜居宜游的现代化小城市和全国小城市建设样板。

加快中心镇组团开发建设。按照小城市发展理念，探索跨区域联合发展模式，适时启动镇乡行政区划调整，加强中心镇规划建设，着力把中心镇培育成为人口集中的新载体、产业集聚的新高地、功能集成的新平台，支持和推动有条件的中心镇向小城市跨越发展。枫桥组团要放大对周边要素的集聚吸附效应，加快建成市域东北部重要工贸功能区、文化生态旅游区、和谐发展示范区；牌头组团要主动承接浙中城市群，特别是义乌国际商贸名城的辐射，打造国际化环保新能源产业基地，建成市域南部工贸文教重镇；次坞组团要提升融入杭州深度，成为接轨杭州都市经济圈的桥头堡；璜山组团要推动陈璜地区融合集聚，打造宜居宜业的现代新城镇；五泄组团要以五泄风景区及周边区域良好旅游资源为依托，以省级旅游度假区为平台，打造长三角著名旅游度假胜地。其他镇乡要按照"规模适度、注重特色、宜居宜业"的要求，加快镇区"退二进三"，完善道路交通等公共服务配套设施，因地制宜建设各具魅力的风情小镇、文化名镇、生态绿镇和旅游强镇等现代新型集镇。

2. 基于主体功能区、城市化发展的基础教育布局

诸暨市教育积极顺应大城市建设和城镇化发展趋势，从区域经济社会发展全局出发，按照"城乡一体、整体发展"的总体思路，加快教育改革和发展，努力形成布局合理、结构完善、规模适度、效益上乘的教育格局。

一是按城镇化发展格局规划学校布局。统筹考虑城乡经济社会发展状况、人口变化趋势和人民群众的现实需要，诸暨坚持按照"高中向城区发展，初中向中心镇集聚，小学向集镇、幼儿园向中心村靠拢"的思路，不断完善中小学、幼儿园规划布局，基本形成了"一个区域一所高中、一个乡镇一所初中、小学均为适宜规模完小、幼儿园以中心村为主"的办学格局。近年来，随着学校布局调整的基本到位和城镇化进程的不断加快，全市学校布局规划建设步入了"扩存量、提增量"的发展阶段，重点按照"一主一副五组团"的城镇化发展格局，进一步做好城市新建小区、成片开发的城市新区和组团中心镇的学校规划建设。目前，"一主一副五组团"框架内都已形成从幼儿园至普通高中于一体的教育链，"十二五"期间促进并形成了与城市、城镇发展和群众实际需求相协调的"1 + 27 + 5"[①] 的学校布局（见表5 - 2）。

表5 - 2　"1 + 27 + 5"的学校布局

直属学校	诸暨中学	暨阳分校	诸暨二中	牌头中学	学勉中学
	浬浦中学	草塔中学	湄池中学	三都中学	职教中心
	实验职校	轻工技校	工业职校	教师进修学校	特殊教育学校
	浣纱初中	滨江初中	暨阳初中	浣江幼儿园	实验幼儿园

————————

① "1" 为教育局直属管理，"27" 为27 个 "教办" 或中心学校，"5" 为民办教育集团力量学校。

续表

直属学校	浣江教育集团	浣江初中	浣东初中		
	实验小学教育集团	实小城东校区	实小荷花校区	实小庆同校区	
（1）暨阳街道教办	浣纱小学	暨阳小学	江东小学	滨东小学	新世纪小学
	城南小学	大侣小学	红卫完小（大侣）	暨南小学	同乐完小（暨南）
	暨北幼儿园	托幼中心（民）			
	浣江小学教育集团	浣江小学	行知小学	行知幼儿园	
	浣纱幼儿集团	耀江幼儿园（民）	浣纱幼儿园	滨江幼儿园	
（2）陶朱街道教办	陶朱初中	城西小学	三都小学	唐山完小	白门完小
	红门完小	城山完小	跨湖完小	陶朱小学	三益完小
	陶朱幼儿园				
（3）浣东街道教办	浣东小学	和济小学	双桥小学	五一小学	盛兆坞完小
	泰南小学	上北完小	双桥中心幼儿园		
（4）大唐中心学校	大唐镇中	大唐镇小	冠山完小	里蒋完小	柱山完小
	大唐中心幼儿园				
（5）应店街中心学校	应店街镇中	应店街镇小	十二都完小	双桥完小	云石完小
	云溪完小	寨头完小	紫阆完小	应店街中心幼儿园	

续表

（6）次坞中心学校	秀松中学	次坞镇小	大桥完小	凰桐完小	上河完小
	红旗完小	次坞中心幼儿园			
（7）店口教办	店口一中	店口二中	店口一小	店口二小	文裔完小
	弘毅小学	店口一幼	店口二幼		
（8）阮市中心学校	阮市镇中	阮市镇小	杨梅桥完小	视北完小	视南完小
	阮市中心幼儿园				
（9）直埠中心学校	直埠镇中	直埠镇小	直埠二小	直埠三小	直埠五小
	直埠中心幼儿园				
（10）江藻中心学校	江藻镇中	江藻镇小	山后完小	墨城完小	江藻中心幼儿园
（11）山下湖中心学校	山下湖镇中	山下湖镇小	大宣完小	詹家蛟完小	山下湖中心幼儿园
（12）枫桥教办	枫桥镇中	全堂初中	东一初中	枫桥镇小	全堂小学
	梅苑小学	枫桥二小	三江完小	泂村完小	桥择完小
	石佛完小	屠家坞完小	枫桥中心幼儿园		
（13）赵家中心学校	赵家镇中	赵家镇小	仙甸完小	钢林完小	东溪完小
	赵家中心幼儿园				
（14）东和中心学校	东和乡中	东和乡小	舞凤完小	东和中心幼儿园	
（15）马剑中心学校	马剑镇中	马剑镇小	平阳完小	马剑中心幼儿园	

续表

（16）草塔中心学校	草塔镇中	草塔镇小	南屏小学	顾家小学	南山小学
	青山完小	草塔中心幼儿园			
（17）五泄中心学校	五泄中心学校	横里完小	五泄中心幼儿园		
（18）王家井中心学校	王家井镇中	王家井镇小	新壁完小	外陈完小	王家井中心幼儿园
（19）同山中心学校	同山中心学校	王沙溪完小	达材完小	同山中心幼儿园	
（20）牌头中心学校	牌头镇中	牌头镇小	牌头完小	西山完小	
	新乐完小	坑西完小	牌头中心幼儿园		
（21）安华中心学校	安华镇中	安华镇小	红桥完小	汤江完小	安华中心幼儿园
（22）街亭中心学校	街亭镇中	街亭镇小	蓝田完小	街亭中心幼儿园	
（23）璜山中心学校	璜山镇中	璜山镇小	读山小学	桥下小学	化泉小学
	璜山中心幼儿园				
（24）陈宅中心学校	陈宅镇中	陈宅镇小	擂山完小	陈宅中心幼儿园	
（25）岭北中心学校	岭北中心学校	水带完小	岭北中心幼儿园		
（26）浬浦中心学校	浬浦中心学校	保和完小	浬浦中心幼儿园		

（27）东白湖中心学校	东白湖镇中	东白湖镇小	西岩小学	斯民小学	斯民小学新校区
	上泉完小	东白湖中心幼儿园			
民办学校	海亮学校	天马学校	荣怀学校	越兴中学	技工学校

二是按城镇化发展方向促进城乡教育一体化。在城镇化背景下，如何统筹协调城乡教育发展是当前教育面临的现实挑战。多年来，诸暨市以城乡教育一体化为目标，以促进义务教育优质均衡发展为重点，助力城镇化。大力开展义务教育学校标准化建设，以"校安工程""加强农村完小建设工程""食宿改造工程""数字化校园建设"等为抓手，改善农村学校办学条件，进一步缩小城乡教育差距，目前，全市义务教育学校达到标准化学校的比例已达93%。积极开展教育基本现代化乡镇创建活动，推进镇乡（街道）教育现代化。目前，全市27个镇乡（街道）全部创建成为绍兴市教育基本现代化乡镇。着力构建城乡、校际共同发展机制，推进"城乡联盟"教育发展共同体建设，实施镇乡范围内小学"一所学校、多个校区"的"一校制"管理体制改革，推动城乡学校联动发展。深化农村学校教育教学改革，全面开展中小学特色学校建设，积极实施以农村中小学为重点的小班化教育改革，整体提升办学水平和教育质量。

三是按城镇化发展要求落实教育公共服务均等化。落实教育公共服务均等化是促进城镇化的重要支撑。从2007年开始，全面实施义务教育经费保障机制改革，落实免费义务教育，实施中职免费教育。建立完善了从学前三年到高中段教育的家庭经济困难学生资助体系，确保没有一个学生因贫困而失学。实施义务教育阶段"阳光招生"，从2012年起，全面取消义务教育阶段公办学校择校费，实行有条件的有序分类入学，使择校收费问题不再成为社会反响强烈的热点问题。坚持"以流入地政府管理为主、以全日制公办学校为主"，依法保障符合条件的外来流动人口子女平等接受义务教育。

（二）分类发展、优质均衡、信息化引领区域教育整合发展

教育区域推进的终极目标是优质均衡。没有均衡的优质是不公平的优质，没有优质的均衡是没有质量的公平。诸暨教育区域推进以优质均衡为目标，实施了分类差异化发展、标准化发展、信息化带动等多元战略。

1. 以分类差异化发展为策略

教育包含不同层次和不同结构。这些不同结构和层次的教育因各自定位和发展状况的差异，需要实施分层分类的差异化发展。这一战略贯穿诸暨教育发展的全过程。早在 2010 年，诸暨市在学前教育、义务教育、高中教育、职业教育等方面就推进了分类发展策略。

学前教育——托幼一体，优质普及。强化政府学前教育公共服务职能，把发展学前教育纳入城镇、新农村建设规划，建立健全政府主导、社会参与、公办民办并举的办园体制。进一步扩大优质幼儿教育资源总量，加快提升各类幼儿园保教质量，形成"一镇一特色、一园一品"的办园格局。

义务教育——促进公平，提高质量。建立规划一体、标准一体、配置一体、管理一体的城乡一体化义务教育发展机制，探索建立义务教育学校之间的协作机制，推动优质教育资源向城郊、农村延伸，提升相对薄弱学校的办学水平。深化义务教育课程和教学改革，提高每一所学校的办学质量。

普通高中教育——优质发展，多样办学。全面提高普通高中学生综合素质，加强优质特色普通高中建设，推进培养模式多样化，满足不同潜质学生的发展需要，探索发现和培养创新人才的途径，鼓励有条件的普通高中根据需要适当增加职业教育的教学内容，推动普通高中多样化发展。

职业教育——融入产业，优化结构。构建现代职业教育体系，统筹发展中等职业教育和高等职业教育，优化职业教育人才培养模式，增强职业教育的吸引力。进一步增强政府在职业教育中的统筹能力，推动行业、企业通过多种形式参与职业教育，构建产学合作平台。

2. 以优质均衡发展为导向

首先，以"三项创建""五项工程"推进教育标准化建设。

近年来，诸暨把发展义务教育的重点进一步落实到促进均衡、优质发展上，以"三项创建"（教育基本现代化乡镇创建、标准化学校创建、特色学校创建）和"五项工程"（加强完小建设工程、农村中小学家庭经济困难学生资助扩面工程、爱心营养餐工程、农村中小学食宿改造工程、农村中小学教师素质提升工程）为主要抓手，既提升水平，又高位补缺，积极促进义务教育高位均衡发展。

除标准化建设之外，经费保障也是重要思路。义务教育一直被列为投入重点。早在1994年，诸暨市就大胆实施"保中间、活两头、促全局"的教育投资策略，即高中教育实施成本分担，幼儿教育面向社会，政府集中财力重点投向义务教育，这一投资策略辅之社会力量捐资助学，基本形成了一个以政府投入为主、多渠道筹措教育经费的多元化义务教育投入机制，这在很长一段时间内较好地保障了义务教育的持续发展。之后，又从建立健全不断增量且可持续的长效投入机制着眼，着力完善"以县为主"的义务教育经费保障机制。

其次，通过农村师资队伍建设、名校集团化、城乡联盟、教师交流推进均衡化发展。

基础教育的发展以义务教育为重中之重，而义务教育的重点又在农村，义务教育教师队伍建设的重点也在农村。为推进教育优质均衡发展，诸暨市十分重视加强农村教师队伍建设，通过建立健全有效的激励机制、合理的流动机制和务实的培训机制，提高农村教师队伍素质，努力缩小城乡师资差距。

一是双向激励，稳定队伍。采取发放特殊津贴、进行先进评比和职称评定、培养名师等向农村学校倾斜等手段，引导和鼓励农村教师立足农村教育、探索农村教育实践，保障农村教师队伍的相对稳定。特别加大对农村名优教师的补助奖励力度，建立了城区名优教师支援农村山区教育制度、农村名优教师和全市特级教师特殊津贴制度。从2007学年开始，对支援农村山区教育的城区优秀教师（不包括规定支教，年限至少3年）每年发放最高12000元的特殊津贴；对农村名优教师每年发放最高10000元的特殊津贴；对从事一线教学工作的特级教师每年发放10000至20000元不等的特殊津贴。

二是合理流动，优化结构。严格教师编制管理，积极实施全员聘任、专业技术职务评聘分离等制度改革，全面开展农村中小学自聘教师清理整顿，在优胜劣汰机制的驱动下，教师责任感、紧迫感、危机感明显增强，工作积极性、主动性、创造性不断提高。持续推进"城乡互助、镇域一体"教育发展共同体建设，打破教师资源的区域、校际壁垒，制定和落实支教或轮岗、上挂下派、跨校兼职或任教等政策制度，努力实现区域内教师资源共享。据统计，2000 年以来，诸暨共计选派 386 名城区学校骨干教师到边远乡镇支教；组织 71 名农村中小学校长到城区学校挂职学习。从 2006 学年开始，又特别实行留城工作应届师范毕业生"3＋2"的"捆绑式"农村学校任教服务期制度，即直接留城工作的应届师范毕业生，在城区任教满 3 年后须下派到指定的农村学校任教 2 年。

三是岗位培训，提升素质。从 2005 年开始，按照统一培养目标、统一教学计划、统一教材、统一质量标准的要求，采取全日制培训和校本培训相结合的模式，组织开展了为期 3 年的以"新理念、新课程、新技术和师德教育"为重点的农村中小学教师全员培训，同时深入开展浙江省农村中小学教师"领雁工程"培训及组织开展城区名优教师送教下乡、教研员带徒等活动，纵向引领，横向互动，促进农村教师专业成长，构建和完善农村教师培训教育体系。到目前，已有绍兴市名校长培养对象 10 人，绍兴市名师培养对象 38 人；教研员带徒四期，共计培养 120 多名农村骨干教师。

名校集团化。2011 年，诸暨教育确立"名校＋新校""名校＋薄弱学校""城区学校＋农村学校"的抱团发展思路，积极实施"集团办学"，促进区域教育资源均衡发展。

城乡联盟。为进一步发挥城区优质教育资源的辐射和带动作用，促进新建学校、农村学校建设，推进城乡教育优质均衡发展，诸暨市教育局在义务教育阶段学校开展"城乡联盟"教育共同体建设，以此创设城乡学校联动发展平台，推进义务教育优质均衡发展。

市"城乡联盟"教育共同体建设采取"城区学校＋新建学校""城区学校＋农村学校"的方式，实现共同体内各学校的资源共享和优势互补。在 2011 学年建立的"实验小学—浣东小学""浣纱初中—岭北镇中"等 9 个共同体的基础上，之后，教育局又新增"暨阳初中—马剑镇中""浣纱初中—陈宅镇中""浣纱小学—陈宅镇小""滨江小学—马剑镇小"4 个共同体。

推进"城乡联盟"共同体建设的主要做法如下。

一是建立教师互派机制，促动教师流动。先后组建的教育共同体中，实验小学教育集团先后共派 5 名骨干教师到新建浣东小学任教，实行三年一轮制。同时，加盟学校定期派中层以上干部到联盟牵头学校挂职锻炼，学习联盟牵头学校先进的管理理念和运作方法。

二是加强教研互动工作，提升教学质量。在教育局普通教育科的带领下，各共同体开展了多种形式的联谊活动，如浣江教育集团多次派各学科的骨干教师到联盟学校东和乡中为学生上课，为老师们做讲座；暨阳初中以领军人才许烈剑为组长的 5 位学科骨干教研组长组成的团队带领优秀青年教师多次来到同山九年一贯制学校初中部、马剑镇中，进行教科研互动；暨阳小学除了常规的互动活动外，还派计算机管理员与同山九年一贯制学校小学部合作搭建了共同体网络交流平台，实现教育资源共享；刚成立的"滨江小学—马剑镇小"共同体，短短的时间内已开展多次多种形式的活动，并有 5 位优秀教师赴马剑镇小进行为期 2 年的支教。截至目前，教育共同体间的互动活动已达 100 余次，收到了良好的效果。

三是创新评价体系，形成城乡联盟发展新保障。该市出台了《诸暨市学校发展性评价方案》，采取了各项措施，如选派教师在完成教育教学工作任务后，在评职、评先、评优等方面优先，派出教师在支教期内享受农村教师任教津贴。

"城乡联盟"教育共同体的建立取得了一定的成效：一是创新了农村学校的办学模式；二是转变了教育主体的教育理念；三是缩小了城乡的教育差距，进一步促进了诸暨市教育的优质均衡发展，推进了教育现代化的建设。

教师交流。为促进义务教育学校教师资源合理配置，推进义务教育高水平均衡发展，诸暨市教育局出台了《关于推进义务教育学校教师校长交流工作的实施办法》，以科学发展观为指导，以实现义务教育高水平均衡发展、加快实现教育现代化为目标，通过构建科学、规范、有序的区域内义务教育学校教师、干部交流的长效机制，不断促进教师资源合理配置，优化教师队伍结构，提升教师队伍整体素质，增强教育系统队伍活力，为办好每一所义务教育学校提供有力保障。

交流是指公办学校教师、校长从一所学校调到另一所学校工作，并原则上随迁人事关系的流动过程。市教育局以科学合理与循序推进相结合、行政推动与政策导向相结合、重点突出与公开规范相结合为工作原则，采用城乡互动、优势互补、以强扶弱的方法，区分不同的交流对象类别，由局部到整体，循序渐进，分类实施，长远规划；同时，既重视行政推动，确保政令畅通，又重视政策配套，注重激励引导，体现对教师的人文关怀，鼓励广大教师自觉参与流动；并且全程公开教师校长交流办法、程序和结果，规范操作，严肃纪律，加强监督，确保交流工作公平、公正、有序开展。

按照规定，交流分校长交流、骨干教师交流、普通教师交流三种方式。校长交流以同一公办学校连续任职满 3 年及以上的局任命干部为对象，其中连续任职满 6 年及以上为重点对象；镇乡（街道）教办、中心学校和直属学校任命的干部交流由各校根据局有关文件精神在所属学校内统筹交流，同一学校、同一岗位任职满 6 年的作为重点交流对象；在本单位所属学校内交流比较困难的，由学校提出建议意见，报局审核，统筹调配。骨干教师交流以省特级教师、绍兴市及以上教坛新秀、绍兴市十佳师德标兵、青年教师标兵、模范班主任、诸暨市级及以上学科带头人为对象，城区学校的上述人员作为骨干教师重点交流对象；主体交流方式是城区及优质、超编学校的骨干教师向农村薄弱学校流动；每年 4 月，该市教育局根据全市骨干教师分布和队伍建设需要，提出骨干教师交流的指导计划；相关学校综合考虑本校骨干教师队伍实际，依据符合条件对象的年龄、教龄、任教学段、本校连续任教时间等因素，推荐符合计划要求的交流教师，由教育局通盘考虑会审后，统筹安排到农村薄弱学校岗位任教。普通教师的交流工作分类型、分批次推进：第一批次为公开竞聘型交流，第二批次为双向选择型交流，第三批次为行政指令型交流，第四批次为顶岗学习型交流。

3. 以教育信息化引领为驱动

诸暨市政府十分重视教育信息化的建设发展，将加强教育信息化基础设施建设、加强优质教育资源的开发与应用、完善教育信息化服务体系作为主要目标和任务。为此，诸暨设立了重点项目，采取了系列举措。

（1）数字化校园建设。以信息化基础设施建设为基点，以信息技术应用为核心，以教育教学模式改革为重点，推进数字化校园建设。制订本市数字化校园建设细则，组织开展数字化校园建设达标活动。

（2）优质教育教学资源库建设。建立健全由信息中心开发平台、教科研部门业务指导、学校师生共同参与的优质教育资源建设机制，汇聚国内外先进教育资源，开发精品类专题教育资源，全面建设内容多元、质量上乘、使用便捷的优质教育资源库。

（3）推动网络教研。进一步优化"教师专业发展支持平台""名师工作室"等平台，充分利用网络开展城乡协作教研、校际备课、示范课视频交流等活动，构建基于网络的联合教学新模式，组建无校界学科组、教研组，建立覆盖全市所有教师的虚拟教研团队。

（4）推广运用学生数字化成长平台。整合现有资源，完善制度机制，深化应用研究，进一步加强学生数字化成长平台的推广和运用，充分发挥其在促进学生全面而富有个性发展中的作用。

鉴于对云计算终端在区域化的教育信息平台中特有优势的认识，诸暨市教育局于 2012 年 11 月开始部署和实施区域教育云项目建设。据悉，该项目是目前中国最大的教育云落地项目，有力地推动了教育现代化的进程。通过采用天霆云终端，诸暨市各学校大大提升了每百人拥有的电脑数，为实现"人人通、班班通、校校通"做出了积极贡献。

在该项目中，天霆云终端 X900 通过 CHP 协议完成对虚拟机的访问，从而实现了统一部署、统一管理、统一维护的教育云平台。教育局可以统一分配教育资源，统一课件管理，统一访问也得以保证。所有学校的虚拟桌面的管控都集中在教育局信息中心，实现了教育资源共享，提高了基础教育的时效性，并且大大降低了教育资源的投入。

通过打造平台，旨在有效推进云教学、云教学资源库、云教研、云评价等服务项目的发展。以云教学为例，在不同的课程当中，学生可以享受云中心的所有资源，从而有效推动了诸暨市中小学教育的均衡发展。

从诸暨市以上的实践可以看出，诸暨教育整体推进包含以下几大思路。

第一，以高水平均衡发展为推进策略。坚持教育的公益性本质，强化教育服务的公平性，推进基本教育服务的均等化；加快建立城乡一体化义务教育发展机制，实现县域内义务教育标准化和均等化；统筹规划各类教育发展，合理配置教育资源，实现规模、布局、结构、效益和质量的有机统一。

第二，以高品质内涵提升为推进抓手。积极推进教育内涵建设，促进各级各类学校特色发展，实现从硬件建设向软实力完善的提升；推进人才培养模式改革，全面实施素质教育，促进学生全面而富有个性的发展，实现从选择适合教育的学生向选择适合学生的教育提升；深化办学体制改革，注重办学机制和办学模式的集成创新，实现从传统学校制度向现代学校制度的提升。

第三，以高素质人才强教为发展思路。把人才建设放到更加突出的位置，加大优秀人才的培养力度，建构人才潜心治学的平台，使良师名家不断涌现；更加关注年轻教师的发展，建构人才脱颖而出的平台，使优秀年轻人才迅速成长；按照"专业化、信息化、现代化"的目标，进一步加强农村教师队伍建设，全面提升农村教师队伍专业素养和执教能力；进一步优化人才引进环境，积极汇聚各路英才。

第四，以高标准信息化推进区域教育。开展教育信息化"二次创业"，以高标准教育信息化促进教育现代化。进一步加强教育信息化基础设施和信息系统建设，强化信息技术在学校管理和教育教学中的应用，全面推进数字化校园建设。运用现代信息技术改革教育教学内容和方法，形成开放、互动、共享的教育模式，满足学生多元化和个性化的学习需求。进一步加强优质教育资源的开发，建立更加开放灵活的教育资源公共服务平台，促进优质教育资源的普及共享。

（三）调动社会力量，政府主导公办民办协同共生

诸暨民办教育最早起步于 20 世纪 80 年代，历经多年，已走上有特色、可持续的发展之路，且成为一大教育品牌。"海亮""天马""荣怀"等学校已是全国知名。2015 年 5 月，浙江省政府确定诸暨市为扩大民间资本进入社会事业领域改革试点。截至 2015 年年底，全日制民办教育机构在校生人数达到全市在校生人数的 27.3%；诸暨教育局计划 2017 年全日制民办教育机构在校生人数达到全市在校生人数的 40% 以上，努力形成满足人民群众多层次、多样化教育需求的民办教育新局面。届时，诸暨公办民办教育将各具半壁江山，协同共生。

1. 诸暨民办教育的历史

（1）诸暨民办教育的起始阶段（1983—1994 年）

诸暨民办教育（2003 年 9 月 1 日前称社会力量办学）最早可以追溯到 1983 年，农工民主党诸暨县委租用原技工学校校舍创办诸暨县青少年文化补习学校。该文化补习学校于 1989 年更名为诸暨县越兴中学，1992年经绍兴市教委批准为全日制民办普通高中。越兴中学创办之初，旨在解决高考改革之后高考录取率偏低、社会复读需求旺盛的问题。

除了这一所普通高中之外，诸暨民办教育起始阶段主要集中在幼儿园和职业教育领域。根据《诸暨教育志》记载，1986 年，全县有幼儿园（班）402 所，除城关幼儿园为公办外，其余均属社会力量办学。

与此同时，20 世纪 90 年代初，诸暨社会力量或民间资本涉足职业教育。总工会职业技术学校、西子职业技术学校（市妇联办）、纺织职业技术学校（诸暨柔美制衣有限公司办）、新兴职业技术学校（毛纺厂办）、暨阳职校、服装职校等民办中等职业技术学校相继开办，以招收应届初中毕业生为主，经两至三年的职业教育和培训，输出合格的企业和社会劳动者。

萌芽时期的诸暨民办教育主要聚焦于幼儿园和职业教育，这有其深刻的社会文化背景。这一时期，中国基础教育的主要任务集中在普及九年义务教育，幼儿园尚未纳入国民教育体系。与此同时，由于高考录取率极低，大量未能考取普通高中的学生面临就业生存问题。大量闲置劳动力以及社会企业对劳动力需求的双重压力，促使了这一时期民办教育主要聚焦在职业教育领域。就这一时期的基础教育投资主体而言，已经初步呈现多元化趋势。除了工会、妇联等组织之外，制衣公司、毛纺厂等已成为办学主体。

（2）诸暨民办教育的初成阶段（1995—2002 年）

1995 年，海亮铜业公司创办海亮外国语学校，校址设在湄池西林湖村，占地 235 亩。海亮外国语学校的创办标志着诸暨民办教育进入初成阶段。随着海亮外国语学校的创办，越来越多的企业、社会人士开始投入到民办教育领域。1996 年，台胞陈魏珍个人出资创办荣怀中学，校址设在城关镇袁家村。同一年，天马房地产开发公司创办天马实验学校，校址设在城关镇詹家山村。这三所学校的创办奠定了诸暨民办教育"三驾马车"的基础与格局，它们的建立标志着诸暨民办教育进入新时期。同一时期的民办教育代表还有学勉中学。学勉中学是 1998 年与海南日森置业有限公司联合办学的，性质为国有民营。同年 11 月，学勉中学异地新建，占地 460 亩，建筑面积 11 万平方米，投资总额 1.42 亿人民币。1999 年新校落成，并招收高一新生 14 个教学班。2000 年，海亮铜业公司在暨阳街道环城北路创办私立诸暨高级中学，占地 300 亩。海亮外国语学校、荣怀中学、天马实验学校、学勉中学、私立诸暨高级中学的相继建立预示着诸暨民办教育已经全面延伸到基础教育阶段，并奠定了后续十几年民办教育发展的基本框架和布局。

（3）诸暨民办教育的扩张阶段（2002—2014年）

诸暨民办教育进入扩张阶段也是以海亮、荣怀和天马为代表。2002年，浙江省海亮教育集团成立，辖海亮外国语学校、私立诸暨高级中学两大校区（简称海亮学校）。海亮教育集团的成立标志着诸暨民办教育，尤其是基础教育阶段的民办教育进入了规模化、集团化扩张运作阶段。在海亮吹响教育集团运作集结号之后，天马和荣怀也于2004年采取了同样的发展战略。2004年，浙江天马教育实业公司成立，辖幼儿园、小学、初中、高中4个相对独立校区，占地250亩（简称天马学校）。同年，浙江荣怀教育集团成立，除了辖幼教中心、小学、初中、高中4个学部之外，还有国际教育学部，总占地500余亩（简称荣怀学校）。

分别成立教育集团公司，并且涵盖了从幼儿园到高中，甚至国际部的模式已经表明海亮、荣怀和天马这三所民办学校进入了扩张模式，而这一扩张在2014年也达到顶峰。截至2014年年底，诸暨拥有民办全日制中小学6所，民办学前教育机构81家，民办非学历教育培训机构86家，在校生总数超过3.5万人，约占全市学生总数的19%。

（4）诸暨民办教育的转型阶段（2015年至今）

在诸暨民办教育扩张过程中，因同质化竞争、教育质量难以跟上教育规模发展等一系列原因，诸暨民办教育也进入了转型阶段。这一转型既与诸暨2014年被确定为全省扩大民间资本进入社会领域改革试点单位有关，也与民办学校自身有关。为了做好改革试点工作，诸暨教育部门提出了"抓增量，活存量"的战略思路。

"抓增量"方面是在三个领域有新突破。

一是开放学前教育领域。新办中等规模（至少6个班）以上民办幼儿园9家，主要分布在三个街道和中心集镇，极大地缓解了幼儿入园需求。

二是积极探索国际教育。因审批难，目前主要还是依靠"借船出海"，诸暨中学与浙江大学外国语学院合作创办了国际课程班，填补了诸暨公办普通高中无国际教育的空白，得到了众多学生和家长的欢迎。

三是积极引进义务教育阶段优质民办学校。考虑到义务教育的法定性质，以及诸暨市已有三个较大民办教育集团的实际，着眼于进一步优化教育网点布局，促进民办学校差异化发展，诸暨市对原实验职校搬迁腾空后的校舍，通过引进省内外其他民办教育机构进行办学。目前已由浙江开放教育有限公司创办了诸暨市开放双语实验学校，各项工作正如火如荼展开，2015 年秋季已正式开学。

"活存量"方面是在两个领域有新突破。

一是老民办学校转型发展有新突破。占地 1280 亩、建筑面积约 55 万平方米、总投资超过 25 亿元的海亮教育园各项工程进展顺利，并于 2015 年秋季开学时投用，实现了"二校整合、一校过渡"的办学目标，从而促进学校更好地向着特色化、优质化、国际化方向迈进。

二是老公办普高放活办学机制有新突破。依照国务院《关于创新重点领域投融资机制鼓励社会投资的指导意见》有关精神，通过到省内多地学习取经，同上级部门探讨、相关部门论证，本着稳妥、有序的原则，针对不同层次的学校，积极探索不同的民营化办学模式，全市 9 所普通高中改（转）制 4 所，确定诸暨中学暨阳分校与浙江农林大学暨阳学院合作办学；草塔中学办学主体为智胜教育科技有限公司；牌头中学办学主体为同文教育科技有限公司；湄池中学在原有学校后勤服务社会化的基础上，进一步完善民营合作办学机制。因为本次学校改（转）制的重点是激发办学活力，引进民营机制，且都为非营利性质，所以拟约定举办者暂不获取办学回报，相应地也不承付校舍场地设施设备等租金，学校实行董事会领导下的校长负责制，举办者不参与、不干预教育教学管理，以确保改（转）制学校的总体稳定，今后可视试点实际成效做出适应性的调整与优化。

纵观诸暨民办教育的历史，其经历了从萌芽到转型的多个阶段，就办学学段而言，也先后经历了从幼儿园、职业学校转向以基础教育为主的阶段。目前诸暨民办教育已经进入了生态良好、主体多元、类型多样、互利共生的阶段。

2. 诸暨民办教育的类型

（1）民办教育集团

诸暨民办教育集团典型代表有海亮教育集团、荣怀教育集团和天马教育实业有限公司。三大教育集团都为企业办的纯粹的民办学校，具有规模化、集团化、一体化的特征。这些教育集团基本覆盖了从幼儿园到高中、国际教育等所有教育类型。三大教育集团是诸暨民办教育的代表，也是诸暨民办教育的主体。

①海亮教育集团

浙江海亮教育集团前身是"诸暨市海亮外国语学校"，是 1995 年 8

月，著名民营企业家冯海良先生以"服务社会、泽被后人"为宗旨，斥巨资兴办的一所全日制寄宿制民办学校。2000年5月9日，海亮外国语学校高中部投资1.9亿元，升格为"民办诸暨高级中学"，为总校的集团化管理奠定了基础。2002年2月8日，经浙江省工商局登记注册，浙江海亮教育集团成立，成为浙江省第一家大规模、高品位、现代化的教育集团。2008年，海亮教育集团完成对诸暨天马实验学校的并购，实现强强联合，海亮教育集团成为全国规模最大的民办教育集团之一。

海亮教育集团目前拥有三所高规格学校——诸暨市海亮外国语学校、天马实验学校、私立诸暨高级中学，办学层次与类别包括普通高中、初中、小学、幼儿园、国际教育及教育培训，是长三角地区民办中小学和国际教育的领头雁。

作为当地办学历史最早、规模最大、实力最强、质量最优的民办学校，海亮教育集团一直以来得到了上级领导和社会各界的亲切关怀。习近平总书记曾亲临海亮集团视察指导，张德江、俞正声等党和国家领导人均曾亲自到校视察。《人民日报》《光明日报》《中国教育报》、新华社、中新社、中央电视台等媒体都曾对海亮教育集团有过宣传报道。

办学二十年来，海亮教育集团始终坚持全面贯彻执行党的教育方针，坚持按教育规律全面育人，坚持董事会确立的"服务社会、泽被后人"的办学宗旨，打造了一支师德高尚、业务精湛、富有创新精神的优秀教师队伍。其中，全国优秀教师、全国"十佳班主任"、省级优秀教师6人，特级教师17人，外籍教师31人，市级及以上学科带头人、骨干教师、教坛新秀等数百人。先进的办学理念、高素质的教师队伍、严谨科学的教育管理，使学校获得了高质量的办学成果：先后有数十名海亮学子进入哈佛、北大、清华等世界名校，先后有9位同学获得高考和中考状元。在全国、省市级学科竞赛，以及各级各类中小学生体育比赛、艺术大赛和科技创新大赛中连年取得优异成绩，为国家培养出了两万多名优秀毕业生。

海亮教育集团旗下的学校校园环境都非常优美，是远近驰名的花园式学校。现有三大校区共占地602亩，建筑面积逾30万平方米。学校拥有高度现代化的教学设施，所有教室全部配备了现代多媒体教学设备，教学区高速无线网全覆盖，图书馆、实验室、体育馆、游泳馆、艺术楼、功能教室等一应俱全；高档次的公寓、餐厅、洗衣房、医院、校车、生态农业基地等为海亮学生健康成长提供了坚强保障。

海亮教育以"精品化、特色化、国际化"为未来办学方向，坚持以人为本，内涵发展，质量立校，品牌办学，努力满足社会、家长对教育的优质、多元需求，致力于把海亮教育集团办成国际知名的私立教育品牌。

2013 年，海亮教育集团在诸暨市区再投资 26 亿元新建了一座建筑面积约 55.43 万平方米、容纳 6 所高档次学校的"海亮教育园"。这座由国家工程院院士亲自参与设计、融汇了国内顶级专家的智慧心血、按照"国内一流、国际领先"标准打造的生态型、智能化新校园，将成为国内民办教育的巅峰之作，也将成为长三角地区的一颗璀璨明珠！

②诸暨荣怀学校

诸暨荣怀学校隶属浙江荣怀教育集团，创办于 1996 年，学校占地 500 余亩，现有高中部、初中部、小学部、国际小学部、国际初中部、国际高中部、国际留学生部七个学部及六所幼儿园，15000 余名中外师生员工。荣怀学校秉承创办者"自强为荣，博爱为怀"的精神，历经 19 年砥砺进取，现已成为全国规模最大、质量最优、教育现代化和国际化程度最高的民办教育航母之一。学校不仅每年吸引江、浙、沪等省市数千新生就读，更吸引了全球华人华侨和 16 个国家的数百名外国籍中小学生前来留学（全省最多）。学校先后被评为"全国优秀民办中小学""全国民办教育先进集体"，享誉海内外。诸暨荣怀学校拥有以下五个方面的优势。

一是先进的教育理念。学校 19 年来秉持为国育才的创校宗旨，聘请职业校长，专家治校；聘请国家级督学，依法办学。学校以"敦厚崇礼、博学笃行"为校训，实践三个承诺，即"把每一个学生当作自己的孩子、让每一堂课都成为精品、让每一位荣怀学子得到充分发展"，以培养"品德高尚、基础扎实、素质全面、体魄强健、特长出众"的英才为己任；全面实施校园 CS 优质服务战略，全面推进素质教育，实施小班化、个性化教育。

二是精良的师资队伍。学校组成了一支由专家学者为客座教授，特级教师为学科指导，中高级教师为教学骨干，教坛新秀、学科带头人及有突出专长教师为主力军的德才兼备的师资队伍。

三是鲜明的教育特色。学校全力打造办学特色，各学部业已形成以双语教学、理科创新教学、国际教育、人格教育、创业教育、艺术教育、礼仪教育为主的办学特色，满足家长、学生的择校需求。荣怀学校率先打破传统的人才培养模式，实现了人才培养的多元化、个性化。特别是针对中国长三角地区私营企业主多的特点，开设了"企业家精神教育"系列校本课程，让荣怀学子自小接受商界精英教育。

四是卓著的办学成果。学校有着四年高考三出县市级、地市级状元的辉煌历史。2006 年，陈果果同学夺得绍兴市高考理科状元，列全省第 4 名；2003 年，周晶锦同学以 674 分的高分夺得诸暨市高考理科状元，列全省第 11 名，两人均被清华大学录取。高中理科创新班被誉为清华、北大学子的摇篮，先后共有 37 人考取清华、北大。2015 年高考中，3 人被清华大学录取，其他重点大学的录取人数也远超同类学校。初中理科教学全省知名，学科竞赛曾连年囊括浙江省前四名，连年夺得团体优胜。小学全面推行双语教学和包括学生体艺在内的综合素质教育。6 所高档次幼儿园满足了市内外成功人士对优质幼儿教育的需求，并引领前沿建立了 0 ~ 3 岁亲子早教基地。国际高中毕业学生纷纷进入剑桥大学、滑铁卢大学等国际名校，2015 届毕业生有 42 人被英国、美国、加拿大、澳大利亚等国的高校录取。

荣怀学校 19 年来创下了上百个国家级奖项。各学部均获得了教育行政部门认定的最高资质：学校先后获得浙江省优秀民办学校、浙江省重点高中、浙江省示范初中、浙江省示范小学、浙江省示范幼儿园、浙江省艺术特色学校、浙江省绿色学校、浙江省现代教育技术实验学校、浙江省治安安全学校等 20 多项省级荣誉；建立了剑桥英语考试基地、奥林匹克数学集训基地；加入了教育部的世界汉语教学协会。

五是优秀的校园文化。除了构建传统的校园文化，形成优良的教风、学风、校风外，诸暨荣怀学校还着力打造管理文化，先后编写了《制度创新与管理实践》《办学理念与从业行为》《管理干部的学习思考与实践探索》，把开拓性的办学实践上升到理论层面，努力用现代科学的管理理论指导大型民办寄宿制学校的管理，这对于中国民办教育事业的健康发展具有非凡的意义。

目前，荣怀人在集团"责任、创新、荣誉"的训示下，正面向全球实现国际化办学，努力把学校建设成为国际国内知名的民办基础教育基地。

③诸暨天马实验学校

诸暨天马实验学校创办于 1996 年，学校占地 193 亩，总建筑面积 9.4 万平方米，总资产约 1.76 亿元。学校为民办全日制寄宿学校，现有幼儿园、小学部、初中部、高中部、国际部、培训中心等学部，共 154 个班级，6000 余名在校学生，1900 余名校外培训中心学生。教职工 778 人，其中专任教师 442 人，高中部教师全部为大学本科及以上学历，其中有特级教师 1 名，硕士研究生 5 名。初中部教师全部为大专及以上学历，其中大学本科学历 68 人，占 91%；小学部大专及以上学历 143 人，占 96%，其中有特级教师 1 名，大学本科学历 88 人；幼儿园教师大专及以上学历 25 人，占 93%，其中大学本科学历 13 人，占 48%。国际部教师全部为大专及以上学历，其中硕士研究生 1 名，大学本科学历 27 名，占 78%。

天马实验学校花园式的学校环境洁净幽雅，四季常绿，与学校"更勤、更实、更新、更高"的校训，"敬业、创新、律己、爱生"的教风，"立志、求真、乐学、修身"的学风交相辉映，构建成了独特的校园文化。在全校教职工的辛勤努力下，学校先后荣获浙江省文明单位、浙江省优秀民办学校、浙江省治安安全单位、浙江省卫生先进单位、浙江省绿色学校、省重点高中、省一级民办普通高中、省二级重点中学、省示范初中、省示范小学、省一级幼儿园、少先队全国红旗大队、剑桥少儿英语浙江省示范培训机构等荣誉称号，2011 年通过 ISO 质量管理体系认证。

学校坚持走"精品化、特色化、国际化"办学之路，以质量立校，创品牌办名校的办学方略，保证了学校不断提升品质，提高竞争力，并取得了较好的成绩。天马实验学校于 2008 年被海亮教育收购，在 2015 年 9 月搬迁至海亮教育园。

（2）针对特定需求的民办学校

除民办教育集团之外，诸暨民办教育还包括针对特定需求或特定群体的民办学校。这些学校虽然没有民办教育集团的规模大，但也在很大程度上解决了特定群体的教育问题。这些学校包括解决普通家庭普通高中需求的越兴中学，针对高端教育需求面向初中生的开放双语实验学校，针对农民工子弟的树德学校，以及针对职业高中学生的护士学校。

①诸暨市越兴中学

诸暨市越兴中学是一所全日制民办普通高中，也是绍兴市第一所民办高中。该校的前身是农工民主党诸暨县委于 1983 年 8 月创办的"诸暨县青少年文化补习学校"。办学伊始，学校租用诸暨县技工学校空余的校舍开学上课，共招收了两个理科班和一个文科班。通过一年的努力，在 1984 年高考中，共有 110 人上线，约占全县上线总人数的 1/7，其中被高校录取 99 人，录取率为 90%。理科班学生陈羽新以 557 分的好成绩成为当年诸暨高考理科状元。喜人的成绩赢得了家长的好评和社会的赞扬。

1984 年，迁址下坊门，仍靠租房办学。

1989 年，迁往城关镇郑家村，至此，学校才拥有了属于自己的根据地，结束了租房办学的历史。同年 9 月 15 日，经县政府同意，诸暨县教育局下发诸教［1989］34 号文件，将"诸暨县青少年文化补习学校"改名为"诸暨县越兴中学"。绍兴市教委［1992］3 号文件做了"关于同意诸暨县越兴中学为全日制普通高中"的批复。从此，越兴中学真正进入当时诸暨九所普通高中的行列。是年，招收高中一年级和补习班学生共计 600 多人。

1993 年 2 月 9 日，越兴中学举行了十周年校庆。绍兴市政协、统战部、市教委、农工民主党绍兴市委会及诸暨市委、市人大、市政府、市政协等部门领导出席了本次庆典活动。到会领导一致对越兴中学的办学成就和对教育事业做出的贡献给予高度肯定，并表达了对社会力量办学寄予的厚望。

办学十年，学校自力更生，不断发展，为全国各地大专院校输送学生近 2000 名，为社会培育各方面人才 3000 余名，受到社会各界的好评。

1995 年 11 月，越兴中学被农工民主党中央评为"全国办学先进单位"。

经过逐年扩建和改善，至 1996 年，学校初具规模，全校有 14 个班级、800 多名学生，45 名教职工，其中有中学高级教师 5 名，中级教师 10 名，符合中级教师条件的 7 名；学校共有建筑面积 5000 余平方米，标准化教室 20 间，可容纳学生 1000 余名；运动场地 4000 多平方米，学生宿舍、食堂日趋完善，固定资产达 500 多万元。先后有杭州、温州、绍兴、萧山、舟山、松阳等 10 多个县市的数百名学生就读于越兴中学。学校在省内已具广泛影响，被《联谊报》誉为"民办普通高中一枝花"。

1997 年 6 月，绍兴市督导评估组对越兴中学进行了"浙江省二级民办普通高中"的评估验收。对照评估标准，越兴中学以较高的达标得分通过验收，顺利晋级为"浙江省二级民办普通高中"，这是当时绍兴市唯一一所获此殊荣的民办高中，浙江省全省也仅有两所。

为适应教学形势，满足社会对教育的新需求，学校于 1998 年 3 月成功转资。由教育界志士边锡伦（学校现任董事长）等努力筹资，多方协调，易地新建。历时一年，越兴中学新校区顺利落成，从此，学校规模和档次提升到了一个全新的高度。新校址坐落于诸暨市区东南的凤山东北麓，交通便捷，闹中取静。校园占地60亩，建筑面积12000平方米。教学楼、实验楼、办公楼、运动场等教学设施完善；食堂、浴室、医务室、洗衣房、日用品商店等生活设施齐全；计算机房、档案资料室、书画室、安全监控室等配套设施先进。

学校制度健全，管理严格，校风良好，成绩显著。办学规模逐年扩大，高考升学率不断提高，慕名就读的学生越来越多。至2010年，学校已有23个班，1500余名师生。

久经岁月砥砺，越兴中学形成了独树一帜的办学风格，简而实，小而精。办学理念立于教育潮头，学校管理步入规范轨道，已成为大众化、低收费、老百姓普遍读得起、凸显教育公益性的民办高中标杆，而且正以空前之势迅猛发展。

②诸暨市开放双语实验学校

诸暨市开放双语实验学校是由浙江开放教育集团出资全力打造的，属于诸暨市人民政府招商引资的重点项目。学校位于诸暨市东三环路（原实验职中校址），占地103亩，建筑面积3万余平方米，按省I类标准化学校改造建设。学校是本着"让每位孩子的身心都能健康成长，让每个孩子的潜能都能有效开发"的宗旨，全力打造的一所高标准、现代化、国际化、小班化、寄宿制精品初中。

诸暨市开放双语实验学校首期投入2000万元（总投资5000万元），经过近4个月的紧张筹备之后，在短短的120天时间内全面完成新大门、行政楼、教学楼、宿舍、食堂、运动场等基础设施的升级改造工作。核定办学规模45个班级，2015年招收起始年级（七年级）学生162人。现已达成预期目标，七年级6个班已如期开班。学校生源立足诸暨，面向周边地区。

学校校长由杭州外国语学校原教务处主任、浙江省中小学外语教师培训基地办主任、全国优秀外语教师凌祖浩担任，并汇集多位市内学科带头人和市外品牌教师，组成强强联合的师资阵容，力求卓越办学，开放办学。该校教师团队75%以上为中学高级教师，95%以上为市级名师或市教学一等奖获得者。语文、数学、英语、科学、社会、体育学科组均由市教研大组副组长以上组队，多名教师曾参加中考命题，90%左右为名师，经验丰富。

学校与美国 TOPTON 教育集团合作，所有班级均开设美国 TOPTON 教育集团精品外教课程，学校将设置多个外语社团，集团每学期还将为学校组织 2~3 场高水平讲座。此外，学校为学生提供了大量国内外实践交流活动，提高学生素养、能力，拓宽学生视野，增长学生见识，争取做到孩子学业水平、兴趣发展两不误。学校以关注学生学习能力及健全人格的培养为着眼点，为学生健康全面发展创造良好的课程条件和锻炼机会。

（3）国有民营转制学校

国有民营转制学校出现于 2015 年，以牌头中学、草塔中学、诸暨中学暨阳分校、湄池中学为典型代表。这类学校主要是为了盘活现有高中教育资源，转变学校管理体制机制。几所学校又以诸暨中学暨阳分校为代表。

诸暨中学暨阳分校是经诸暨市人民政府批准，由诸暨中学教育集团兴办的国有民营全日制普通高级中学。学校规划用地 400 多亩，地处暨阳新城的黄金地段，交通便利，校门口 80 米宽的大道与南环线和东二环路直接相连。

学校师资力量雄厚，所有教职工均从诸暨中学本部调配，在现有的 28 位专任教师中，有省特级教师 1 人，中高级教师 20 人，获得省市级以上荣誉称号的教师 8 人。暨阳分校在教育集团的统一领导下，与诸暨中学本部同步实施教育教学管理，两校共享教育资源，实现办学优势互补。诸暨中学深厚的历史文化与人文精神将直接引领暨阳分校教育教学的稳步发展。

学校实行寄宿制管理模式，要求"严而有序"，突出做到三个字，即"严、细、实"。"严"，即要从严治校，严肃纪律，严格管理；"细"，要求教师"管全面，全面管"，关注学生的方方面面，多跟学生沟通，在沟通中培养感情，及时了解情况，发现问题，提出解决方案；"实"，要求各项管理措施落到实处，告诫学生要实实在在做人，踏踏实实学习。

3. 诸暨民办教育的经验

诸暨民办教育目前已经形成了自己的规模与特色，并且走上了可持续发展的道路。回望诸暨民办教育的历程，有一个问题一直萦绕耳边。为什么是诸暨？为什么诸暨民办教育走出了一条属于自己的道路？通过对诸暨民办教育历史文献的梳理，对教育局领导、民办学校校长的访谈，我们将诸暨民办教育发展的模式总结为以下几个方面的经验。

（1）顺应时代需求

诸暨民办教育之所以能够成功，其中一个重要的因素就是诸暨民办教育恰逢其时地回应了社会对教育的需求。早在1983年，由农工民主党建立的高考复读班，回应的是没有考上大学的高中生的复读需求。20世纪90年代初民办教育聚焦于职业培训，回应的是90年代初中小企业高速发展的劳动力需求。1995年左右的海亮、天马和荣怀回应的则是一大批企业主无暇顾及孩子教育但却想追求高品质、贵族化学校的需求。这三所学校都成立于20世纪90年代中期，那时浙江民办教育刚刚兴起，学校在成立之初走的是高端路线，不论是教师收入，学生学费，还是硬件都领先于同类学校。以海亮为例，学校在成立之初给教师开出的工资为接近1200元，而那时公办教师的工资才200多元，这相当于公办学校的6倍收入。海亮外国语学校所在的店口镇在诸暨属于发展比较快、起步比较早的镇。镇上有一批企业主（包括海亮学校的创办者本身也是企业主）很有钱，但没有时间照顾小孩。寄宿制的学校管理制度回应了这一需求。

与此同时，因生育高峰期效应，各地市高中教育资源有限，不能够满足人民群众上普通高中的需求，诸暨民办教育在此过程中直接对接高中教育，既为相关地市缓解了高中教育的压力，又为自身发展赢得了宝贵的学生资源。海亮、天马、荣怀等学校在学校发展过程中，基本上以外地生源为主，尤其以高中为主。这是他们能够成功的重要原因之一。

（2）办学环境良好

诸暨文化教育事业底蕴深厚。其"耕读传家"的文化与"教育强市"的品牌，为诸暨民办教育提供了良好的办学生态环境。许多家长就是因为诸暨教育的文化与品牌效应而选择将子女送入诸暨的民办学校。文化环境良好是诸暨民办教育成功的另一缘由。

（3）办学主体优质

诸暨民办教育成功的因素还包括办学主体优质。在一定意义上，办学主体优质的重要性甚至超过了适应时代需求与办学环境良好。因为再强的需求与环境，如果办学主体自身实力不强，目光短浅并杀鸡取卵，也会妨碍民办教育的可持续发展。

诸暨民办教育主体大概可以分为以下几类，一是纯粹企业举办的纯民办学校，这些企业包括海亮、荣怀、天马等。这些公司自身并不完全依靠民办教育，在很长一段时间之内，教育不过是这些公司一个很小的部分。

以海亮集团为例，创始于 1989 年的海亮集团，秉承"以人为本，诚信共赢"的核心价值理念，以构建和谐生态文明社会为己任，形成了以有色金属、地产建设、农业食品、环境保护、基础教育、金融服务为主体的海亮产业体系，拥有 3 家上市公司，努力铸就受人尊敬、享誉全球的海亮品牌。海亮集团 20 余年来，从单纯的加工型企业到复合型集团，多元跨界，尊重人才，尊重创造，将对产品的关注提升到对社会及人的关怀上，更以责任为心，诚信为本，携产业矩阵，领航前行。

2015 年，在复杂多变的市场环境下，海亮集团全心全意聚力发展，众志成城共谱新篇，发展指标再创新高：全年实现营业收入 1386 亿元（未经审计），比上年增长 6.53%；总资产达到 625 亿元，比上年增长 11.92%。同时，2015 年企业各项排名也实现稳步攀升，综合实力位居中国企业 500 强第 113 位、中国民营企业 500 强第 13 位，分别较上年跃升 20 个位次和 3 个位次；位居中国房地产企业 100 强第 32 位、中国制造业企业 500 强第 42 位、浙江省百强企业第 3 位，分别较上年跃升了 3 位、12 位和 4 位。

2015 年 7 月，长三角最大、全国第三大民办基础教育集团——海亮教育集团在美国纳斯达克全球市场成功挂牌交易。股票代码为"HLG"，发行价格为 7 美元，当日开盘价 7.5 美元，最高价升至 10 美元，最终以 9 美元收盘。美国当地时间 7 月 9 日下午，海亮教育上市敲钟仪式在纳斯达克股票交易所举行，当日最终以 11.5 美元收盘。海亮教育在美国纳斯达克成功挂牌交易，使其正式成为中国基础教育在美国上市的第一股，也是 2015 年度中国教育类公司上市第一股。

除纯粹企业办民办校之外，诸暨民办教育还包括部门办（农工民主党与妇联）的越兴中学，它能够享受政府与社会资源的双重优惠。2015 年诸暨民办教育中的公建民营，包括高中转制等都具有强大的公办基础。

诸暨民办教育主体除自身实力强之外，还有着深厚的教育情怀和长远的战略眼光。海亮教育集团的上市旨在打造一所百年名校，26 亿的教育投资也体现了主办者的教育情怀。更重要的是，诸暨民办教育人在站稳脚跟之后，尤其是在规模扩张阶段保持了十分清晰的态度，包括提出特色化、精品化、优质化发展战略，从而使诸暨民办教育有了更长远的发展空间。

（4）政府主动作为

其一，解放思想。在发展民办教育过程中，诸暨市委、市政府和教育局等部门，始终坚持"公民办教育一视同仁"的工作理念，且在多个方面实行人、财、物等资源倾斜。诸暨市设有教育改革试点工作领导小组，全面统筹协调、指导教育改革工作。同时，随着形势发展，多次调整完善，制定出台了关于扶持发展民办教育和关于进一步扩大民间资本进入教育领域改革试点的政策意见，积极为民办教育发展创造良好条件。在日常工作中，真正体现公民办教育"一体化管理"，最大限度地促进教育资源共享，只要民办教育有需要，市里和相关部门都会第一时间协调解决，第一时间提供优质服务，第一时间落实保障。

其二，大力扶持。诸暨市从保障用地需求、政府购买服务、财政专项奖补、办学税费优惠、优化金融服务、加大师资扶持、实行投资奖励等10多个方面着手加大对民办教育的扶持力度。早在2003年，诸暨市政府就出台了民办学校奖励、扶持政策。

城区民办学校在老城区内招收义务教育阶段学生，在收费标准与公办学校相同、单独建班的前提下，由市财政拨付与公办学校相同标准的公用经费和人员经费。民办学校高中部按市教育局统一规划招收的初中毕业生，在收费标准与公办学校相同的前提下，由市财政拨付与公办学校相同标准的人员经费。

后来，相关政策越来越优惠。例如，仅海亮教育园建设，市里就划出用地指标600余亩；仅三大民办教育集团，市里就公派编内教师近300人；每年民办学校水、电、气等价格性收费优惠就达数千万元。各民办教育机构对该市和相关部门的总体评价是"只要在法定政策内，很多方面我们比公办学校更得利，而且随着改革推进，这方面的红利正在日益释放"。2015年起，该市又从优化民办学校师资队伍考虑，积极探索试行民办学校自聘人员参加事业保险等制度。

其三，建立机制。到目前为止，诸暨市公民办学前教育、义务教育、高中教育之间，教师流动几乎不存在障碍，而且越来越多的教师开始打破"学校人"的概念，逐步转向"系统人"；通过扩大面向社会公开招考教师等，民办学校中符合条件的自聘教师的后顾之忧也逐渐消除。从招生情况看，虽然还存在多方面的瓶颈与障碍，但市内"公办保基本、民办供选择"的市场机制不断发育成熟，百姓选择民办学校的意愿日趋强烈。同时，公民办学校之间的教科研交流、网片辅导等互动机制和一体式、综合性、规范化管理体系进一步形成，公民办学校之间相互促进、竞相发展的良好格局得到当地更多市民的好评。

早在 2003 年，诸暨市人民政府就出台了《关于进一步完善民办教育管理的若干意见》。文件规定：

民办学校经市教育局同意招聘的本市在职公办教师（下简称"公派教师"）数量一般不得超过教师总数的三分之一，教师总数按小学、初中、高中事业规划和市教育局的编制标准核定。

1. 民办学校招聘公派教师要在市教育局统一组织下进行。聘用教师，须签订聘用合同，一个聘用期一般为三年。聘用期满后，民办学校要续聘的，须重新签约；不续聘或教师本人不再应聘的，经市教育局同意，原则上回原公办学校工作，原学校安排有困难的，由市教育局统一调配到缺编学校（不含城区范围内的学校）任教。

2. 民办学校招聘当年派遣到本市就业的师范院校毕业生，须提前向市教育局提出用人计划，由市教育局向毕业生公布招聘学校的岗位条件和工作待遇等，并根据毕业生的意愿和全市的师资状况做统一安排。民办学校聘用的这类毕业生数纳入三分之一公派教师总数。民办学校与毕业生本人应签订聘用合同，一个聘用期为三年。聘用期满后，民办学校需续聘的，应重新签约；不续聘或教师本人不再应聘的，经市教育局同意，重新分配到缺编学校（不含城区范围内的学校）任教。

3. 公办学校在职教师被民办学校聘用后，原学校停发其工资、福利、医疗费等一切费用，但遇工资调整、工资改革等，其档案工资由民办学校负责做相应调整。

4. 民办学校不得在聘期内无故解聘公派教师，否则学校应承担违约责任。对聘用的公派教师，若因教师本人违纪或失职造成解聘的，由市教育局按聘用制有关规定做相应处理。

5. 公办学校教师未经市教育局同意，擅自去民办学校工作的或公派教师在聘期内未经所在民办学校同意，擅自到其他学校工作的，按诸政发〔2003〕87 号文件精神，做自动离职处理。

6. 民办学校不得聘用本市公办学校在岗教师兼课。

与此同时，文件还规定：从 2003 年起五年内，允许民办学校根据需要面向市外招聘高层次教育人才。每年招聘人数控制在学校教师总数的

2%以内（特殊情况可适当调剂）。招聘对象应同时符合下列基本条件：本市教育的紧缺专业师资；具备中学高级以上（含高级，下同）职称或硕士研究生以上学历；年龄在45周岁以下（特殊情况可适当放宽要求），身体健康。民办学校应于每年5月底前向市教育局提出用人计划，并提供引进对象的详细资料，由市教育局审核后到人事部门办理相关手续。

这一文件最大的特点在于允许高层次教师招聘，以及公办学校三分之一教师公派到民办学校，解决了教育中最大的师资问题。

其四，规范管理。诸暨市委、市政府和当地教育部门每年开展走访民办教育集团活动，积极向举办者宣传办学政策法规，引导全体校董深化对现代学校管理制度的认识。不少民办学校均较好地落实了学校董事会领导下的校长负责制，构建起了"统一保障、集中领导、分部负责、协调合作"的新型、高效运作模式。民办学校校长任职资格制和依法行使职权等制度更加健全，专家治校、专业治理得到较好的体现；校内决策机构、监督机构、执行机构更加健全，教职员工代表大会发挥了良好作用；一些民办学校还成了当地"两新"工作的先进典型。此外，民办学校纷纷优化内部绩效考评机制，教师持证上岗等规范化要求落实更有保障，公派教师与自聘教师同台竞争的效果更佳。

其五，创新模式。根据当地实际，诸暨市积极探索抓增量与活存量"两条腿"发展民办教育路子：全力加快海亮教育园建设，推动既有民办学校向集约化、特色化、优质化迈进；加大品牌输出力度，知名民办学校已走出浙江合作办学；同时引进省内优质民办学校新办一所城区初中；拟通过公建民营、委托管理、直接引进民间投资、混合制办学等多种模式，放活草塔中学、暨阳分校、牌头中学、湄池中学等办学机制。从总体上看，诸暨市的民办教育正朝着纵深方向有力、有序、有效地推进。

4. 诸暨民办教育的展望

（1）诸暨民办教育发展中面临的问题

一是社会认可依然不够。近年来，随着各地民办教育的蓬勃发展，民办教育的社会认可程度也在不断提高，但是总体声誉仍然不高。诸暨市民办教育起步于20世纪90年代，经过20多年的发展，已形成了特色鲜明的教育教学模式，在浙江省内外都具备较大的影响力。但是，部分家长受传统观念影响，依然将升学考试成绩作为评价学校的唯一标准，同时简单参照区域内最优秀的公办学校，直观地认为民办学校就是不如公办学校好。如诸暨市荣怀、天马、海亮三所全日制民办学校高中部都是浙江省重点高中,但是优秀学生仍愿选择到公办普通高中就读。该市每年民办普通高中、公办普通高中招生数比例接近3：4,但是2013年、2014年、2015年中考成绩前1500名优秀学生到民办普通高中就读数仅为231人、243人、132人,分别占总数的15.4%、16.2%、8.8%。

二是生源不足日趋明显。在当前整体生源数量持续下降的大背景下,部分地区教育领域的供求关系也逐步发生变化,总体上出现了"学校多、学生少"的状况,再加上公办学校竞争、招生自主权限制等因素影响,导致民办学校在生源数量上面临的挑战更加严峻。如诸暨市近三年中小学(包括幼儿园)在校学生数已从2012年的19.69万减少到2014年的18.76万,本地生源空间越来越狭小,当地几所上规模的民办学校都不约而同把招生重点放到了省内甚至省外的其他地方。但为了防止外地学校招生对本地区生源造成重大冲击,各地都出台了一些保护性政策。如浙江省教育厅2012年就专门出台了文件,对民办中小学跨县市招生的范围、标准和方式等进行了诸多限制。

三是师资建设有待加强。师资力量直接关系到民办学校的办学质量和发展前景,尤其在民办学校如雨后春笋般发展的今天,教师队伍不稳定已严重制约了民办学校办学质量的提升。20世纪90年代,诸暨民办教育刚兴起的时候,民办学校以其硬件设施一流、薪酬待遇较高吸引着高素质教师的加盟,但随着近年来公办学校教师薪酬待遇水平的稳步提升,民办学校教师的薪酬待遇已不再具有往日的吸引力。同时,民办学校教师在权益保障、社会认可、职称评定等方面都无法与公办学校相比,导致民办教师职业归属感较弱,离职倾向严重,大大影响了教师队伍的稳定。如2014年,该市海亮教育集团离职教师达125人,占教师总数的10%。

四是政策制约仍然存在。近年来,虽然各级政府都出台了很多政策来扶持民办教育发展,使民办教育办学环境大大改善,但有些仍然难以落到实处。如诸暨市大部分民间资本通常都希望利用闲置和存量房产来开办民办学校,既能缩短筹备时间,减轻筹备成本,又能节约建设用地,可谓一举多得。但是在实际操作过程中,如果不改变房屋土地使用性质,则无法完成消防审批,而如果改变房屋土地使用性质,又容易带来大量后续问题,地方政府陷入两难境地。同时,国际学校设立、自费出国留学服务中介机构设立等与民办教育相关的审批项目还没有下放到县市一级,也一定程度上影响了民办教育的发展壮大。

（2）提升民办教育发展水平的对策建议

一是加强规划引导。各级政府要将民办教育纳入教育发展总体规划，从教育需求、教育资源的实际情况出发，因地制宜，整体规划，合理布局，优化配置教育资源，引导民办教育协调有序发展。大力宣传民办教育的地位和作用，表彰和推介一批民办教育先进典型，提高民办教育工作者的社会地位，着力扭转社会偏见，为民办教育发展创造更加宽松的社会环境。着力引导民办教育坚持科学教育理念，突破应试教育藩篱，走个性化、特色化发展之路，不断满足社会多样化、高端化的教育需求。建立健全民办教育家培养机制，使一大批热爱民办教育事业、坚守教育精神、探索教育创新、擅长学校经营、深谙教育管理的高素质、复合型民办教育家脱颖而出。

二是强化政策扶持。国家层面出台政策，积极引导民间资本进入教育领域，在民办教育机构产权归属、用地、融资、合理回报、税费减免等方面做出明确规定，切实免除举办者的后顾之忧，增强办学信心，让举办者真正关注民办学校的长远发展和可持续发展，并坚定长期致力于办学的决心和信心。支持民办教育举办者通过合资、合作、参股的方式投资办学，实现产权结构和办学形式的多样化。加大资金扶持力度，设立民办教育发展专项资金，用于支持民办学校教育教学科研、师资队伍建设以及生均教育经费补贴等，积极创建一批高水平民办学校，并通过示范带动，提升民办教育整体发展水平。打通教师双向流动的渠道，建立统一的师资市场，使教师劳动力供求双方平等协商、互相选择。同时，加强对《民办教育促进法》《民办教育促进法实施条例》等执行落实情况的检查，坚决废除招生限制等各类阻碍民办教育发展的政策，促进民办教育健康发展。

三是严格行业监管。在大力支持、鼓励民办教育的基础上，各级教育主管部门要加大对民办教育的监管力度，严格把好资质审查、招生宣传、收费标准、办学方向等关口。加强检查评估，制定出台民办教育机构评估标准，委托社会评估机构定期对民办教育机构办学行为实施评估，并公开评估结果，推动办学水平全面提升。健全完善民办教育机构风险预警机制，建立定期财务审计等制度，以规避和化解办学过程中可能出现的突发事件及连带风险。加大教育行政执法力度，严厉打击无证办学、招生宣传不实等不良行为，注重发挥民办教育协会作用，切实加强行业自律，使民办教育走上依法办学、自我约束、规范发展的道路。

四是深化简政放权。加快推进"四张清单一张网"建设，建立政府权力清单，进一步清理行政审批事项，改进审批方式，简化审批流程，确保民办教育机构审批更快、更方便。对利用闲置和存量房产来开办民办学校问题，消防等部门应改变传统审批方式，开辟绿色通道，直接办理相关手续，并根据房产实际用途进行消防图纸审查和消防竣工验收及其他相关工作。对涉及民办学校设立、开业及其他业务工作开展的审批，应在"不影响国计民生、国家安全、总量控制"的原则下，做到能放尽量放，让在第一线操作的地区有更大的自主权，从而推动地方民办教育事业的蓬勃发展。

（3）诸暨民办教育的未来展望

首先，差异化发展。在招生制度政策没有大变革的前提下，诸暨民办教育存在市场饱和和同质化竞争的问题。未来诸暨民办教育在主体、模式、方向上可以灵活多样，但一定要差异化发展。一方面，要区分新办民办学校与原有民办学校的差异，另一方面，原有民办学校也需要进一步差异化发展。目前，诸暨开放双语实验学校主打优质、精品、小规模的寄宿制初中，以及针对外来民工子弟的树德学校体现的就是基于对象的差异化发展。差异化发展还体现在诸暨的民办教育结构上。开放学前教育、优质精品义务教育、职业教育鼓励校企合作、盘活高中存量是诸暨"十三五"发展的主要思路。

其次，优质化或精品化发展。诸暨民办教育混乱和不规范的阶段已经过去，靠规模取胜的阶段也过去了。诸暨民办教育前十年靠规模、数量是可以的，但在"十三五"阶段走不下去。从规模扩张走向内涵发展，从数量转向优质、精品化发展是未来诸暨民办教育发展的主要方向。

最后，特色化发展。优质发展并不意味着统一发展，伴随着新高考改革的推进，学校教育面临整体转型与特色发展的双重任务。特色化发展是未来诸暨民办教育的战略思路之一。特色化发展不仅体现在民办与公办学校之间，也体现在民办学校之间。民办学校需要在办学理念、培养目标、课程设计、教学组织、管理形态、学生风貌、教师风格等方面形成自己的特色和优势。

四、诸暨市基础教育区域推进的决策力审视

根据裴娣娜教授的研究，决策力是区域性推进基础教育改革发展的关键因素。决策力指区域性战略规划与推进的能力。这一决策力由理念、结构、资源、制度和质量五要素组成（见图5-6），以下论述将基于这一决策力框架审视诸暨基础教育区域推进的独特性和路径。

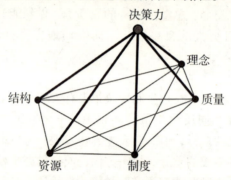

图5-6　决策力的基本要素结构

诸暨基础教育区域推进决策力在观念层面表现为：（1）开放创新。开放是创新的前提，诸暨教育尤其是民办教育的发展首先是观念的创新。诸暨各级行政部门将民办教育看作是基础教育的重要组成部分，不忌讳、不打压民办教育，在观念开放的引领下，鼓励民办教育的发展。诸暨基础教育区域推进的核心与关键首先在于公民办协同发展的理念。（2）优质均衡。自2005年以来，教育公平、教育均衡发展成为教育发展的核心主题。诸暨基础教育推进的另一思路就是优质均衡。农村师资队伍建设、名校集团化、城乡联盟、教师交流以及教育信息化等构成了优质均衡推进的有效抓手。

诸暨基础教育区域推进决策力在结构层面表现为：（1）将民办教育作为基础教育重要构成部门。基础教育的结构调整首先在于设计不同性质教育供给结构的调整。诸暨民办教育从最初的一棵嫩芽成长为"参天大树"，为基础教育区域推进提供了结构化支撑。这一结构调整的意义更在于，它为诸暨教育乃至浙江其他相关地市的教育提供了升学渠道和多样化选择。如早期海亮教育是解决一批企业家、政府官员、高收入群体对优质教育的

需求问题；越兴中学则为普通民众家庭提供了普通高中就读机会。不同层次、不同水平、不同结构的民办教育具有相对较强的生态互补性，弥补了公办教育的不足。（2）民办教育的年段结构因时而变。诸暨教育决策最初提出的"保中间、活两头"，实际上是在为完成"两基"教育任务的重点突破。放高中和学前是因为二者的战略地位在特定时期内不是重点。但随着高等教育大众化发展、高中教育职能转变，以及学前教育纳入国民教育体系等一系列政策变迁，诸暨对民办教育投入结构和力度又进行了适度调整，从体量化的规模投入转向精品投入，如增加优质民办初中的供给等。（3）确立了民办教育"一主二辅"的良性结构。诸暨民办教育的可持续发展首先在于其形成了"一主二辅"的优质内在结构。海亮、荣怀、天马等教育集团的稳定发展为诸暨民办教育提供了稳定性力量。针对特定需求的民办教育以及公建民营等新型民办教育形式又构成了民办教育的重要补充与创新。

诸暨基础教育区域推进决策力在资源层面表现为：（1）本地历史文化教育资源的整合。诸暨教育的区域推进注重各类不同性质资源的整合利用。例如，诸暨民办教育的发展很大意义上借鉴、利用、整合了诸暨"耕读传家"的优良教育文化传统和"学在诸暨"的优质教育品牌，二者构成了诸暨基础教育区域推进尤其是民办教育发展的重要前提。（2）注重教育投入主体资源的整合。诸暨民办教育充分发挥了民办企业（海亮集团、荣怀集团）、社会力量（越兴中学早期的社会组织参与背景）的资源和力量。

诸暨基础教育区域推进决策力在制度层面表现为：（1）民办教育的系列支持制度。诸暨很早就提出了民办公派制度，为民办教育的稳定、发展，加快教师资源配置、流动提供了重要政策支撑。尽管诸暨的相关政策制度在现如今并不是最优惠的，但因其制度制定时间早、贯彻执行实等原因，政策制度的先发优势明显。政策先发优势，结合本土良好的历史文化土壤，以及优良的投资主体，共同构成了诸暨民办教育的良好生态。（2）公办教育均衡发展的系列制度。教师交流、名校集团化、基于信息化的区域资源整合等都为公办教育均衡发展提供了重要的制度支撑。（3）体制机制创新。不论是民办公派还是公建民营，都是诸暨教育的体制机制创新。在结构、资源等有限或限定的背景下，体制机制创新成为当前唯一可以释放变革力量的路径。

　　诸暨基础教育区域推进决策力在质量层面表现为：（1）加强学校内涵建设。通过课程改革、教学推进、特色品牌建设等方式推进教育内涵发展。采取区域内分类指导、分步推进的学校办学体制和育人模式的改革实施方略，形成重点与特色。（2）提升教师专业素养及教育创生能力，并有效解决区域内教师的学习、生活及其搭建发展平台问题。（3）提升校长领导力，促进学校形成个性化办学特色。（4）整合区域内优质资源，加强对学校办学的学术指导，如实验小学教育集团优质资源的辐射，诸暨中学向高中段的辐射等。（5）以信息化为手段的教育改革。自 2011 年以来，诸暨市积极探索和打造区域教育云，着力提升教育信息化发展水平。目前，诸暨市已在 145 所学校完成近 9700 台计算机桌面的虚拟化终端配送、安装与调试，生机比达 4.7∶1，教育计算机网千兆宽带学校接通率达 100%，校园网百兆通达所有教室和教师办公室的学校达 100%，100% 的中小学建有校园网站，云终端已经覆盖全市公办义务教育学校，并向普通高中、高职学校延伸，为全市教育改革和发展提供了有力支撑。

　　区域性推进基础教育战略性规划是一个系统工程，包括确定教育目标与价值选择、对教育结构进行改革创新、对区域内教育资源进行开发整合、完善教育管理机制和体制，以及进行教育质量的评估检验等，所有这些都为未来诸暨基础教育区域推进指明了方向。

第六章

"以新达昌，生态涵养"的新昌模式

新昌县是一个有千年历史，以山林、旱地为主的山区丘陵县，属于嵊新城镇组群。与全县经济社会发展相适应，依托制度变革和科技创新，这个山区小县高标准普及了十五年基础教育，构建了有特色的教育发展模式。面临区域城乡统筹，产业结构、资源环境优化，以及城市功能提升能力等问题，新昌县政府充分发挥基础教育主体功能区的作用，明确政府教育新战略，合理设计区域教育结构，形成办学特色，发展"生态涵养"的优质教育，推进"科技创新"的特色教育，在更高起点上建设教育现代化强县。

一、新昌县县情分析

新昌县隶属绍兴市，建县于公元 908 年，自古就是佛教、道教圣地，自然人文旅游资源丰富，素有"东南眉目"之称。自 20 世纪 90 年代初起步，新昌县用 11 年时间实现了从次贫县到全国百强县的历史跨越；用 8 年时间，实现了从浙江省重点污染县到国家级生态县的跨越。

新昌县具有鲜明的工业、农业、旅游特色。工业方面，产业层次相对较高，主要以先进装备制造、生物医药等产业为主，占比达80%以上；科技创新能力较强，研发经费占 GDP 比重达 3.82%，被工业和信息化部命名为国家新型工业化产业示范基地，连续两年在省工业强县综合考评中进入前十名，同类均列第一名；企业实力较为雄厚，有上市公司 7 家。农业方面，新昌县是中国名茶之乡、全国十大重点产茶县，大佛龙井连续两届蝉联浙江十大名茶，并荣膺中国驰名商标。旅游方面，新昌县拥有天姥山国家级风景区、大佛寺和达利丝绸园两个 4A 级景区，是唐诗之路、佛教之旅、茶道之源的精华所在，是浙江省旅游经济强县。

新昌县山清水秀，环境优美，是省级文明县城、园林城市和生态县，人居环境优越，实现了经济与生态环境协调发展。新昌江、澄潭江、黄泽江交界断面水质连续 5 年被省政府考核为优秀，是全省唯一达到此标准的县（市）。2015 年 5 月成功通过国家级生态县技术评估，公众生态满意度名列绍兴市第一，是全省县级公立医院综合改革和基层医疗卫生制度改革试点县。新昌县文化教育事业发展较快，高考重点线上线率多年居全市前列，新昌中学连续 4 年获得清华、北大实名推荐资格，教育文化氛围浓厚。

（一）独具特色的山区小县

新昌县总面积为 1213 平方公里，其中耕地面积 22.87 万亩，山林面积为 131.3 万亩，是一个以山林、旱地为主的山区丘陵县。主要山峰海拔均在 600 米以上，最高峰为小将菩提峰，海拔 996 米。四明山脉自东北入境，构成小将至沙溪山地。天台山脉两支自中南部入境，古称"一邑主山"的天姥山区逶迤绵亘至鞍顶山，构成儒岙至回山东部山地。会稽、大盘山脉自西南入境，盘亘于镜屏乡的安山和镜岭镇的西坑一带，构成镜岭南部山地。中部为丘陵台地，多为海拔 250～500 米的玄武岩台地，范围较大的有回山、大市聚、孟家塘、遁山等，边缘为陡坡峻岭。因此，新昌县是一个"八山半水分半田"的典型山区县。

不同于其他偏远贫困的山区小县，新昌县的发展具有独特的地理位置优势，东邻宁海、奉化，南接天台，西南毗连磐安、东阳，自西至北与嵊州市接壤，处在"台越通衢、明婺要道"，上三高速、甬金高速以及 104 国道贯穿县境，距离东部海岸线较近，信息接收迅速，经济互动频繁。另外，新昌县历史悠久、特色明显，佛教文化源远流长，天姥山、唐诗之路声名远扬，与此同时，该县还打造了机械制造、医药化工等特色产业，建立了省级高新技术产业园区，在全国具有较强的影响力。

新昌人民自古淳朴踏实，富有"耕读传家、尊师重教"的传统和不断探索、开拓创新的精神。自宋代天禧年间初建石溪义塾、鼓山书院，至清光绪二十五年创办第一所女子学校，这八百多年间，历代先贤以"敢为天下先"的精神，致力于教育革新，薪火相传，始终弦歌不绝。据史料记载："新昌，民俗朴实，文教昌盛，取科第达显官显赫于时者众。"自唐代至清末，全县先后中进士者 192 人，举人 333 人，其中不乏石工弼、何鉴、吕光洵、潘晟等著名人物。源远流长的新昌教育，也培养出了一大批为祖国做出了卓越贡献的人才。

一代又一代勤劳淳朴的新昌人民，在 1200 余平方公里的土地上繁衍生息，发明创造，为后代留下了极其丰富珍贵的文化遗产。在物质文化遗产方面，全县已发现文物点 284 处，其中县级文保单位 15 个，省级文保单位 4 个，如大佛寺石弥勒像、千佛岩石窟、董村水晶矿摩崖题记、桃树坞迎仙桥。文物馆收藏文物 2517 件，其中二级文物 23 件，馆藏家谱 308

种。非物质文化遗产方面，更是品类繁多，色彩纷呈。王羲之、谢灵运、李白、杜甫、王维、元稹、孟浩然、刘长卿、刘禹锡、崔颢、温庭筠、朱熹、范仲淹、叶朋、袁枚、黄炎培、郁达夫等 300 多位文人墨客在新昌这块神奇的土地上留下了众多遗迹和千古传诵的诗文。尤其是李白的《梦游天姥吟留别》："海客谈瀛洲，烟涛微茫信难求；越人语天姥……安能摧眉折腰事权贵，使我不得开心颜！"为妇孺皆知的唐诗杰品，以此为代表给后人留下了一条文化底蕴极深的"唐诗之路"。勤劳智慧的新昌人，世世代代薪火相传，还创造积累了有新昌特色的戏曲文化、饮食文化、建筑文化、茶文化等宝贵的地域文化，如被列为世界文化遗产保护的"新昌调腔"、填补中国桥梁建筑史上空白的悬链线型单孔石拱"迎仙桥"、天姥岭谢公道等。

新昌浓厚的文化底蕴、良好的自然环境与社会环境为新昌生态教育的形成奠定了基础。

（二）科技创新引领经济发展

新昌县的经济发展处在加快科学发展、推进转型跨越的关键阶段。2014 年实现生产总值 333.63 亿元，增长 8.7%；财政总收入 46.63 亿元，其中公共财政预算收入 24.75 亿元；城镇常住居民人均可支配收入 40556 元，农村常住居民人均可支配收入 19802 元，分别增长 9.1% 和 11%。高新技术产业发展亮点凸显，高新技术增加值占工业增加值比重达 37%，新昌省级高新技术产业园区获批为全国 58 家科技兴贸创新基地之一。

新昌县的经济发展特点表现在以下几个方面。

1. 科技创新为引领

全面实施创新驱动战略，成功承办全省重点企业研究院现场会，组织开展 7 次大型科技对接活动，建成科技孵化器，科创园区、工业设计院加快建设，新和成、浙江医药跻身浙江技术创新能力十强企业，新增国家高新技术企业 7 家，研究与实验发展经费支出占生产总值比例达到 3.84%，成为全省唯一的综合性科技体制改革试点县。另外，扎实推进质量强县工作，申请专利 5003 项、发明专利 1929 项，制订、修订国家行业标准 11 项，新增省级以上新产品 100 项、浙江名牌 4 项、省级以上装备制造首台（套）3 件，新产品产值率提高到 51.08%。合力加强知识产权保护，成功创建省级知识产权示范县。培养和引进各类人才 5580 人，院士专家工作站、博士后工作站增加到 14 家。全县科技创新氛围强。2015 年 12 月，科技部组织全国科技创新现场会就放在新昌。新昌县的大企业十分重视科技创新人才，新昌县的教育也重视创新，学校培养的人才也具有一定的创新意识和能力。同时，教育质量的提高，尤其是人才创新素质的提高，也促进了新昌创新经济的发展。可以说，这也体现了经济与教育的良性互动。

新昌县经济的发展使得劳动密集型企业转向技术型企业、科技创新型企业，对不同层次科技创新人才有非常大的需求，对于非新昌籍人才引入，提供了一定的支持。对于新昌籍的人才返回新昌服务，对本人来说应该是种义务。因为新昌只是山区小县，但在杭州、上海设立研究院，却更能吸引人才。所以，有些人才在杭州、上海工作，实际上却是在为新昌经济服务。此外，大学将实验室建在企业里，大学的智力与企业的资金相结合，也能服务于新昌经济的发展。

2. 工业经济为支撑

2014 年实现规模工业总产值 586.9 亿元，增长 10.2%，出口总值 18.95 亿美元，增长 9.3%，工业强县综合考评继续保持全省前十位。深入实施"四换三名"，加快两化融合、集约发展、管理创新，抓实"631"项目建设，战略性新兴产业提速发展，产值占比提高到 41.9%，装备制造业提升、传统产业改造进展良好，完成技术改造 71.62 亿元，增长 27%，成功入选省级绿色安全制造信息化试点区。鼓励龙头企业做强做大，扶持中小微企业"上规升级"，三花控股、万丰奥特入选中国民营企业 500 强、浙江制造业百强，捷昌驱动成功挂牌"新三板"，35 家企业升为规模企业，161 家企业转为公司制企业。扎实推进园区建设，高新园区纬 7 纬 9 等道路建成，基础设施更加完善，新昌工业园区大市聚区块基础配套设施基本完成，拔茅区块启动建设，园区集聚效应更加明显，一批大项目、好项目落地建设。重抓资质晋升和市场外拓，紧抓质量安全和文明施工，实现建筑业产值 173.4 亿元，增长 11.9%。

3. 农业发展为基础

2014 年实现农业增加值 20.8 亿元，增长 1.8%，粮食产量 5.98 万吨，增长 4.5%。"两区"建设顺利推进，新建粮食生产功能区 9100 亩，完成"万元亩产"基地 14700 亩、特色基地 13000 亩、新技术新设施应用

13500 亩、农产品安全技术推广 15000 亩、土地流转 10800 亩，城北现代农业综合区、来益水果精品园、巧英杨桐精品园、平山苗木精品园通过省级验收。加大水利基础设施建设，除险加固水库 5 座，整治山塘 32 座，改造渠道 131 公里，扩大灌溉面积 15600 亩，新增旱涝保收田地 8000 亩，成为全省农田水利标准化建设优秀县。茶产业保持优势，大佛龙井、天姥红茶品牌进一步打响，名茶产量增长 2.9%、产值增长 13.9%，蝉联中国重点产茶县，荣获全国十大生态产茶县。培育新型职业农民 500 名，新增农民专业合作社 72 家、家庭农场 41 家、农业龙头企业 10 家。

4. 现代服务业为引导

合力营造招商留商、尊商重商氛围，浙商回归项目到位资金 21.2 亿元。万丰广场建成运行，世贸广场建成开业，茶文化中心基本建成，新昌海洋城、红星美凯龙、和悦广场加快建设，32 家服务业企业实现"下升上"。大佛寺景区完成栈道建设和佛心广场改造，十九峰景区入口景观改造升级，沃洲湖景区创建为 3A 级景区，十里潜溪度假区加快建设，"新昌人免费游新昌"全面实施，旅游总收入 76.71 亿元，增长 9.6%。休闲观光果园、森林休闲旅游、乡村民宿和农家乐加快发展，成功创建全国休闲农业与乡村旅游示范县。房地产业健康发展，房价水平总体稳定。

5. 对外经济为新增长点

2010 年年末，全县完成自营出口总值 12.18 亿美元。"十一五"期间，利用外资项目累计达 26 个，总投资约 5.48 亿美元，实际利用外资约 1.19 亿美元，全县境外投资累计达 7054 万美元。

（三）健全保障导引社会和谐

新昌县坚持实施"科教兴县"战略，是全国第一批科技工作先进县，是省教育强县、科技强县，"平安新昌"和"和谐新昌"建设稳步推进。

到 2015 年，新昌县城市化水平达到 56% 以上，城乡居民收入比控制在 2.2 左右。全县卫生机构拥有量达 305 个，新型农村合作医疗参保率高达 92.36%。符合条件的行政村公路通村率和路面硬化率均已达 100%。城镇居民可支配收入和农村居民纯收入年均分别增长 9% 和 10% 以上。新昌县城市化水平提高，人民生活得到改善，社会和谐稳定，R&D 经费投人增加，社会科研意识增强，新昌县的全面发展为其生态与科技教育的发展奠定了坚实的物质基础、营造了良好的社会环境。

1. 健全社会保障体系

投入民生资金 26.7 亿元，增长 27.6%，占财政总支出的 80.7%，十方面为民实事圆满完成。就业创业工程深入推进，举办各类培训 189 场，创建充分就业村 372 个，新增城镇就业 11863 人，下岗失业人员再就业 4672 人，城镇登记失业率 2.91%，社会保障扩面提质。

2. 协调社会事业发展

高中教育保持优势，高考上重点线人数再创新高，职业技能竞赛勇夺 3 个全国一等奖，全国义务教育发展基本均衡县通过验收，七星小学建成开学，学前教育、民办教育加快发展。群众体育蓬勃开展，省级体育强县成功创建。公共文化加快发展，目连戏入选国家级"非物质文化遗产"目录，档案馆、博物馆、图书馆和 20 家农村文化礼堂建成投用。

3. 全面加强社会治理

扎实推进"平安新昌"建设，强化重大决策社会稳定风险评估，畅通群众利益诉求表达和回应渠道，推行"3 + X"人民调解模式，抓好初信初访和信访积案调处化解，社会大局保持和谐稳定。

4. 人口老龄化趋势凸显

2011 年，新昌县有人口 44.16 万，其各个年龄段的人口分布情况见图 6 - 1。

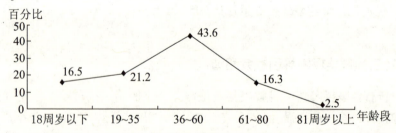

图 6 - 1   2011 年新昌县人口年龄段分布

2011 年，全县常住人口平均年龄 40.53 岁，比 2000 年的 35.47 岁提高 5.06 岁，比 1990 年的 30.71 岁提高 9.82 岁。现 80 岁以上老人已有一万人，占新昌县总人口的 2.5%，年龄结构老龄化程度严重。

5. 人口密度分布不均

近十余年来,新昌县的人口增长缓慢,2000—2010 年,年平均增长 0.11%。2010 年全县的人口密度为每平方公里 313 人,比 2000 年减少 29 人,比全绍兴市少 282 人。其中南明街道人口密度最大,为每平方公里 1921 人,沙溪镇最少,为每平方公里 69 人,两者相差很大,这也导致了学校教育分布的不均衡格局。

(四)科技创新文化氛围浓厚

经济基础决定上层建筑,反过来,文化影响经济发展。新昌浓厚的科技创新文化带动了旅游业、服务业等产业的发展。

新昌自古就是佛教、道教公认的圣地,凝聚着"佛教之旅""唐诗之路"的灵气与魅力。山水风景旖旎,成为传统中国山水诗歌、山水画的重要取材来源,"奇山、秀水、古刹、怪石"享誉华夏。新昌县域范围内的穿岩十九峰、大佛寺、沃洲湖、天姥山是远近闻名的省级风景区、国家级地质公园。

从历史上看,新昌曾达到两个"文化高潮",即三国两晋南北朝时期的佛教文化和唐朝时期的诗歌文化。以其丰富的历史文化古迹以及享有美誉的山水风光,新昌成为中国中央电视台倾力打造的影视剧《西游记》《射雕英雄传》《笑傲江湖》《天龙八部》等的重要外景拍摄地。发轫于此,新昌影视文化得到了长足发展。

围绕"1345"旅游发展目标,新昌县以唐诗之路、佛教之旅、茶道之源为主体,致力于建设以自然风光为依托、以地域文化为内涵、以休闲旅游为重点的生态休闲城市,将该县打造成为长三角知名休闲旅游目的地。全面提升新昌整体形象,全力推进"旅游+6 业"战略,促进"旅游+文化产业、旅游+现代农业、旅游+特色工业、旅游+健康养生产业、旅游+乡村休闲产业、旅游+互联网产业"的深度融合,推进新昌全城旅游、全域旅游,为更多群众带来就近就业和增加收入的机会,最终把旅游产业培育成新昌县国民经济的重要战略性支柱产业。

二、新昌县发展的定位及其战略举措①

(一) 城市发展面临的机遇和挑战

区位条件改善、发展基础扎实、人文积淀浑厚以及生态环境优美等优势为新昌县的发展提供了便捷。从周边来看,长三角一体化全面深化,区域消费结构加快升级,全省转变发展方式试点省建设、生态文明培育、战略性新兴产业发展和杭州都市圈建设全面提速。随着杭州湾跨海大桥的建成通车和嘉绍跨江大桥、甬金铁路、上三高速复线等重大设施的加快建设,新昌县迎来了加快融入上海、杭州、宁波,全面推进新型城市化和新型工业化的发展机遇,下一步将进一步整合土地、生态、文化、人才等资源要素,大力发展休闲旅游、养生养老、健康服务等绿色经济,转化生态优势为发展优势。从国内来看,工业化、信息化、城镇化、市场化深入推进,扩大内需成为我国的重大战略举措,东、中、西部协调发展态势强化,发展要素竞争成为新一轮竞争的主要特征。贯彻科学发展主题,突出发挥生态和科技优势,整合集聚创新要素,走可持续发展道路契合国家的发展方向。

新昌县的发展机遇与挑战并存。一是开放地位提升的机遇。随着金绍甬舟开放大通道的打造,新昌作为浙中腹地有望借此加快北部大明市区块开发,深度参与国家"一带一路"、长江经济带战略建设,从内陆山区向开放前沿地带转变。二是产业优势重塑的机遇。随着全球新一轮科技革命、产业变革以及信息经济的发展,新昌以实体经济为核心,以装备制造、生物医药、旅游服务为主导的产业将迎来转型升级、优势重塑的黄金时期,有望打造以"新昌智造"和三产融合为亮点的新的经济点。三是区位优势提升的机遇。通过交通路网的建设完善,重塑区域格局,有利于新昌县快速融入杭州都市圈和宁波都市圈,将有效推动资源要素流动,提升城市竞争力和影响力。

新昌县发展面临的挑战集中于产业结构和产业布局的调整,科学合理

---

① 资料来源于《新昌县国民经济和社会发展第十三个五年规划纲要(征求意见稿)》(新昌县发展和改革局,浙江省发展和改革委宏观经济研究所,2015年12月)。

企业梯队的形成，重点项目的支撑，城市品质的提升，农村发展活力的增强，以及城乡均衡发展等方面。

新昌县实现自身发展需破解以下四大难题。一是区域城乡统筹任务重。新昌城乡居民收入差距亟待缩小，基本公共服务均等化有待提升，中心镇的发展能级低、数量少。二是产业组织结构优化难。以大企业为主导，带动一批中小企业成长的梯形产业组织结构还未形成。三是资源环境要素约束大。土地指标、建设资金和高层次人才资源都存在一定程度的短缺。四是城市配套功能提升，在城市基础设施建设、城市功能完善、城市品质提升以及城市智慧化等方面仍然相对滞后。

总体分析，新昌县迎来了产业优势重塑期、区位优势重塑期、体制优势重塑期和城市功能重塑期，新昌的未来发展将进入一个产业全面升级、治理全面转型、品质全面提升的关键时期。

（二）城市发展的总体思路

1. 发展目标

"十三五"时期，新昌县经济社会发展的总体目标是："适应新常态，在更高水平上全面建成小康社会。"

"十三五"期间，新昌县要以强县富民为主题，以转型提升为主线，以改革创新和开放联动为动力，建设美丽新昌，将新昌打造成高端智造之城、创新创业之城、山水休闲之城。

（1）经济实力更强。保持经济年均增长7.5%左右，到2020年生产总值、人均生产总值、城乡居民收入均比2010年翻一番。产业体系加快向中高端迈进，工业高新化、农业特色化、服务业集聚化发展成效显著。新产业、新业态引领作用显著增强，开放型经济水平和国际化水平全面提升。

（2）城乡发展更协调。全县发展空间格局得到优化，中心城区集聚辐射能力显著增强，中心镇和特色镇发展加快，美丽乡村建设扩面提质，城市化率达到60%以上。城乡发展一体化进程加快，基本公共服务均等化水平进一步提高。

（3）人民生活更幸福。形成高水平的覆盖城乡居民的社会保障体系，教育、文化、卫生等社会事业加快发展，社会文明程度和公民素质全面提升，人民生活质量和水平不断提高。城乡居民收入比进一步缩小，低保水平逐年提高，低收入群众收入持续较快增长，全面消除年收入 10 万元以下经济薄弱村。就业质量不断提高，创业氛围更加浓厚。

（4）生态环境更优美。"绿水青山就是金山银山"理念深入人心，能源和水资源消耗、建设用地、碳排放总量得到有效控制，主要污染物排放总量大幅减少，"三江"年均水质稳定保持在二类水质，空气环境质量显著改善，资源节约型和环境友好型社会建设取得重大进展。

（5）社会治理更成熟。重要领域和关键环节改革上取得决定性成果，治理制度化、规范化、程序化、法治化、信息化水平不断提高。人民民主更加健全，法治政府基本建成，司法公信力明显提高。党的建设制度化水平显著提高。

2. 发展战略

坚持发展这一第一要务，践行创新、协调、绿色、开放、共享的发展理念，创新发展路径，坚持走实业驱动、创新驱动、绿色驱动、品质驱动"四轮驱动"之路，推动产城融合化、创新全面化、全域景区化、城乡一体化。

（1）坚持实业驱动，走产城融合之路。同步推进新型工业化、新型城镇化、信息化和农业现代化，优化城乡生产、生活和生态空间布局，加强工业高新化、农业特色化、服务业集聚化和城市品质化融合发展。

（2）坚持创新驱动，走内生发展之路。建立创新服务支持体系，提高全面创新能力，不断推动科技、产业、企业、产品、业态及管理的创新。

（3）坚持绿色驱动，走全域景区之路。突出山水品质特色，融入深厚的文化底蕴，发挥生态资源优势，把全县作为一个大景区来建设。

（4）坚持品质驱动，走城乡一体之路。突出以人为本，城乡一体化发展。推动基本公共服务和民生保障向农村居民延伸，繁荣城乡各项社会事业，提升城乡居民的公平感、认同感、归属感和幸福感。引领新昌从"山水秀丽"向"诗画宜居"跨越，打造智美新昌。

（三）县域发展的新格局及城市功能定位

新昌县县域发展的新格局主要体现在经济发展与城市功能格局调整两个方面。

第一是形成东西两翼产业集聚平台的产业发展布局。新昌县产业布局情况见图 6 - 2。

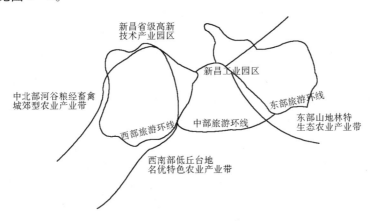

图 6 - 2　新昌县产业布局示意图

致力于转型提升，实现县域经济新跨越，新昌县着力打造东西两翼产业集聚平台。东翼加快推进新昌工业园区拓展开发，着力打造省内重要的先进装备制造基地，带动构建东翼大市聚产业平台；西翼大力推进省级高新技术产业园区拓展建设，做强生物医药、电子信息、新能源、新材料、装备制造等高新技术产业，配套发展生产性服务业，着力打造全省一流的高新技术产业基地，带动构建西翼梅澄产业平台。培育做强科技研发，推进经济发展方式向低污染、高效能、绿色化的方向转变，着力提升科技、生态要素对经济社会发展的贡献度，大力优化人居创业环境，加快建设宜居、宜业、宜游的科技生态城市。

未来新昌县的发展将放在嵊新组团协同发展的大格局中。嵊州市和新昌县将组团发展，行政上保持不变，通俗称为"一蛋双黄"，两地捆绑合作，土地、水、教育等各种资源共享，有利于弥补区位劣势，共同提升竞争力。

第二是形成"一核两翼一带三片"空间开发格局。

新昌县早在"十二五"规划中就提出了以"中心北聚、东西延展、南翼环绕"为特征的空间开发格局。

中心北聚是指发挥北部发展基础好、土地资源丰富的优势，加快拉开中心城市框架，增强城市现代服务功能，打造山水品质之城建设的发展核心。

东西延展是指依托中心城市和产业园区，科学开发空间资源，推动新昌省级高新技术园区和新昌工业园区拓展建设，大力发展高新技术产业和先进制造业，有序发展生产性服务业，构建台地经济新增长极。

南翼环绕是指依托山水优美、景点密布、生态良好的优势，做强做大休闲旅游，大力发展生态农业，引导发展特色加工业，统筹生态保护与开发，强化生态保育功能，探索山区绿色发展新模式。

新昌县"十三五"规划在此基础上做了进一步的细化和深化，其空间发展格局概括为"一核两翼一带三片"。

"一核"即中心城市发展核，按照"中优、东延、西扩、南融、北上"的城市推进思路，以城市重点区块开发为依托，拉大中心城市发展框架，做强中心城区，提升城市承载能力、集聚力、辐射力和带动力，改善人居环境，把中心城区打造成为转型跨越中的"骨干"区域。

"两翼"即梅渚—澄潭和大市聚两大组团。梅渚—澄潭组团依托新昌省级高新技术产业园区，推动产城融合发展，打造综合发展型城镇组团。大市聚组团依托新昌工业园，拉大城镇框架、完善城镇功能、提升城镇品位，打造东部特色产业型城镇组团。

"一带"即镜岭—沙溪县域东南部绿色发展带。依托山水资源，发挥生态优势，做强休闲旅游业，做精高效农业。

"三片"指南部、中部和东部三个片区。南部文旅创意区以镜岭和回山为主体，重点依托丹霞生态旅游资源、红色文化旅游资源和特色农产品优势，大力发展生态旅游、文化旅游、创意农业等；中部生态工业区以大市聚和儒岙镇为主体，依托制造业优势，提升发展轴承、胶囊等产业，联动发展健康养生、休闲旅游等；东部生态休闲区以沙溪和小将镇为主体，发展森林休闲旅游、生态农业、现代物流等。

新昌县经济发展和城市空间格局的调整从根本上决定了新昌教育未来发展的水平和方向。

三、新昌县基础教育主体功能区的存在形态与定位

（一）教育发展目标和措施

作为一个山区小县，新昌县原教育基础薄弱，伴随新昌县工业的城镇化发展，教育也取得了长足进步，并于 2014 年通过了全国义务教育发展基本均衡县国家级评估验收。

新昌县现有 4 所普通高中，2 所职业高中，17 所初中，56 所小学（包括教学点），特殊教育学校 1 所，幼儿园 70 所。新昌县在校生 63143 人，占总人口的 14.3%，其中高中生 11749 人，占在校生 18.61%；初中生 12507 人，占在校生 19.81%；小学生 26845 人，占在校生 42.52%。小学、初中入学率和巩固率以及残疾少儿入学率均已达到 100%，初中毕业生升入高中阶段教育比例达到 98.84%，高标准普及了十五年教育。完成省义务教育标准化学校创建任务，新昌县省义务教育标准化学校的比例达到 83.33%（不含教学点）。为提高学校办学质量，促进教育公平，该县建立全县首个教育发展共同体。2014 年 5 月，成立南明小学与梅渚镇小"教育发展共同体"，实现理念、资源、方法、成果等方面的共享，使两校在原有基础上向更高位的富有内涵和特色的方向发展。

基于新昌县教育发展实情，新昌县确定的目标是建设教育现代化强县，推进教育优质均衡发展，努力办好人民满意的教育。坚持面向现代化、面向世界、面向未来，在更高起点上实施科教兴县、人才强县战略，走符合县实际的发展之路。

新昌县教育目前存在的问题是，经济发展过程中城乡二元结构导致教育发展的不平衡。

（1）城乡教育发展的差距。新昌是一山区小县，经济社会发展极不平衡，工业经济集中在城镇，广大农村山区经济条件比较落后，农村学校的办学条件也相对落后。这就导致人口往城区集聚，城区学生越来越多，而农村学校人数则越来越少。新昌县城两个园区和三个中心镇，集中了 80% 以上的义务教育段学生，城区学校趋于极度饱和状态，对县城发展造成了很大压力。

（2）标准化学校的达标率低。学校班额很大，人均面积小，标准化学

校的达标率仅80%。老城区更是达不到标准。比如，新昌中学原先班额为50人，目前已降到42人，但还是不能满足省里要求的每班40人的标准，也不能满足老百姓享受优质的教育资源的需求。降低班额就需要增加教师，增加编制；新建学校，也需要政府财政投入。

（3）外来务工人员子女上学问题。随着县域经济发展，流动就业人员大量涌入，其子女入学问题突出。2014年，新昌县城区四所初中共招收2338名学生，2015年，城区小学毕业生人数2973人，比上一年增加了近700人，城区中小学招生形势十分严峻。一方面要照顾外来务工人员和进城务工人员，帮助他们解决子女读书问题，另一方面也要减轻城区的就学压力，这都需要政府的综合治理。

（二）探索行政区划调整，创新城乡区域统筹合作机制

为解决经济发展过程中城乡二元结构导致的教育发展不平衡，新昌县必须主动适应并服务于全县经济社会发展和加快教育现代化建设的需要，根据学龄人口变化趋势、城市化进程需要、流动就业人员大量涌入以及全面放开二孩等政策的实施情况，综合分析土地、校舍、环境、师资、管理等资源情况，进一步优化教育资源配置，进一步完善均衡化的教育结构和学校布点，缩小城乡区域间发展差距，创新城乡区域统筹、和谐发展。

1. 调整教育空间布局

加快推进城市化进程，在新昌县形成以中心城市为主中心，澄潭、儒岙、大市聚三大中心镇和镜岭、沙溪、回山、小将四个特色城镇为主体的"一主三强四特"的县域城镇体系，推动中心城市、中心镇、特色镇协调发展，带动城南、巧英、双彩、新林、东茗等乡加快融入发展，形成以城带镇、以镇带村的城乡一体化发展格局，建立以城市为中心、小城镇为纽带、乡村为基础，城乡依托、互利互惠、相互促进、协调发展、共同繁荣的新型城乡关系（见图6-3）。

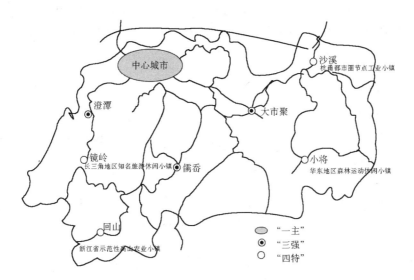

图6-3　新昌县"一主三强四特"城镇体系示意图

（1）做优主城区

主城区包括七星街道、南明街道、羽林街道。以山水品质之城为方向，加快人口和要素的集聚，增强城市经济综合实力。有序推进老城区旧城改造，改善城市面貌，提升城市品质。突出宜居城区建设，将山水景观融入城区品质提升中，规划建设城区生态廊道、道路绿道和沿江休闲长廊，构建开放便捷、休闲舒适的公共空间。突出打造"一江一山一景"，做美新昌江两岸，做精鼓山公园，做透大佛寺景区。加快城区地下空间进行开发及利用。推进城市管理的科学化、法制化、规范化，以管理促进发展环境的优化和城市竞争力的提升。加快城市经济业态的培育，重点发展科技、金融、信息以及总部经济等现代高端服务业，打造全县现代服务业和生态品质人居中心。

（2）做强中心镇

加快推进澄潭镇、儒岙镇、大市聚镇三个中心镇建设，完善中心镇功能，提升中心镇对周边乡镇的集聚辐射能力。

澄潭镇定位为环境优美、功能完备、生态休闲、宜居宜业的综合型省级中心镇。进一步完善城镇基础设施，完善城镇公共服务配套设施，优化教育、医疗等设施布局，增强城镇功能，促进农村人口向镇区集聚，提高人口集聚能力。

儒岙镇定位为生态发展型小城镇。进一步拉大城镇框架，优化布局规划，完善教育、文化、医疗等公共服务设施，推进产业集聚发展，推进工业平台建设，着力实施重点项目建设。借助国家"全国重点镇"试点，加快中心镇功能提升，争取列入省级小城市培育试点。

大市聚镇定位为特色产业型中心镇。按照"产业集聚、人口集聚、功能集聚"的要求，进一步完善集镇规划，优化集镇布局，加快中心镇区块融合，实现新区、园区无缝对接。加快人口、产业、公共服务设施等向镇区集聚，提升城镇综合经济实力。

（3）做精特色镇

按照"差异化、特色化"发展理念，结合各镇的资源禀赋，全力推动镜岭、回山、小将、沙溪等特色镇发展。镜岭镇立足生态旅游和生态农业资源优势，大力发展休闲旅游业，打造旅游特色镇。回山镇抓住高山农业资源特色，大力发展茶叶、茭白、白术等农副产品，打造高山现代农业特色镇。小将镇以罗坑山省级森林公园建设为契机，以花木和毛竹两大产业为依托，大力发展特色休闲观光农业，全力打造森林休闲特色镇。沙溪镇立足紧邻宁波地区和甬金高速交通优势，适度发展生态工业，配套发展商贸业，打造边贸工业特色镇。

在探讨中心镇向小城市转型培育机制的同时，探索嵊新组团协同推进机制，推动新嵊一体化发展。按照"空间融合、资源互补、利益共享"的要求，以嵊新两地协同发展为基本出发点，坚持问题导向，坚持重点突破，坚持改革创新，坚持区域优势互补原则，立足现代产业分工要求，立足合作共赢理念，通过推动观念、城镇、产业、资源、治理五大协同，推进产业合作共赢，优化要素资源配置，共建共享基础设施，均等公共服务，实现嵊新区域经济社会全面协同发展。

（4）推进美丽乡村示范区建设

以省美丽乡村先进县创建为抓手，建设丹霞风情、沃洲茶香、"天姥古驿""七彩烟山""竹海水韵"五大美丽乡村示范区。优化村庄布局，积极推进旧村改造、空心村改造、农村住房梯度转移，加快农村新社区建设。依托山水田园城市风貌，深化"三改一拆""四边三化"，全面推进城市设计、村庄设计全覆盖。加强历史文化村落保护，重点保护和合理开发梅渚镇梅渚古村落、南明街道班竹村、回山镇回山村、儒岙镇南山村、羽林街道藕岸村、七星街道元岙村等历史文化村落。

　　与城市发展格局相适应，新昌县教体部门出台了《新昌县义务教育学校布局调整方案》，积极调整网点布局，扩大学校办学规模；实行同城化配置，发挥名校引领作用；加强农村学校建设，缩小城乡学校差距，多措并举，推进城乡教育均衡发展，缓解城区就学压力。县教体局结合县总体规划，提出"跨乡镇撤并初中，继续撤并小学，扩大高中段规模"的布局调整思路。

2. 构建城乡教育发展共同体

　　新昌县坚持统筹发展，全面加快新型城市化步伐，目标是到 2020 年，城市化水平达到 58% 以上，城乡居民收入增长率分别为 8% 和 9.5%，研究与实验发展经费占生产总值比重达 3.6%，人口自然增长率控制在 2.5‰ 以内。突出建设七星新区、南岩科创商务区、新民商住新区、城北台地生态居住区、潜溪休闲区等新兴城市功能平台，推进老城区改造，塑造新城区开发标杆，带动中心城市空间拓展和功能提升（见图 6-4）。

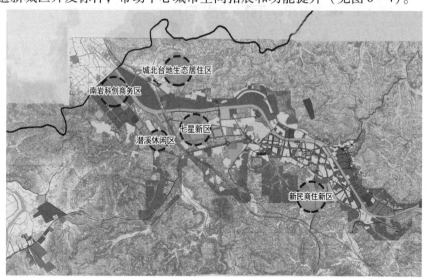

图 6-4　新昌县城市功能平台

　　（1）七星新区。总面积约 7.2 平方公里。以居住为主，是集政治、经济、商贸、金融、文化、娱乐及旅游服务为一体的现代综合新区。

　　（2）南岩科创商务区。总面积约 3.3 平方公里。涵盖现代商贸、科技研发、商务会展、创业居住、休闲旅游等业态，是起辐射作用的高端科创商务区。

（3）新民商住新区。总面积约 4.2 平方公里，是县域大型生态居住区。

（4）城北台地生态居住区。总面积约 1.5 平方公里。

（5）潜溪休闲区。总面积约 0.8 平方公里，是集浅山度假、文化休闲、商务会展、品质居住于一体的高端休闲度假区。

构建城乡教育发展共同体也要把加快中心村镇建设、推动农村人口集聚作为全面提升统筹城乡发展水平和美丽乡村幸福家园建设的重要基础。实施农民集中居住区建设试点，促进农民向中心村、中心镇、县城集中，在推动城乡共同体的过程中构建良好的教育共同体。

新昌县未来发展将尊重城市发展规律，加快新型城市化建设步伐，打造山水品质之城。通过挖掘新昌地域特色，延续城市历史文脉，提升城市文化内涵。突出精细理念，优化城市管理，深入开展城市品质提升十大行动，让群众生活得更方便、更舒心、更美好。

3. 完善现代教育体系建设

新昌县完善现代教育体系建设的目标和行动主要集中在以下五个方面。

（1）推进学前教育优质普惠发展。在"政府主导、社会参与、公民办并举"的学前教育框架下，大力发展公办幼儿园，积极扶持民办幼儿园，扩大公办园和普惠性民办园覆盖率。充分发挥一级幼儿园、乡镇中心幼儿园的示范引领作用，努力打造一批管理水平高、保教质量优、校园环境美的幼儿园。强化幼儿教师准入要求，鼓励和要求在职幼儿教师学历提升。到 2020 年，幼儿园等级率达到95%，市标准化幼儿园达到80%，专任教师持证率和大专及以上学历教师比例均达到95%。努力创建区域精致幼儿园，倡导"一园一品一思"。

（2）推进义务教育优质均衡发展。进一步健全城乡一体化的义务教育发展机制，在财政拨款、教师配置、学校建设等方面向农村学校倾斜、向薄弱学校倾斜、向资金困难学校倾斜。大力实施义务教育学校现代化建设工程，改善办学条件，缩小办学差距。完成七星二中、棠山中学、棠山小学的建设工程，城西小学、礼泉小学的迁建工程，澄潭镇小、大市聚镇小的扩建工程。高水平推进课程改革，积极推进小班化教学尝试，实施义务教育质量标准监测制度和课业负担监控、问责制度。继续探索委托管理、组建教育集团、区域内教师和校长定期合理流动、控制热点校的招生规模等，有效缓解过度择校现象，积极化解 50 人以上的大班额问题。健全农村留守学生关爱服务体系，建立留守学生普查登记、结对帮扶制度，加强学生的心理健康教育，建立留守学生安全保护预警与应急机制。至 2020年，全县所有义务教育学校达到省现代化办学标准。

（3）推动普通高中教育优质、特色和多样发展。坚持适度规模办学，逐步减少班额。加强学校内涵建设，实施普通高中质量提升工程。推进普通高中特色发展，扎实开展高中多样化课程建设。加强普通高中课程基地和高中学生发展指导中心建设，形成一批拓展型和研究型课程。推进学校办学模式多元化和育人方式多样化，探索建立普通高中与职业教育资源共享机制，开展对学生的生涯规划指导，积极推进普通高中教育和职业教育融通、普通高中和高校人才培养有效衔接，拓宽学生发展渠道。

（4）推进职业教育创新发展。形成与新昌县发展格局和水平相适应、产教深度融合、中等职业教育与高等职业教育有机衔接、职业教育与普通教育互通互补，学校、企业、社会多元办学，体现终身教育理念的现代职业教育体系。加强面向新昌产业需求的特色专业和新兴专业建设，创新育人模式，增进学校人才培养与社会人才需求的契合度，强化职业教育的吸引力、竞争力，为新昌县经济社会转型升级提供良好的技术技能人才支撑。加快新昌技师学院建设，整合资源，合理进行专业布点，深化校企合作、校校联合办学的立体办学模式，与新昌重点企业签订协议，开展"订单式"培养，打造"学在新昌"教育品牌。积极争取职业院校引入国际知名职业教育与培训品牌，开发与国际先进标准对接的专业标准和课程体系。加强岗位培训、专业进修等继续教育，开展城乡劳动力和进城务工人员培训，深化职业品牌培育。切实推进"双证书"制度建设，加快实现学历证书考试与职业资格证书考试标准对接；坚持学校教育和职业培训并举，建立有利于全体劳动者接受职业教育和培训的灵活学习制度，职业学校培训人数达到职校在校生数的 1.5 倍以上。

（5）推进继续教育快速发展。进一步完善乡镇（街道）、教育网络，推进社区学院建设，深入推进社区教育中心标准化建设和数字化学习型社区建设。社会教育以创建为抓手，以培训为手段，以全民活动学习周为载体，全面推进社会教育和终身教育体系建设工作。

4. 推进教育信息化建设

新昌县高度重视教育信息化发展，早在 2000 年，新昌县教委就出台了《新昌县教育信息化工程规划》，提出在 2000 年年底前建立一个包括主干网、校园网在内的二级层次结构的计算机信息网络；建立教委的科技网平台，制作出教委网页，能向外发布信息，向下发送文件、接受信息，通贯全县各校的网络系统。同时将教师的现代化教育技术作为教育工作者必备的基本功，列入教师职务评聘和升级、评先进的指标当中，定期对教师进行现代化教育技术的考核。为切实做好此项工作，县教委建立了以教委主任为组长的教育信息化领导小组，明确了教育信息化工程实施中教委各科室的工作职责。

面向未来，教育信息化的发展目标是：建设新昌智慧教育云平台，实现教育大数据应用，达到服务于教育管理、服务于课堂、服务于社会的目标，以教育信息化促进教育现代化进程。启动新昌县智慧教育云工程。以教育信息化"教育资源公共服务平台"和"教育管理公共服务平台"建设为核心，建成智慧教育公共服务平台，建设技术架构先进、服务功能强大的教育云平台。在数字化校园基础上启动县智慧校园建设，从机构队伍、人员培训、制度与保障、信息化基础设施设备建设、校园数字化管理、数字化应用成效六个方面打造新昌县智慧校园，创设高标准的信息化条件，以教育信息化推动教育现代化。

四、新昌县基础教育功能区推进战略措施的亮点和品牌

（一）城乡统筹，均衡优质发展

1. 坚持优先发展，明确政府教育新战略

新昌县委、县政府始终把加快教育事业发展作为贯彻落实科学发展观的重大战略任务，作为富民强县的长远之计，作为推进转型跨越的重要支撑。在推进经济社会快速发展的同时，坚持把教育事业摆在优先发展的战略位置，进一步明确县级政府是义务教育均衡发展的责任主体，在推进县域义务教育均衡发展中履行领导、策划和保障的职能。

县政府切实把教育事业纳入全县社会发展的重点工作，进一步健全发

改委、财政、建设、规划、国土、人力社保、公安等部门和乡镇（街道）的教育发展目标责任制。全面营造政府主导、部门联动、全社会广泛参与的良好教育发展环境，制定出台相关政策措施，加大教育经费投入力度。

2. 狠抓统筹协调，创设均衡发展新平台

新昌县坚持以统筹的理念、发展的思路，实行教育事业发展规划、经费管理、师资配置、网点调整"四统筹"，建立健全教育均衡发展的新机制。

（1）统筹教育事业发展规划。紧紧围绕教育事业发展目标和建设教育现代化县的意见要求，县、乡镇两级基本完成各类教育发展规划的制订，以学校标准化、现代化为抓手，以促进公平为取向，以提高质量为核心，合理调整学校布局，优化配置教育资源，全面改善办学条件。

（2）统筹教育经费管理。完善义务教育由"地方政府负责，分级管理，以县为主"的管理体制，强化政府在义务教育方面的责任和行为，全县教师工资做到由县财政统一发放，学校预算内外收入由县教育核算中心实行集中管理，统一开户，分校核算，把好学校资金运作的进出口关，将全县义务教育全面纳入公共财政保障范围，强化了政府对义务教育的保障责任。

（3）统筹教师资源配置。早在2004年，新昌县就开始实行城镇学校教师赴农村中小学结对支教服务制度。2007年，新昌县出台了《师资优化流动实施方案》，2011年又制订了《中小学骨干教师流动任教实施方案》，对教师支教服务制度等做了明确规定。近年内，新昌县有461位教师赴偏远农村学校或薄弱学校支教或交流任教，有6位城区学校行政副职到农村学校任校长兼党支部书记，有9位中层领导开展挂职学习活动。

（4）统筹学校网点调整。结合经济社会发展总体规划、县域体系规划、县城总体规划和人口规划，新昌县提出了"跨乡镇撤并初中，继续撤并小学、扩大高中段规模"的布局调整思路，5年内共撤并调整中小学校32所。2013年出台《新昌县义务教育学校布局调整方案》，结合本县山区实际，撤销25所农村小学，改设为教学点。

3. 强调政策引导，保障教育公平

（1）关注"残疾"少年儿童入学。针对大部分残疾儿童、少年分布于偏远山区农村及经济条件差的情况，新昌县切实加强宣传、服务以及对全县各乡镇的特殊教育实施情况的督导检查，县政府拨出专款，对就读于绍兴市聋哑学校的学生设立特殊教育专项补助，县教体局对随班就读于本县中小学的残疾少年儿童进行资助。按规定，2013 年建立特殊教育学校，新昌县"三残"少年儿童的入学率为 100%。

（2）实施帮困助学工程。为保证"不让一个学生因贫困而失学"，一是全方位开展调查摸底工作，建立贫困生档案；二是建立责任制；三是建立扶困助学长效机制，县政府专门成立了扶困助学协调机构，加大扶困助学的工作力度。县财政每年拨出专款，实行扶困助学"教育券"制度，近三年发放贫困学生营养餐券的价值共计 964 万余元。

（3）保障入学同城待遇。坚持以流入地为主、公办学校为主解决进城务工新居民子女的入学问题，积极实施新居民子女"绿卡"制度，设立新居民子女入学服务点，为他们提供入学方便，按照符合条件、就近入学原则，保障新居民子女依法享有公平教育的权利。目前，全县有 3851 名新居民子女在县域内义务教育阶段各中小学就读，入学率为 100%，其中84.3% 的学生在公办学校就读。对要求初中毕业后在新昌县升学的新居民子女，符合相应条件者享受与本地学生同等待遇。

（4）城区义务教育学校招生制度改革。坚持公正、公平、公开，相对就近、免试入学，"房户一致"优先的原则，将招生学生划分为"房户一致""房户分离""三代共居""有户无房"四类。城区各学校按县教体局的统一部署，严格按照招生原则和办法组织招生，分批录取。规范义务教育招生和规范高中学校招生，有效地遏制了择校现象，实现了零择校。

4. 加大投入力度，扶持农村教育新发展

（1）改善农村学校硬件设施。近年来，新昌县共投入 1.4 亿元，大力实施"农村中小学食宿改造工程""省义务教育标准化学校建设工程""农村中小学破旧厕所改造工程""运动场改造工程""中小学校舍安全工程""农村中小学自备水源整改工程"等项目建设，总改造面积 10 万多平方米，极大改善了农村中小学的硬件条件。

（2）改善薄弱学校办学条件。据统计，新昌县每年用于薄弱学校建设和改造的教育附加比例均在 75% 以上。近年来，新昌县将教育装备重点倾向于农村学校，并实施农村中小学校设备采购补助 70% 的优惠政策。

（3）关心农村偏远山区教师。在人事调配、职称评定、经费使用中大幅度向农村学校倾斜，向农村教师倾斜，从经济上支持偏远农村教师。在

教师宿舍改造、食堂改造和厕所改造等项目中为农村教师尽可能创造良好条件。

5. 加强内涵发展，实现教育质量新提升

提升教育教学质量要通过内涵发展增强学校的竞争力和吸引力。为此，新昌县重点抓强化校长队伍建设，加强教师素质提升，以及加大课程改革力度等方面。早在 2009 年 8 月，县教体局就开始实施"体育、艺术 2＋1项目"，一是与广泛深入地开展课外文体活动结合起来，有效地提高学生的体育技能、艺术技能水平。二是与大课间活动结合，让学生在活动中掌握体育、艺术技能，同时又为学生提供展示自我舞台。三是和课程改革结合起来，积极推进课程标准的实验和相关教学改革，逐渐形成具有特殊的体育、艺术活动内容体系，形成学校体育、艺术传统项目。

6. 创建体育强县，开创体育事业新局面

新昌县的体育事业有着广泛的群众基础和深厚的历史底蕴，2000 年被评为全国体育先进县。近年来，在新昌县委、县政府的高度重视和投入保障下，新昌县坚持"以人为本、服务大众"的原则，把健身设施建到群众身边。全县已建成占地30000 平方米的标准体育场地 2 个，3200 座的体育馆 1 个，占地 800 平方米的训练馆 1 个，标准网球场 3 片，学校体育场78 座，农村篮球场 130 片，企业篮球场 16 片，健身路径 55 条，人均体育占地达 0.5 平方米以上。16 个乡镇（街道）本级体育设施已实现全覆盖，学校、机关、企事业单位场地设施向社会开放率达到85％；为满足市民健身需求，城区还建成了"三山""三园""一江""一景"健身网络。使每个街道都建有健身苑，每个社区都建有健身点，基本实现健身苑、健身点城乡全覆盖。2014 年，新昌县成功创建为浙江省体育强县。

新昌县的以上诸多措施缩小了城乡、校际办学差距，能够加快实现基本公共教育服务均等化。新昌县的目标是争取到 2020 年，全县 95％ 及以上义务教育学校达到省标准化学校。提升高中教育水平，新昌中学建成省一级示范高中并实现集团化办学，澄潭中学建成省一级特色示范高中，鼓山中学、知新中学建成省二级特色示范高中。

（二）"生态新昌"，推进科技创新特色教育

以"八山半水分半田"为特色，新昌县政府始终坚持"绿水青山就

是金山银山"的发展道路,将建设山水品质之城作为目标,致力于打造"一江一山一景"城市亮点,创建省级美丽乡村先进县。以"生态兴县"为引领,构建绿色发展方式和生活方式,着力创建全国生态文明建设示范区,让天更蓝、水更清、地更净、山更绿,生态文明建设总指数排在全省前列,使新昌的生态优势转变成发展优势、竞争优势,打造生态休闲之城。

新昌又名沃洲,山川秀美,人杰地灵,历史悠久,文化积淀深、底蕴厚,到处闪耀着灿烂的古代文明。其科技创新与生态教育的发展进步既有人为主观的努力,同时与其独特的地理环境、浓厚的历史人文气息密不可分。山水哺育、文化陶冶、政府引领、学校配合造就了今天新昌的科技与生态教育。

1. 新昌科技创新教育的发展渊源

(1)萌芽起步阶段

新昌县科技创新教育的起源可以追溯到 20 世纪 30 年代。1930 年,新昌中学学生的劳作工艺品在比利时举办的国际博览会上获得金牌,这为新昌人民创造力的开发和创新教育体系的构建孕育了一颗希望的种子。在此后半个多世纪的时间里,由于战火纷乱、时局动荡,新昌县的创造发明教育一直未能得到重视和发展,但富有创新特色的新昌教育还是培育了一代代具有开拓和创新精神的创造型人才,如人民司法制度奠基者梁柏台,首次赴南极做科学考察的"向阳红 10 号"船长张志挺,第一个在北极留下中国人脚印的竺国强,中国第一架无人驾驶飞机的设计师吕庆风,等等,这些人成就的取得与在新昌接受的早期教育有着密切的关系。

(2)探索发展阶段

20 世纪 80 年代,以新昌中学为龙头的一些中小学逐步开始了创造发明教育的尝试,他们结合兴趣小组活动或劳技(劳动)课,开展以小发明、小制作、小论文为内容的"三小"活动,培养学生的创造思维和实践能力。如新昌中学结合劳动技术课在全校各班开设每周一节的创造发明课,在教学用房紧缺的情况下,专门腾出房屋成立"发明之家",经常举办"三小"比赛。这些活动的开展极大地激发了广大学生的积极性,学生智慧的火花被点燃,涌现了如"两用柔性栏架""残疾人方便拐杖""新颖环剥刀"等一件件构思新颖、制作精巧的高水平创造发明作品,学校也因此被中国发明协会定为全国青少年创造发明活动的两所试点学校之一,被中国创造学会命名为全国创造教育实验基地，被浙江省教委命名为浙江省青少年创造发明学校。

学校发明创造教育的有效开展打破了当时"片面追求升学率"的僵局，建立了"以创造发明推动学习，以学习来促进创造发明活动"的良性循环机制，从而全面提高了学校教育教学质量。

（3）统筹深化阶段

虽然各个学校创造发明教育取得了显著成绩，但仍存在很大的局限性。教学时间仅限于兴趣活动和几节仅有的劳技课，教学途径仅限于劳技课一门学科，学生的参与范围也仅限于全县中小学中的部分学生。

1996年，在认真学习有关素质教育论述的基础上，新昌县教委认识到，在全县中小学开展劳技和创造发明教育不仅是实施素质教育的有效途径，而且是实现学生自身和谐发展的必然选择，更是适应21世纪教育改革发展的需要。同时，新昌县教委又充分认识到，仅仅将创新教育局限于劳技教育是远远不够的，只有将创新教育全面落实到学校各科教学和学校工作的各个环节，以全面培养学生的创新意识、挖掘学生的创新潜能、发展学生创新能力、奠定学生终身创新的基调，才是素质教育的真正内涵。因此，新昌县教委在全面调查、反复论证的基础上，认真总结多年来部分中小学开展创造发明教育的成功经验，创造性地提出了"以劳技和创造发明教育为突破口，全面实施以创新教育为核心的素质教育"的工作思路。一方面，紧紧抓住劳技和创造发明教育这个突破口，发布了《新昌县劳技与创造发明教育实施规划》和《新昌县劳技与创造发明教育示范学校考核评估标准》，决定将这些学校开展创造发明教育的经验在全县予以推广，并在规范管理、课程设置、阵地建设和经费投入等方面做了大量实实在在的工作，使得新昌边远农村小学到城区学校、小学到初中、普通高中到职业高中均积极地参与科技创新教育，涌现出了像城关中学、实验中学、拔茅中学、儒岙中学、青年路小学、实验小学、南明小学、澄潭镇棠村中心完小和拔芽镇燕窠完小等一大批创造发明先进学校，同时也形成了新昌县大面积、区域性、全方位推进科技创新教育的鲜明特色，逐渐成为新昌"品牌"，新昌也成了"全国科技创新教育试点县"，得到了社会各界的高度赞誉和全国各级新闻媒体的广泛关注。

这个时期的科技创新教育以新昌中学、新昌县城关中学和新昌县城关镇青年路小学为代表。

一是科技创新教育起步于 20 世纪 80 年代的新昌中学。十几年来，新昌中学共有 3000 多名学生接受创造发明教育和劳技教育，他们当中几乎人人都有劳技作品，人人都有发明提案或发明作品。创造教育和劳技教育在学校真正得到了普及。截至 1998 年 8 月，学校共收到学生创造发明构思提案 5 万多个，发明作品 3500 余项，有 1300 多件学生发明作品在各级各类青少年创造发明比赛和科学讨论会中获奖，其中获国际级发明奖 3 项，全国级发明奖 34 项，省级发明奖 124 项，有 15 项发明申请了国家专利，这些成果在全省乃至全国都保持领先地位，这不但开发了学生身上潜在的创造力，培养了一批又一批有创造意识的学生，而且也培养了在学习上有创见、竞赛中敢冒尖的学生。

二是城关中学。这是一所始于小学"戴帽"的初中校，办学条件较差。为进行科技创新教育，该校建立了以校长为首的劳动和创造发明领导小组，成立了科技教育中心，组成科技辅导员队伍，组建青少年创造发明兴趣小组，共同策划青少年科普教育基地的活动；投资几十万元成立了创造发明实习工场、电子电工实验室、计算机室、劳技室、信息技术室、展览室，保证学生有充足的场所和实验室进行科技创新实验和实践；学校制订《劳技与创造发明教育实施规划》，开展课程改革，开设创造发明基础课和计算机基础课，讲授发明基本方法、发明实例、专利知识等，为学生创造发明活动奠定理论基石；举办科技知识讲座，利用多种形式宣传科技动态信息，介绍最新科技知识；每年举办一届以"实践、探索、创新、挑战"为主题的科技节，主要包括普及性和竞赛性两种形式的活动；科技创新教育面向全校学生，初一每周每个班级必须开设一节科技教育课，初二学生自由选择是否继续选修科技教育课，初三学生自主选择是否仍要继续选修，形成了基于学生自主选择的循序渐进式的科技教育。该校的改革取得了显著成效，在创造发明比赛中，城关中学有 50 余项作品在县级获奖，有 12 项作品在省亿利达发明创造比赛和省青少年比赛与科学讨论会中获奖。城关中学在 1998 年 3 月被全国少创委命名为"全国劳动技术教育实验学校"，成为全国少创委实验基地，同年 12 月被县教委命名为"新昌县劳技与发明创造教育示范学校"，1999 年被命名为"绍兴市青少年科技教育示范学校"。

三是新昌县城关镇青年路小学。学校组织学生参加"中国少年儿童海尔科技奥运创新奖"比赛，组织全体学生参加各级青少年科技创新大赛。

该校学生在科技、发明、劳技方面参加县以上比赛获奖共达118人次，其中小发明类奖励76项，科技类奖励29项，劳技类奖励13项，成绩名列全县前茅。

总之，新昌县的科技创新与生态教育从促进学习力的几大要素发展，进而将它们有机地结合在一起，共同促进了学生的学习与发展。

2. 新昌科技创新教育的特色

（1）有明确的培养目标

新昌科技创新教育的培养目标是培养学生具有创新意识、创新学力、创新个性以及初步的创新能力，为将来成为创新人才打下坚实的基础。其具体内涵如下 。

创新意识：具有强烈的创新欲望和兴趣、发现问题并积极探求的心理取向、强烈的事业心和责任感以及创新信念等品质。

创新学力：具有创新的基础知识结构、敏锐的观察力、积极的求异思维、丰富的想象力以及活跃的灵感等，其中创造性思维与自觉的创新性学习行为是培养学生创新学力的核心。

创新个性：具有强烈的生存意识、坚强的意志品质、合作精神以及独立个性等品质。

创新能力：初步具有进行信息加工、分析探究问题的能力，一般工作能力以及动手操作能力，掌握和运用创新技法的能力，创新成果的表达能力、表现能力和物化能力，以及产生创造发明成果的能力等。

（2）构建了新昌科技创新教育体系

新昌科技创新教育体系主要由学生科技创新培养目标、科技创新教育运作、科技创新教育保障三大体系构成，具有区域性、实效性、系统性等特点。其主要运行流程见图6–5。

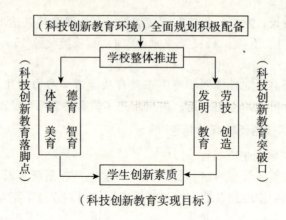

图 6 – 5　新昌县中小学科技创新教育体系及其运行流程

①学生科技创新培养目标体系

围绕学生创新素质的创新意识、创新学力、创新个性以及初步的创新能力四个方面内容，根据不同年龄段学生的身心特点和发展规律，对小学、初中、高中分别制定了具体的培养目标，形成了从小学、初中到高中既各具特色又相互联系的完整体系。

②科技创新教育运作体系

新昌县坚持"整体规划，分步实施，典型引路，分层推进"的原则，将新昌中学、城关中学、青年路小学等学校在劳技课中的成功经验由点到线再到面进行扩展。劳技教育经过十五年左右时间的发展，其内涵不断得以升华，由当初单纯注重"小制作、小发明"转变为现在凸显学生"创造思维、创新意识"培养的科技创新教育；同时将科技创新理念辐射到全县教育的各个层面，包括小学、初中、职业高中、普通高中，普及到全体教师和学生，包括劳技教师、相关学科的授课教师、班主任，落实到教育思想、培养目标、教学内容、教学过程、教学方法、教学手段等各个方面，体现在管理体制、教师培训、教育科研等各项工作中，并将科技创新教育由学校向家庭、社区、企业拓展，形成政府为主导，学校、社区、家庭三方协同的机制。

③科技创新教育保障体系

为保证科技创新教育顺利实施，新昌县在加大科技创新教育宣传力度的同时，对小学、初中、职高、普高分别制定了包括思想层面、运作层面、保障层面、效果层面 4 块内容、22 项 B 级指标、40 项 C 级指标的

《新昌县创新教育专项评估指标体系》，开展创新教育的专项督导评估，确保科技创新教育落到实处。

3. 政府主动作为

20世纪90年代，新昌县科技创新教育发展面临考试文化的制约，社会及学生家长的担忧与误解；师资力量的匮乏，尤其是缺少专业的科技教育教师；科技教育经费短缺，学生科技创新作品的专利保护困难，以及如何将部分学生的优秀科技创新作品及小发明转化成产品，反哺于学校及学生等诸多问题。新昌县政府以勇于变革的魄力知难而上，积极面对。

（1）政府引导，各方全员主动参与

在创新教育理论的指导下，新昌创新教育以发掘人的创造潜能、弘扬人的主体精神、促进人的个性和谐发展为宗旨，在全面推进素质教育的基础上，全面总结和推广新昌中学等中小学开展创造发明教育的成功经验，改革传统教育中与现代教育发展不相适应的地方，把创新教育全面落实在各科教学和学校教育的各个环节之中，构建一个具有新昌特色的创新教育体系。对全县中小学生施加系统的教育和影响，不失时机地培养他们的创新意识、创新精神和动手实践能力，使他们作为独立个体，善于发现、认识有意义的新知识、新事物、新思想、新方法，掌握其中蕴含的基本规律，并在此基础上开展创新活动的尝试，进而培养科学精神和创新能力，为将来成为创新型人才奠定基础。

新昌县科技创新教育的基本思路是：以具有创造思维、创新精神的卓越学校领导为引领者，以转变师生、社会思想观念为先导，以推进校本课程建设为学校发展特色点，以点带面，促进全方位创新为重点。

新昌县政府采取"扩点、延线、织面、拓空间"策略，循序渐进地在中小学推进科技创新教育。

"扩点"指不断扩展科技创新教育内涵。新昌县中小学在教学发展中将劳技与创造发明有机结合形成科技创新教育的特色品牌。如青年路小学立足于劳技教育构建"劳技、科技、创造"一体化教育体系，通过"科技节""七巧板""鸡蛋撞地球"等实践活动付诸实施，从理论层面到实践层面丰富科技创新教育内涵。

"延线"指科技创新教育延伸到各学科教学中，创新教学模式。新昌县中小学各学科教师将科技创新理念融入日常教学中，强调学生问题意识的培养，努力创设良好的学习环境，运用发现法、情景法、暗示法、信号法、合作学习法、讨论法等来激发学生的求知欲，引导学生独立思考、主动探索。

"织面"指科技创新教育融入学校的课程、教学、德育及学校管理中，促进学生综合素质的全面提升。

"拓空间"指科技创新教育由学校向家庭、社会拓展。新昌县中小学坚持"引进来、走出去"战略，建立各具特色的家校联系制度，如家长委员会、家长学校等，努力提高家长素质和创新意识，或走出去与家长共同探讨科技创新教育方法、方式，建立家校联系手册，印发家教小册子，形成家校互动。他们还多次考察、参观生态教育发展成功的学校，如上海崇明生态教育、宿迁生态教育等。

（2）创建科技特色教育基地

新昌县以科普和创造发明教育为突破口，全面实施以创新教育为核心的素质教育，并投入大量资金建设了一批科技特色教育基地。2010年10月，全省首家校园科技馆——绍兴科技馆新昌分馆开馆迎客，新昌中学投入200多万元进行场馆等建设，绍兴科技馆提供价值100万元的机器人、多媒体触摸屏、光压风车、橡皮条热机、静电乒乓等30多套科普展品。绍兴科技馆新昌分馆面积1000多平方米，内设陈列馆、操作室、科普陈列室、科普宣传画廊、科技情报室等。

2011年，新昌中学分别被中国科协、中国劳技教育学会、中国综合实践活动教育学会等单位评为"全国科普教育基地""全国中小学生创造力培养示范学校""综合实践活动课程全国先进实验单位"，2012年，南瑞实验学校被评为"全国科技体育实验学校"。

2012年，为加强学校科技特色建设，积极引导学校开展科普教育，形成学校科普特色，打造学校科普品牌，新昌县进行了县首批科技教育特色学校创建工作，新昌中学等12所学校创建成为首批新昌县科技教育特色学校。新昌职业技术学校承办了绍兴市职校创新创业现场会，2012年，该学校被评为浙江省创新创业教育理事长学校。

（3）广泛开展青少年科普活动

县发明协会会同教体局、科协、科技局及有关学校，积极广泛开展各类科学兴趣小组活动，用齐用足学校各类实验器材，开放电脑房、实验室、图书阅览室、综合实践活动室等，通过航模、机器人、七巧板等各类科技兴趣小组和社团活动，开展校内科技活动，丰富校园文化生活，激发在校学生的科技活动兴趣。

（4）搭建科技创新培训平台

五年来，县发明协会进一步健全了组织，增加了有生力量，扩大了协会队伍。他们先后聘请了100多位科技辅导员，举办了"信息学""创新论文""科学绘画""七巧科技""科技创新小发明""三模制作"等科技创新培训及观摩活动，为全县中小学生参加各级各类青少年科技大赛培养了大批人选。

科技辅导员在实践的同时，积极开展各种理论研究活动，2010年，新昌中学"中学通用技术与创造发明教育相结合的实践与研究"被列为全国教育科学"十一五"教育部规划课题并顺利结题；2012年，黄林老师承担的课题"基于'创新性实践项目引领'的通用技术课程教学研究"被列为省重点课题，吕金辉老师承担的课题"研究性学习活动弹性教研组活动有效性的实践与研究"被列为浙江省2011年规划课题；2012年，青年路小学杨绿生老师承担了省规划课题"少儿科技创新教育平台的构建与实践"以及七星中学的创新教育校本实验课程，《小发明小创造》一书也顺利地完成了编辑工作，并被绍兴市教研室采纳和推广，另外，章亚钧、张道淼等老师也在各级科技刊物上发表科技论文共38篇。

（5）组织各类竞赛活动

在组织全县范围内竞赛活动的同时，新昌县从小学、初中到高中每所学校都主动在校内组织开展"科技节"活动，师生全员参加，不少学校至今已连续举办了十余次。各校注重科技创新与生态教育实践，积极支持、鼓励学生参加国内、国际的科技创新比赛，如浙江省青少年科技创新大赛、首尔国际学生发明比赛等，在比赛中增长见识，培养学生学习力、自信力。

新昌县的科技竞赛成绩喜人，总体成绩在全省处于领先地位。五年中（2009—2014年），全县中小学生创作的"三小"作品获国家级奖65项，获省级发明奖184项，申请国家专利459件。2010年8月，在全国中学生研究性学习成果评选活动中，新昌中学送评的学生课题有4篇获一等奖，7篇获二等奖，2篇获三等奖。五年来，学生共有38篇科技论文在《科学24小时》《发明与创新》等杂志上发表。

（三）新昌职业教育的创新发展

职业教育肩负着培养专业人才、提升技术技能的重要职责，在从县域经济向都市经济转型发展中，职业教育是助推经济转型发展的重要力量。正是伴随新昌科技创新及企业发展，在服务新昌县经济发展以及为本地企业提供高级技术人员过程中，新昌县积极探索了职业教育发展之路。

1. 新昌县职业教育发展的历史审视

新昌县职业教育近四十年的发展历程，经历了以下几个重要阶段。

（1）起始阶段。新昌县职业教育始于 1975 年大市聚人民公社办的一所"五七干校"，地处大山深处，交通极为不便。1979 年搬出大山，改为农业中学；80 年代初，随着经济的发展，新昌县需要一定的技术大军、劳动大军，同时为解决城区干部、职工子弟的就业问题，1983 年由县工业局、计划经济委员会创办了新昌县职业技工学校（当时农村子女还不能应考）。学校规模小，每届两个班，100 人左右，教师近 10 名，设有造纸、化工、电工等专业，以农业为主，同时学习初中文化知识，服务于乡镇企业。

（2）发展阶段。20 世纪 90 年代，国家职业教育开始长足发展。1993 年，新昌振新职业学校招两个班（机电班和财会班）。1994 年，县政府创办一所职校，名为新昌职业技术教育中心。学校占地 27 亩，设 7 个班，共 27 名教师。后在旁边征用 150 亩土地。政府给出两大扶植政策：无偿划拨土地和允许学生农转非，收取的费用用于学校建设，同时学校也通过自筹其他经费维持学校的发展。1995 年建成新的教学楼，1996 年搬进新校园，改善了办学条件。

1999 年，新昌县技工学校与新昌县职业技术教育中心合并，改名为新昌职业技术学校。最多一年招收 1000 多学生（与人口生育高峰有关）。当时新昌县另外还有 3 所职业高中，总共 4 所，该校实力最强。到 2005 年和 2012 年，有两所职高并入该校，现在新昌县也就只有两所职业高中了。

（3）升格提升阶段。国家对职业教育、技师教育非常重视，2014 年 10 月，省政府批准筹建新昌技师学院。在人力、社保、教育各系统的协调下，大力发展技师教育。新昌县的工业主要有汽车零部件、制冷配件、轴承加工、纺织器械、医药化工等。随着劳动密集型企业的发展和升级，为适应企业需要高级技师和高级技术工人这一要求，目前经省政府批准创建了新昌技师学院。所以说，创建技师学院是适应时代潮流、适应经济发展的需要。

2. 新昌县职业教育发展的主要特点

一是起始早，发展阶段特征明晰。

二是生源以本地为主，学校办学目标是为本地企业提供高级技术人员，服务当地经济发展。由于新昌是个山区小县城，不能吸引太多外地生源，因此生源以本地学生为主。

三是形成了由技工学校和技师学院组成的两级职业教育发展体系。新昌县职业教育规模从原4所中职校调整为目前的2所，新昌职业技术学校和新昌大市聚职业中学两校整合筹建新昌技师学院，办学层次从中技、中职升格为职业学院，办学主体由最早的民办发展为公办、民办、企业合办。

四是两所职校各自形成了办学特色。新昌职业技术学校认为"职高姓职，重在技能"，所以技能竞赛方面成绩突出；大市聚职业中学采用半军事化管理，校园文化很有特色，高职考成绩优异，向职业技术院校输送了大量学生，充分实现了中等职高学生也能接受高一级教育的梦想。

五是立足高质，内涵建设品牌逐步树立。新昌职业技术学校在全国技能竞赛中屡获名次，在2014年全国职业院校技能大赛中，新昌县4位选手获3金1银。新昌职业技术学校财经商贸类专业被评为省实训基地，现代创新实验室被评为首批省中等职业教育创新实验室。大市聚职业中学顺利通过省改革发展示范校创建评审，机电设备安装与维修专业被评为浙江省中等职业教育骨干专业。通过技师学院的筹建，2014年10月，经浙江省人民政府批准，办学层次从技工学校上升到技师学院。

3. 新昌县职业教育发展的启示

（1）高位理念引领，找准发展定位

新昌县职业教育的目标和任务是以服务发展为宗旨，以促进就业为导向，以深化改革为动力，形成与全县发展格局和水平相适应、产教深度融合、中等职业教育与高等职业教育有机衔接、职业教育与普通教育互通互补，学校、企业、社会多元办学的现代职业教育体系。通过强化职业教育的吸引力、竞争力，为地域经济社会转型升级提供良好的技术技能和人才支撑。

（2）顶层统筹规划，优化办学格局

新昌县职业教育的发展呈现出县政府的统筹规划的特点。其基本思路是：强调中等职业技术教育的基础性，加强中高职的衔接，优化高职的教育结构，同时发展多种形式的继续教育，并对同城中高职一体化办学进行了积极探索。

（3）调整职业教育专业与课程体系，增强服务产业发展能力

一方面整合资源，合理进行专业布点，开发面向新昌产业需求的特色专业和新兴专业建设，开发与国际先进标准对接的专业标准和课程体系，争取引入国际知名职业教育与培训品牌。另一方面，学校教育和职业培训并举，开展城乡劳动力和进城务工人员培训，深化"新昌茶师""新昌技工""新昌阿姨"等职业品牌培育，建立有利于全体劳动者接受职业教育和培训的灵活学习制度。

（4）创新育人模式，探索校企合作的职业教育新机制和模式

职业教育兼备教育与产业，具有鲜明的跨界性。区别于普通教育，产教融合、校企合作、突出操作和应用成为职业教育办学模式的特色。职业教育与企业的合作是新昌职业学校办学的亮点，并形成了校企合作的多种方式：学校与新昌重点企业签订协议，开展"订单式"培养；学生到企业顶岗实习，工学相结合；或者学生到企业进行毕业设计和高级工考试，以及学校为企业提供技术支撑，学校的实验室、工作室对外开放，为企业提供服务等。此外，还采取了一些有效措施，提高学生的技能，比如学生的毕业设计到企业里去做，高级工考试按企业的标准和要求放到企业中去考，这样就与企业联系更紧密。企业也提供奖学金，提前给学生介绍企业文化和企业管理模式，派教师给学生上课。学生毕业时，企业和学生进行双向选择。新昌县对职业教育的认识是，职业学校应与企业保持紧密的联系，才能生存和发展下去。

县政府支持职业学校办出特色。如大市聚职业中学办学有两大特色，特色之一是准军事化教育模式。该校认为这是学校的生存之本。准军事化管理始于1990年该校为期一个月的军训，那次军训由县人民武装部组织和实施，主要培养学生军人的作风和气质。在1994年到1997年期间，该校曾挂牌为新昌县第二预备役军人学校。本着崇尚一种精神的理念，学校

的军训开始慢慢发展为军事化教育且日臻完善，成为该校的办学特色。特色之二是高职考成绩突出，这是学校长期办学的实践探索，也是基于办学体制改革的成果。早在 1999 年，学校就尝试举办普通高中班，2010 年开始，为适应地区对高一级技术人才的需求，学校开始组建高职班，让学生参加高职考。这样，学校就实现了以就业为导向转为以升学为导向，让所有学生都参加高考。2013 年因为高考改革，停办普高班。但是，普高班为这所学校储备了教学人才，教师的教学能力有所提高，也为高职考取得突出成绩打下了坚实的基础。2011 年高职班考生全部考上专科。2012 年考上本科 2 人，2015 年考上本科的学生达到 110 人，这是一个非常大的突破，随之生源质量也大大提高。该校在 2010 年被评为国家级重点中等职业学校。

（5）政府的主体责任及有效保障

新昌县政府积极创新渠道平台，早在 20 世纪 90 年代，就提出了无偿划拨土地和允许学生农转非两大扶植政策。伴随职业教育的发展，新昌县及时调整办学规模及学校布点，引导学校办学方向和形成办学特色，争创重点项目以及必要的财政投入及教师奖励政策。不断明确政府管理权限，强化学校、企业及用人单位的共同责任，以学校章程为核心确立现代职业院校制度，扩大职业院校办学自主权，同时加强职业院校治理体系和治理能力建设，完善职业院校的内部管理体制与监督制约机制，从而为新昌职业教育发展提供了保障条件。

总体分析，新昌的职业教育在变革中求发展，积极探索发展之路，形成了自己的特色和优势，取得了优异的成绩。

结　语

　　教育是社会进步的基石，寄托着人民群众对美好生活的期盼，承载着城市的未来和希望。

　　绍兴教育一直秉承"与全国首批历史文化名城的地位相匹配，与绍兴经济社会发展水平相协调，与人民群众的教育需求相对接"的工作定位，教育事业取得了历史性成就。综合来看，绍兴教育体系逐步完善，其中学前教育不断加强，义务教育和高中阶段教育全面普及，职业教育蓬勃发展，高等教育大众化快速推进。教育公平也迈出重大步伐，教育投入不断加大，学校教育事业发展为绍兴经济社会发展发挥了重要的促进作用。

　　未来五年是我国全面建设小康社会和创新型国家、由人力资源大国向人力资源强国迈进的关键时期，知识竞争和创新发展将成为引领经济社会发展的重要力量。未来五年也是绍兴实现教育现代化的决胜期，是全面适应发展新常态、续写绍兴教育新篇章的关键期。这样的形势任务对教育赋予了更高的期待，人民群众对精神文化的需求更加迫切，对教育质量提出了更高要求，教育诉求也更趋多元。

　　强市必先强教。实现教育现代化，建成教育强市是绍兴未来发展的战略选择。绍兴教育到 2020 年，要建立更为完善的教育体系，形成更加广泛的公平教育，健全更加多元开放的教育体制机制，提供更为优质的教育保障服务，教育发展主要指标达到发达国家平均水平，教育综合竞争力进入全省第一方阵，必须坚持优先发展教育战略，努力做好以下四个"进一步"。

　　一是进一步把提高质量作为第一追求。坚持以人为本，确立以人的发展为根本追求的教育质量观，把提高教育质量作为教育工作的永恒主题，把立德树人作为教育工作的根本任务，把培养创新人才放在突出位置，把促进学生成长成才作为学校一切工作的出发点和落脚点，加快转变评价标准、转换育人模式、转移工作重心，不断提高教育质量和办学效益。

　　二是进一步把保障公平作为第一要务。把保障教育公平作为政府基本的教育政策，全面推进城乡教育一体化以及基本公共教育服务均等化，坚持公共教育资源向农村地区、薄弱学校倾斜，加快缩小区域、城乡、校际教育发展差距，推动教育过程公平，依法保障每一位学生享有平等的受教育权，努力实现"学有优教"，为所有学生提供更加适合的教育服务。

　　三是进一步把促进协调作为第一手段。统筹教育与经济社会协调发展，统筹各级各类教育协调发展，统筹教育规模、质量、结构、效益协调发展，进一步优化资源配置，推进教育融合，完善教育布局，使绍兴教育在结构上科学合理，规模上相互适应，质量上相互支撑，努力使教育与社会发展相协调、与城市发展要求相匹配、与人的成长成才规律相吻合。

四是进一步把改革创新作为第一方法。坚持以改革创新为动力，深化办学体制、教育管理体制、招生考试制度和教育教学改革，创新人才培养模式、学校管理机制、教育投入方式和教育评价制度，深化高中课程改革，加强课程体系建设，不断寻求增强教育活力的着力点、实现教育均衡的突破点、提升育人质量的增长点，不断满足经济社会发展对多样化人才的需求、人民群众对优质化教育资源的需求。

为此，在寻求绍兴教育发展之路上，我们一方面加强本土实践，另一方面积极寻求国内教育专家团队的学术支持。自 2015 年以来，我们借助以北京师范大学裴娣娜教授领衔的浙江省基础教育研究中心团队，开展教育研究合作项目。在此过程中，绍兴教育发展凸显出以下三个特点。

一是主动作为，形成绍兴市区域推进基础教育改革模式。本研究介绍了绍兴市基础教育实践的地域特点，回顾了近三十年来绍兴着力打造优质教育之城、加快建设现代教育强市、促进教育健康和谐发展的各种举措，分析了绍兴市基础教育发展面临的问题与挑战。在此基础上，详细描述了越城区、柯桥区、诸暨市和新昌县四个区、县（市）教育发展模式，总结了各区域基础教育面临的问题和挑战，构建了基础教育主体功能区的思路。

二是依托课题，与省基础教育研究中心建立了战略性合作探讨关系。自课题开展以来，以裴娣娜教授为主任的基础教育研究中心团队多次来绍兴各局办和区、县（市）调研，深入基层，充分发挥政策咨询、理论研究和实践指导的作用，在书稿修改中，非常重视资料的整合和数据的说服力，多方求证，多易其稿，不断打磨绍兴基础教育的区域发展特征和未来走向。和裴娣娜教授团队合作的过程是绍兴教育审视自我与不断总结和发展的重要时机，也为绍兴教育的阶段性发展寻求了有力支持。

三是形成专著，研究成果在教育科学出版社出版。《绍兴市基础教育区域性战略策划及实践探索》一书在以"教育科学"命名的、在国内外具有重要影响的教育科学专业出版社出版，标志着绍兴教育研究步入了一个更好的发展轨道，对在全国范围内宣传绍兴教育也是一个很好的载体。

外文论（译）著

埃德加·莫兰. 2002. 方法：思想观念——生境、生命、习性与组织［M］. 秦海鹰，译. 北京：北京大学出版社.

彼得·D. 赫肖克，等. 2009. 变革中的教育：全球化进程中亚太地区的领导力、创新和发展［M］. 任友群，等，译. 上海：华东师范大学出版社.

彼得·诺思豪斯. 2002. 领导学：理论与实践（第二版）［M］. 吴荣先，等，译. 南京：江苏教育出版社.

国际21世纪教育委员会. 1996. 教育——财富蕴藏其中［M］. 联合国教科文组织总部中文科，译. 北京：教育科学出版社.

赫伯特·马尔库塞. 2005. 单向度的人：发达工业社会意识形态研究［M］. 刘继，译. 上海：上海世纪出版集团.

赫尔巴特. 1989. 普通教育学·教育学讲授纲要［M］. 李其龙，译. 北京：人民教育出版社.

怀特海. 2002. 教育的目的［M］. 徐汝舟，译. 北京：生活·读书·新知三联书店.

经济合作与发展组织. 2009. 面向未来的学校［M］. 李昕，曹娟，译. 北京：教育科学出版社.

柯蒂斯·J. 邦克. 2011. 世界是开放的：网络技术如何变革教育［M］. 焦建利，译. 上海：华东师范大学出版社.

联合国教科文组织国际教育发展委员会. 1996. 学会生存——教育世界的今天和明天［M］. 华东师范大学比较教育研究所，译. 北京：教育科学出版社.

罗伯特·梅逊. 1984. 西方当代教育理论［M］. 陆有铨，译. 北京：文化教育出版社.

迈克尔·富兰. 2004. 变革的力量——深度变革［M］. 中央教育科学研究所，加拿大多伦多国际学院，译. 北京：教育科学出版社.

乔纳森·H. 特纳. 2006. 社会学理论的结构［M］. 邱泽奇，张茂元，等，译. 北京：华夏出版社.

S. 拉塞克，G. 维迪努. 1996. 从现在到2000年教育内容发展的全球展望［M］. 马胜利，高毅，丛莉，刘玉俐，译. 北京：教育科学出版社.

藤田英典. 2000. 走出教育改革的误区［M］. 张琼华，许敏，译. 北京：人民教育出版社.

维特根斯坦.1996.逻辑哲学论［M］.贺绍甲，译.北京：商务印书馆.

雅斯贝尔斯.1991.什么是教育［M］.邹进，译.北京：生活・读书・新知三联书店.

约翰・杜威.2001.民主主义与教育［M］.王承绪，译.北京：人民教育出版社.

约翰・科特.1997.变革的力量——领导与管理差异［M］.方云军，等，译.北京：
华夏出版社.

Douglas P. 2000. Newton. Teaching for Understanding – What It Is and How to Do It
［M］. Routledgre Falmer，11 New Fetter Lane， London EC4P 4EE.

中文著作

丁钢.2002.历史与现实之间：中国教育传统的理论探索［M］.北京：教育科学出
版社.

杜育红.2000.教育发展不平衡研究［M］.北京：北京师范大学出版社.

费孝通.2001.江村经济：中国农民的生活［M］.北京：商务印书馆.

方中雄，桑锦龙.2015.以改革创新推动首都教育发展（2014 年卷）［M］.北
京：北京出版社.

改革开放 30 年中国教育改革与发展课题组.2008.教育大国的崛起（1978—2008）
［M］.北京：教育科学出版社.

国家教育发展研究中心组.2004.发达国家教育改革的动向和趋势（第七集）
［M］.北京：人民教育出版社.

顾明远.2008.改革开放 30 年中国教育纪实［M］.北京：人民出版社.

顾明远.1998.民族文化传统与教育现代化［M］.北京：北京师范大学出版社.

国务院参事室.2012.为了孩子健康快乐成长——中国基础教育大家谈［M］.北
京：人民教育出版社.

黄济，王策三.1996.现代教育论［M］.北京：人民教育出版社.

韩庆祥.1992.马克思主义人学思想发微［M］.北京：中国社会科学出版社.

黄荣怀，江新，张进宝.2007.创新与变革——教育信息化的核心价值［M］.北
京：科学出版社.

季苹.2009.教什么知识：对教学的知识论基础的认识［M］.北京：教育科学出
版社.

焦瑶光.2004.区域教育学［M］.兰州：甘肃教育出版社.

金生鈜.2007.教育：思想与对话［M］.北京：教育科学出版社.

李强，等.2009.城市化进程中的重大社会问题及其对策研究［M］.北京：经济科

学出版社.

刘贵华，王小飞，等.2015.区域综合改革：中国教育改革的转型与突破［M］.北京：教育科学出版社.

刘铁芳.2008.乡村的逃离与回归——乡村教育的人文重建［M］.福州：福建教育出版社.

楼世洲.2012.区域教育可持续发展指标体系研究［M］.北京：教育科学出版社.

鲁杰，吴康宁.2007.教育社会学［M］.北京：人民教育出版社.

裴娣娜.2005.现代教学论（三卷本）［M］.北京：人民教育出版社.

彭世华.2003.发展区域教育学［M］.北京：教育科学出版社.

邱东.2009.中国经济体制改革与发展研究［M］.北京：中国人民大学出版社.

瞿堃，钟晓燕.2012.教育信息化概论［M］.重庆：西南大学出版社.

世界银行.2007.中国的信息革命：推动经济和社会转型［M］.北京：经济科学出版社.

史宁中，等.2014.新农村建设与城镇化推进中农村教育布局调整研究［M］.北京：经济科学出版社.

石人炳.2005.人口变动对教育的影响［M］.北京：中国经济出版社.

石中英.2000.知识转型与教育改革［M］.北京：教育科学出版社.

宋乃庆，等.2011.中国基础教育改革与发展［M］.重庆：西南大学出版社.

谈松华，王建.2011.教育现代化区域发展模式研究［M］.北京：北京师范大学出版社.

王策三.2002.教学认识论（修订本）［M］.北京：北京师范大学出版社.

王道俊，郭文安.2005.主体教育论［M］.北京：人民教育出版社.

吴德刚.2011.中国农村教育综合改革研究［M］.北京：教育科学出版社.

吴宣德，等.2003.中国区域教育发展概论［M］.武汉：湖北教育出版社.

邬志辉.2004.教育全球化——中国的视点与问题［M］.上海：华东师范大学出版社.

吴遵民.2006.基础教育决策论［M］.上海：华东师范大学出版社.

谢维和.2007.教育活动的社会学分析——一种教育社会学的研究（修订版）［M］.北京：教育科学出版社.

杨东平.2006.中国教育公平的理想与现实［M］.北京：北京大学出版社.

叶澜.2015.回归突破"生命·实践"教育学论纲［M］.上海：华东师范大学出版社.

袁贵仁.1996.马克思的人学思想［M］.北京：北京师范大学出版社.

袁振国.2001.教育政策学［M］.南京：江苏教育出版社.

翟博.2002.教育均衡论——中国基础教育均衡发展实证［M］.北京：人民教育出版社.

张斌贤，楼世洲.2011.当代中国教育学术思想研究（1949—2009）［M］.北京：中国社会科学出版社.

张敦福.2002.区域发展模式的社会学分析［M］.天津：天津人民出版社.

张小林.2009.城乡统筹：挑战与抉择［M］.南京：南京师范大学出版社.

郑金洲，瞿葆奎.2002.中国教育学百年［M］.北京：教育科学出版社.

中国教育与人力资源问题报告课题组.2003.从人口大国迈向人力资源强国［M］.北京：高等教育出版社.

中文报刊与研究报告

鲍东明.2014.从"自在"到"自为"：我国校长课程领导实践进展与形态研究［J］.教育研究（7）.

陈琦，张建伟.1998.建构主义学习观要义评析［J］.华东师范大学学报（教育科学版）（1）.

郝文武.2009.实现三维教学目标统一的有效教学方式［J］.教育研究（1）.

顾明远.2014.中国教育路在何方——教育漫谈［J］.中国教育科学（3）.

李松林，贺慧.2015.中小学校课程建设的顶层设计［J］.课程·教材·教法（6）.

李奕.2006.构建区域教育生态　促进基础教育内涵发展［J］.基础教育参考（10）.

林崇德.1997.论学科能力的建构［J］.北京师范大学学报（社会科学版）（1）.

刘志军，王振存.2012.走向高位均衡：基础教育改革与发展的应然追求［J］.教育研究（3）.

裴娣娜.2004.主体教育理论研究的范畴及基本问题［J］.教育研究（6）.

秦玉友，孙颖.2011.学校布局调整：追求与限度［J］.教育研究（6）.

田慧生.2005.时代呼唤教育智慧及智慧型教师［J］.教育研究（2）.

王策三，刘硕.2005.留下一点反思的历史记录——《基础教育改革论》前言［J］.教育学报（1）.

王定华.2009.论基础教育的科学发展［J］.教育研究（2）.

王嘉毅，梁永平.2007.西北贫困地区农村基础教育发展现状调查与政策建议［J］.北京大学教育评论（2）.

文喆.2013.学校发展与校长的教育家成长问题［J］.中国教育学刊（5）.

项贤明.2013.论生活教育与学校教育的逻辑关系［J］.教育研究（8）.

叶澜.2002.重建课堂教学价值观［J］.教育研究 （5）.

中国教科院教育质量标准研究课题组.2013.教育质量国家标准及其制定［J］.教育研究 （6）.

钟启泉.1999.关于 "学力" 概念的探讨［J］.上海教育科研 （1）.

周晓红，李红艳.2013.农村学校布局调整过程中不同利益主体的博弈分析［J］.教育理论与实践 （5）.

朱旭东，蒋贞蕾.2001.国家发展与教育发展模式探讨——教育现代化的视角［J］.比较教育研究 （1）.

索　引

附件：项目成员单位的组成

首席专家：裴娣娜
核心成员：

（1）来自15所高校及科研单位：

刘志军　张红霞　王振存（河南大学）；

项贤明（中国人民大学）；

劳凯声　孟繁华　张景斌　林培英　张　菁　吴晗清（首都师范大学）；

鲍东明　郑　葳　郭　华　桑国元　梁　威　綦春霞　刘夏蓓
李春密　王　蔷　俞子恩　王鸣迪（北京师范大学）；

王祖浩（华东师范大学）；

宋乃庆（西南大学）；

李松林（四川师范大学）；

郝京华（南京师范大学）；

邬志辉　秦玉友（东北师范大学）；

杨旭东（中国传媒大学）；

戴忠信（华北电力大学）；

李伟健　周跃良　张维忠　钱旭升　李润洲　李　伟　周国华
周晓燕　潘　涌　王国均　童志斌　朱　哲　杨光伟　唐恒钧
陈碧芬　陈秉初　黄　晓　林新事　蔡志良　郑流爱　李云星
陈伟强　张丽霞　夏洪文　龚　伟（浙江师范大学）；

刘　力（浙江大学）；

孙智昌　郑庆贤　杨　清（中国教育科学研究院）；

王　漫　许　艳（北京教育学院）。

（2）来自16个省市教育行政部门：

韩　平　方红峰　任学宝（浙江省）；

李　奕　桑锦龙　杨德军　马　可　李　政　江　峰　黄晓玲（北京市）；

陆云泉　吴颖惠　李艳莹（北京市海淀区）；

肖　汶　王　彪　王月胜　陆志望（北京市朝阳区）；

冯洪荣　周玉玲（北京市东城区）；

李永生　李东梅　白丰莲　刁致力（北京市门头沟区）；

吴海乐　贺　慧（成都市锦江区）；

刘子科　荆　华　孙岩梅　徐文虹　齐　华　石明晶（郑州市二七区）；

李开海　熊　瑛　谢桂华（四川阿坝藏族羌族自治州理县）；

张力鸣（宁波市）；

王幸平（嘉兴市）；

贺晓敏　丁初效　李建忠　鲍国潮　范信子（绍兴市）；

金毅伟（湖州市）；

戴冠福（台州市）；

朱福金（衢州市）；

范寿仁（丽水市）。

（3）中小学校长（来自 100 所中小学）：

来自北京（21 所）：

王殿军　刘　沪　郭　涵　尹　超　刘　畅　景小霞　窦桂梅　王　群
袁　靖　田树林　张德庆　曲建华　刘国雄　蒋立红　赵　欣　刘　飞
陈立华　齐振军　祖雪媛　付晓洁　于冬云

来自上海（1 所）：

张志敏

来自成都（8 所）：

胡文武　何伦忠　阳　波　赵万华　刘　娟　秦　梅　张　璇　蒲春燕

来自郑州二七区（7 所）：

李　琳　郭军英　张艳丽　冯　华　张卫东　贾　勇　王任峰

来自浙江省（48 所）：

其中，42 所省高中课改实验基地校（第二届）成员：

叶翠微　吴金炉　周　斌　申屠永庆　尚　可　邱　锋　周千红　吴国平
李永培　袁湛江　杨亢尔　孙国虎　陆炳荣　卢　明　赵其刚　黄丽君
陆国民　朱建民　周国平　何通海　周生民　傅美华　王新伟　邓加富
张增明　戴一仁　刘定华　孙亦器　潘自强　程卫东　朱　雯　杨　军
张惠民　洪仙瑜　郑志湖　陈才琦　潘建中　李树河　叶文杰　黄发锐
刘习渊　方　军

6 所绍兴市柯桥区项目校成员：

李华琴　魏让尧　章国华　金明东　濮朝阳　傅海炎

来自四川理县（15 所）：

高志全　周　强　曾　林　代祝康　王　平　张世龙　张静秋　郭　勇
杨步卫　周德瑞　赵兴文　宛永平　王　建　陈　蓉　王学军

这是一个由 15 所高校和科研单位、16 个教育行政部门、100 所中小学的核心骨干组成的跨校际、跨学科的优势互补的学术团队。